L’économie, c’est la guerre

Du même auteur

Aux mains des Soviets
(avec José Abel)
BD, Humanoïdes associés, 1984

Conspiration de l'étoile blanche
(avec José Abel)
BD, Humanoïdes associés, 1989

Contrat sur un pasteur
Éd. Vaugirard/Presses de la Cité, 1992

Au cœur de la PJ. Enquête sur la police scientifique
Flammarion, 1997

Affaire Hernu
(avec Patrick Hernu)
Ramsay, 1997

Les RG et le Parti communiste.
Un combat sans merci dans la guerre froide
Plon, 2000

Histoire de l'extrême gauche trotskiste. De 1919 à nos jours
Éditions n° 1, 2002

Génération Occident
Seuil, 2005

L'Obsession du complot
Bourin Éditeur, 2005

Nicolas Sarkozy. Enquête sur un homme de pouvoir
Presses de la Cité, 2006, édition revue et augmentée, 2007

Les Dessous de l'affaire Colonna
(avec Antoine Albertini)
Presses de la Cité, 2007

La CIA en France
Seuil, 2008

Une histoire de fous
Le roman noir de l'affaire Clearstream
Seuil, 2009

FRÉDÉRIC CHARPIER

L'économie, c'est la guerre

Les agents secrets au service du *big business*

ÉDITIONS DU SEUIL
*25, bd Romain-Rolland, Paris XIVe*

Ce livre est édité par Patrick Rotman

ISBN 978-2-02-102224-7

www.seuil.com

Avant-propos

« Dans trente ans, la France sera un grand parc d'attractions culturel pour touristes chinois[1] », a affirmé Richard Perle en 2005 devant un parterre de décideurs français. Le chantre du néoconservatisme américain vouait ainsi la France à l'échec. Il prophétisait un déclin irréversible, prédisant qu'elle ne survivrait pas à ce que l'on nomme couramment la « guerre économique ». Si cette prédiction n'était pas fondée sur des éléments sûrs, la compétition acharnée que se livrent encore et toujours les grandes puissances, en revanche, n'a rien d'imaginaire.

On peut même parler de course effrénée à l'hyper-puissance, de combat de titans, produit du monde multipolaire engendré par l'écroulement de l'empire soviétique.

L'affaire est donc sérieuse. À terme, cette guerre départagera les nations dominantes de l'avenir, qui s'affrontent déjà sans merci dans les domaines qualifiés de stratégiques que sont l'industrie de la défense, le traitement de l'information, l'énergie et l'aéronautique. Avec une rare âpreté, ces nations s'emploient à conquérir les matières premières vitales indispensables à la prospérité future des économies. Elles s'efforcent d'en garantir l'exploitation, le stockage et l'approvisionnement. Les guerres du pétrole conduites par les États-Unis depuis la fin de la

1. Propos rapportés lors d'un colloque sur « Les investissements étrangers et la sécurité nationale », organisé le 10 octobre 2005 à l'Assemblée nationale, Staut et Associés, décembre 2005.

guerre froide, la constitution de puissants oligopoles énergétiques d'État en Russie ou encore la razzia chinoise sur un nombre sans cesse croissant de gisements pétroliers en Afrique ou en Asie centrale sont les signes avant-coureurs des combats à venir. Lesquels pourraient comporter des risques de guerres accrus, comme l'envisage un rapport de la Délégation aux affaires stratégiques (DAS), le think tank du ministère de la Défense, remis en avril 2012 au chef de l'État[1].

Qui sont les combattants de cette guerre économique, si silencieuse qu'elle en serait presque indécelable ? Sur quel front mènent-ils leurs actions et à quelles armes ont-ils recours ?

Cette guerre singulière se déroule sur de multiples champs de bataille aux lignes de front mouvantes et souvent invisibles : exploration minière, laboratoires de recherche, coulisses de l'Organisation des Nations unies (ONU) ou de l'Organisation mondiale du commerce (OMC) ou encore intrigues au sein des institutions financières et bancaires.

Les États y engagent des moyens considérables – services secrets, réseaux d'influence, cabinets d'enquête privés ou encore centres de recherche... – et soutiennent des fondations elles aussi largement mises à contribution. Ils recourent aux ONG, les organisations non gouvernementales, qu'ils peuvent manipuler ou instrumentaliser, ainsi qu'aux chambres de commerce, aux cabinets d'avocats d'affaires, aux sociétés militaires privées ou encore aux fonds d'investissement (ou *hedge funds*), véritables et modernes chevaux de Troie[2]. Ces derniers sont d'ailleurs si redoutés que la Direction nationale du renseignement américain et le Pentagone commandaient en février 2009 à la Rand Corporation – la boîte à idées de l'US Air Force – une étude

1. *Le Canard enchaîné*, 2 mai 2012.

2. Sur le rôle des fonds d'investissement, voir Alexandra Guy et Xavier Bascher, *Capitalisme financier et sécurité économique*, Éditions Vuibert-Institut national des hautes études de la sécurité et de la justice, 2011.

classée top secret afin d'évaluer les menaces que font réellement peser les agissements des fonds souverains étrangers sur la sécurité nationale. Pour se préparer à faire face à un éventuel péril financier, les États-Unis disposent même depuis quelques années d'un Committee on Foreign Investment in the United States (CFIUS) auquel sont associés les services secrets. La Direction nationale du renseignement américain s'efforce ainsi de détecter les investissements étrangers et d'évaluer leur degré de dangerosité.

Enfin, les États n'hésitent pas à instrumentaliser la lutte contre la corruption et les offres publiques d'achat (OPA) ou encore à recourir à la guerre des monnaies. Au cours de l'été 2011, des milieux patronaux français ont ainsi accusé les Américains de torpiller l'euro par crainte que les Chinois n'abandonnent leurs achats de dollars, monnaie alors vacillante, et n'optent pour la monnaie européenne à l'époque apparemment plus stable.

Dans le même esprit de compétition, certains pays subventionnent parfois de façon discrète des laboratoires universitaires, des agences gouvernementales ou des sociétés privées afin de financer des programmes de recherche dans des domaines stratégiques tels que les nanotechnologies, la biométrie, la robotique, la lutte contre les armes bactériologiques, les nouvelles ressources énergétiques ou encore l'exploitation des ondes térahertziennes (ces ondes qui permettent notamment de « voir à travers les murs », de détecter des explosifs et des mines).

Tout aussi effrénée est la course pour le contrôle de l'information et des nouveaux réseaux de communication, qu'il s'agisse de la bataille qui se joue sur Internet ou de l'appropriation méthodique des banques de données. Depuis les attentats du 11 septembre 2001 à New York, le Trésor américain dispose d'un nouveau programme très intrusif, baptisé *Terrorism Finance Tracking*, longtemps quasi clandestin, dont l'existence ne sera révélée par la presse américaine qu'en juin 2006. Ce programme a notamment permis aux Américains d'accéder au Système interbancaire de paiement électronique, l'européen SWIFT, par lequel transitent 95 % des transactions financières internationales, grâce à un accord, longtemps demeuré secret, passé avec l'Union européenne. Il ne s'agit pas seulement de traquer les filières de financement du terrorisme, mais de procéder à un espionnage discret des milieux économiques et industriels européens. Les agences gouvernementales américaines ont également été soupçonnées[1] d'avoir détourné le système des douanes APIS (Advance Passenger Information System) pour suivre, ou plutôt espionner, les déplacements des industriels non américains, cette fois encore sous couvert de lutte antiterroriste.

Dans cette bataille où son avenir de grande nation est en jeu, combien la France engage-t-elle de divisions ? Quels sont ses forces, ses atouts et ses handicaps ? Quel rôle fait-elle jouer par exemple à ses 11 000 espions[2] ? Face au gigantisme de ceux de ses adversaires principaux que sont la Chine et les États-Unis, la France dispose à vrai dire de moyens infiniment modestes ainsi que d'un appareil de renseignement économique défaillant, si ce n'est quasi inexistant. À titre d'exemple, la trentaine de fonctionnaires affectés au département plutôt stratégique de la sécurité économique de l'Institut national des hautes études de la sécurité et de la justice ne possède pour ses recherches que d'un seul accès haut débit. Par ailleurs, la Direction centrale du renseignement intérieur, la DCRI, chargée du contre-espionnage et de la défense du patrimoine, ne compte que huit équipes de liaison basées à l'étranger. Globalement, l'ensemble des services engagés dans la bataille économique est paralysé par une pénurie de fonctionnaires arabophones ou sinophones. La

1. Voir Bernard Carayon, « À armes égales », rapport au Premier ministre sur l'intelligence économique et la compétitivité, septembre 2006, p. 39.

2. Ont été exclus d'office de cette comptabilité par les autorités compétentes les 1 300 fonctionnaires de la Sous-Direction de l'information générale, créée en septembre 2008, ainsi que les gendarmes et leur bureau de liaison antiterroriste.

France a également réduit le nombre de ses bases militaires dans le monde tout comme ses effectifs diplomatiques. De l'aveu même du coordinateur pour le renseignement, mis en place en 2007 par Nicolas Sarkozy, la France ne dispose pas « de moyens suffisants pour répondre » aux menaces de la cybercriminalité[1].

Peu de moyens et de surcroît une faible réactivité dans la décision, imputable à une regrettable absence de pensée stratégique globale. À simple titre d'exemple, la France n'a décidé la création du Comité pour les métaux stratégiques[2], le COMES, que fin janvier 2011, alors même que ce comité est indispensable pour garantir en ressources son industrie. Des années d'hésitation ont été également perdues avant que le Bureau de recherches géologiques et minières (BRGM) n'étudie les problèmes, pourtant urgents et cruciaux, soulevés par le gallium, le germanium, le niobium et la famille des « 17 terres rares » extrêmement convoités et pour certains indispensables aux secteurs industriels clés tels que l'automobile ou l'aéronautique. Secteurs où la France dispose pourtant d'une réelle avance industrielle et technologique. Or, à l'heure de la globalisation, tergiverser, de même que manquer de clairvoyance, constitue une véritable faute. L'hésitation est une conduite à risque car, le plus souvent, le retard ne se rattrape pas.

Officiellement, la France reste la cinquième puissance mondiale bien que ses parts de marché ne cessent de fondre depuis des années. Dans trente ans, appartiendra-t-elle toujours au cartel de tête des grandes nations ? Ou bien aura-t-elle perdu ses atouts et le leadership qu'elle exerce encore aujourd'hui dans quelques

1. Propos tenus par Bernard Bajolet lors de son audition par la Commission de la défense nationale et des forces armées de l'Assemblée.

2. L'objectif du Comité pour les métaux stratégiques consiste à coordonner les 3 500 industriels de la métallurgie et les centres de recherche. Y est associé tout ce qui, de près ou de loin, concerne l'approvisionnement de la France en métaux stratégiques ainsi que les industries qui y sont liées, comme le Groupement des industries françaises aéronautiques et spatiales ou la Chambre syndicale des producteurs d'aciers fins et spéciaux.

secteurs stratégiques ? Sa puissance se sera-t-elle diluée dans le magma d'une Europe en déclin et sous influence ?

Avant de jouer les Cassandre, un état des lieux, aussi objectif que réaliste, des coulisses de cette guerre discrète et implacable s'impose. La France s'y bat d'ailleurs avec une surprenante vivacité, et le plus souvent seule. Elle n'a, dans cette guerre, ni véritable ami ni véritable allié, mais des concurrents souvent teigneux qui ne respectent qu'une seule règle, celle du chacun pour soi. C'est là le premier enseignement à tirer de cette minutieuse exploration des dessous d'une guerre qui, chaque jour, se radicalise davantage, annonçant une mondialisation toujours plus conflictuelle.

Le vrai faux ami américain

Les alliances, en guerre économique, ne sont pas choses sacrées. Le plus souvent, elles ne sont qu'inflexions ponctuelles, tactiques et de circonstance. Évoquant l'amitié franco-américaine, en 2007, Nicolas Sarkozy tenait à préciser qu'« allié » ne signifiait pas « aligné ». Il ajoutait qu'il se sentait libre d'exprimer ses accords tout comme ses désaccords « sans complaisance ni tabou[1] ».

Cette même année, son élection à la présidence de la République était qualifiée dans les cercles néoconservateurs de Washington de « victoire des intérêts stratégiques américains[2] ». Il n'était fait allusion à une aucune alliance d'aucune sorte. Les néo-conservateurs constataient simplement que la nouvelle politique française devrait conforter les positions américaines. La guerre économique consacre en effet davantage les égoïsmes nationaux qu'elle ne célèbre la solidarité internationale.

Au printemps 2010, Nicolas Sarkozy en a fait l'amère expérience.

Camouflet à la Maison-Blanche

Printemps 2010, Nicolas Sarkozy effectue un voyage éclair aux États-Unis pour signer un important accord secret. Le 29 mars, il

1. Devant la conférence des ambassadeurs, le 27 août 2007.

2. Sally McNamara, *Sarkozy's Victory and the Future of U.S.-French Relations*, WebMemo n° 1446, 8 mai 2007, Fondation Héritage.

se trouve à New York et rejoint Washington le lendemain, où il déjeune avec son épouse Carla Bruni au Ben's Chile Bowl, entouré de gardes du corps et de clients amusés. L'ancien mannequin engloutit deux hot-dogs dans ce fast-food réputé, avant que le couple ne se retire, laissant sur la table 100 dollars de pourboire ! Tout sourire, ils quittent les lieux dans une légère bousculade, la presse ayant été rameutée pour l'occasion.

Un peu plus tard, en début de soirée, changement de décor : Barack Obama accueille à la Maison-Blanche le couple Sarkozy. Le président français compte bien tirer profit de ce dîner privé. Un photographe accompagne la délégation française : *Paris Match* doit, avec le luxe de photos habituel, célébrer la visite présidentielle. Mais l'opération de communication tourne court. Le service de presse de la Maison-Blanche refoule le photographe à cause d'un vétilleux chef du protocole qui s'arc-boute sur un point de règlement : en aucun cas un dîner à caractère privé ne peut donner lieu à une publicité officielle. Le responsable de la communication de Nicolas Sarkozy tente de contourner l'obstacle en essayant d'obtenir les clichés du photographe officiel de la Maison-Blanche. Il échoue. Implacable, le chef du protocole précise que ces clichés sont exclusivement réservés aux archives de la Maison-Blanche. Le staff élyséen n'insiste pas davantage et fait une croix sur son publi-reportage. Il se cramponne à l'ordre du jour de cette visite éclair qui prévoit la signature d'un accord secret sans précédent qui officialisera un « pacte de non-espionnage réciproque » unissant la France et les États-Unis.

Durant des mois, dans la plus grande discrétion, l'accord a été négocié par le coordinateur du renseignement américain, l'amiral Dennis Blair, et son homologue français, Bernard Bajolet. L'ancien président du Centre des hautes études sur l'Afrique et l'Asie modernes, nommé par Lionel Jospin, a effectué sa carrière dans le monde feutré de la diplomatie avant de devenir l'expert en renseignement du président, lequel semble apprécier ses lumières sur le monde arabo-musulman. Bajolet a occupé les postes d'ambassadeur en Bosnie-Herzégovine puis en Jordanie et en

Irak. Sous la houlette de Claude Guéant, alors secrétaire général de l'Élysée, il a donc conduit la négociation confidentiellement, en écartant même la plupart des responsables des services de renseignement. Des deux côtés, l'on souhaite pacifier les relations entre des services qui, après la Seconde Guerre mondiale, ont longtemps été régis par des accords secrets, dits Totem, ce qui n'a toutefois jamais empêché les entorses, ni les crises, ni les coups tordus, ni même les soupçons de trahison[1]. Ce nouveau pacte mettra désormais les services français et britanniques sur un pied d'égalité face à leurs homologues américains.

Nicolas Sarkozy peut se réjouir d'être à l'origine de cet événement, en effet sans précédent, qui éclipse ce 30 mars 2010 les raideurs du protocole de la Maison-Blanche.

Mais l'enthousiasme ambiant côté français se dissipe brutalement quand le président et son staff découvrent que Dennis Blair n'a jamais obtenu, pour ce projet de pacte, l'aval de la Maison-Blanche. Lorsque Nicolas Sarkozy aborde la question devant Barack Obama, le président américain et ses conseillers tombent des nues. Ils nient avoir jamais eu l'intention de signer un pacte de cette nature avec la France, quelle que soit d'ailleurs l'ardeur des convictions pro-atlantistes du nouveau président français. Ce *gentleman agreement* n'a été ni approuvé par le gouvernement de Washington ni accepté par les services américains, en particulier par la CIA (Central Intelligence Agency), qui sans aucun doute en aurait été l'opposant le plus résolu.

Le voyage éclair vire au cauchemar. Les poings serrés, Nicolas Sarkozy fulmine. Comment ses conseillers ont-ils pu être aussi naïfs et aveugles ? Depuis des semaines, en effet, l'influence de Dennis Blair dans la communauté du renseignement était en chute libre. Il se murmurait même qu'il était sur le point d'être limogé, ce qui va se produire dans les jours qui suivent la visite privée de Nicolas Sarkozy à Washington. L'amiral Dennis Blair

1. Voir Frédéric Charpier, *La CIA en France. 60 ans d'ingérence dans les affaires françaises*, Seuil, 2008.

paie pour son excès d'indépendance mais aussi pour quelques dysfonctionnements plus ou moins graves survenus dans les services de renseignement dont il est censé coordonner les activités.

Le 25 décembre 2009, par exemple, un Nigérian tentait de faire exploser un engin artisanal qu'il avait embarqué à bord d'un vol de ligne effectuant la liaison Amsterdam-Detroit. L'enquête a révélé que le passager avait été préalablement signalé par son propre père aux autorités consulaires américaines de Lagos comme un personnage dangereux, lié à la mouvance islamiste. L'information, semble-t-il, n'a pas été relayée, elle n'a suscité aucune précaution comme l'annulation du visa du passager nigérian. Cet incident, qui n'a pas eu de graves conséquences, a été suivi, cinq jours plus tard, d'un attentat qui cette fois a fait couler le sang.

Le 30 décembre 2009, au cœur de la base afghane, Combat Outpost Chapman, d'où elle mène ses opérations contre les sanctuaires djihadistes situés au Pakistan, la CIA est victime d'un agent double jordanien, le médecin Humam al-Balawi. Ce dernier a réussi à s'introduire dans l'antre secret : il est arrivé bardé d'explosifs dans la voiture conduite par l'agent jordanien qui croyait l'avoir retourné et qu'en fait il manipulait. Tandis que deux agents de la société de sécurité privée Blackwater entreprennent de le fouiller, al-Balawi, la bombe humaine, se fait sauter. Quatre mercenaires et cinq agents de la CIA, dont la spécialiste d'al-Qaïda, périssent dans l'attentat que revendiquent bientôt les Talibans pakistanais.

En tant que coordinateur du renseignement, Dennis Blair ne peut s'exonérer de ses responsabilités. Un rapport d'enquête sénatorial le met d'ailleurs directement en cause [1]. Et Blair paie aussi pour un excès d'orgueil. Il croyait pouvoir dicter sa loi à la

1. Dans son rapport, la commission du Sénat américain chargée des questions de renseignement dresse une liste de quatorze entorses les plus graves aux règles de sécurité et suggère de nombreuses modifications dans le système de coordination. Rapport en partie déclassifié, 18 mai 2010.

CIA et mettre son grain de sel dans les opérations clandestines de la centrale. Erreur de débutant qui a oublié qu'il peut lui en cuire de tenter de dépouiller la CIA de ce qui a fait durant des décennies sa marque de fabrique. On n'écorne pas le mythe des opérations clandestines de Langley, on ne défie pas sans risque ce bastion historique : 20 % des agents de la centrale travaillent sous couverture, officielle ou non officielle, pour la Direction des opérations.

L'affaire du pacte élaboré en catimini avec l'entourage de Nicolas Sarkozy constitue son ultime bévue, que révèle le *New York Times* le 21 mai 2010 et que confirme peu après Claude Guéant, qui s'efforce, depuis Paris, d'en minimiser l'importance[1]. Le secrétaire général de l'Élysée tente de réduire l'épisode à un non-événement alors que l'entourage présidentiel y a cru, et avec enthousiasme, jusqu'au démenti cinglant et même humiliant de la Maison-Blanche[2].

Le staff élyséen a manifestement péché par naïveté. Impensable déjà pendant la guerre froide, l'idée qu'il serait devenu inutile d'espionner et de surveiller un allié si proche que le sont les États-Unis l'est tout autant à l'heure de la mondialisation, voire davantage.

Alors que se négociait en grand secret le fameux pacte entre l'Élysée et Dennis Blair, Hillary Clinton ratifiait avec la même discrétion une circulaire soulignant l'inanité de ce même projet. Dans le cadre de la National Humint Directive Collection[3], la

1. *Le Monde*, 25 mai 2010.

2. En février 2011, Nicolas Sarkozy a tiré les leçons du cafouillage de Washington. Bernard Bajolet est nommé ambassadeur de France à Kaboul. Au poste de coordonnateur des services de renseignement le remplace le Niçois Ange Mancini, fondateur du Raid, qui, entré dans la police comme simple grouillot, s'est élevé aux rangs de directeur central adjoint de la police judiciaire, puis de préfet.

3. Directive donnée aux agents du service afin qu'ils collectent en priorité dans le cadre du renseignement dit humain, par opposition au renseignement électronique, des informations précises dans des domaines particuliers.

chef du département d'État adressait, le 31 juillet 2009, un long document à la délégation diplomatique américaine de l'ONU. Elle l'enjoignait de recueillir toutes sortes d'informations plus ou moins confidentielles sur ses collègues et alliés onusiens tels que leur ADN, leur numéro de carte de crédit ou encore le mot de passe de leur ordinateur[1]. Autant d'informations que pourront exploiter ultérieurement, si nécessaire, les différentes agences gouvernementales, comme la CIA, le FBI (Federal Bureau of Investigation) ou encore la NSA (National Security Agency), pour ne citer que les plus connues. L'ensemble du personnel diplomatique étranger de l'ONU était visé, français compris par conséquent. Des circulaires de la même teneur étaient adressées dans le même temps à diverses ambassades américaines d'Afrique, du Moyen-Orient et d'Europe, formulant des exigences identiques. Les agences gouvernementales américaines jugeaient opportun, semble-t-il, de mettre à jour leurs bases de données et ce, sans la moindre restriction. La logique, si ce n'est la tradition, était respectée.

Ni alliés ni ennemis, la France et les États-Unis sont en effet depuis des décennies de véritables concurrents, parfois même intraitables, dans une compétition qui interdit la moindre faiblesse. Face à la mondialisation, aux enjeux technologiques, commerciaux, industriels, énergétiques que cette compétition fait surgir, les pays occidentaux ont compris l'urgence qu'il y avait, non à pactiser dans des alliances fragiles, mais à réactiver leurs agents secrets. Dès le début des années 1990, les États commencent par redéployer leurs appareils de renseignement. Le gouvernement américain sera un des premiers à effectuer ce revirement et à adapter ses forces à la guerre économique.

1. Source WikiLeaks.

Bill Clinton, stratège de la guerre économique

Avant qu'il ne quitte la Maison-Blanche, George Bush avait créé, le 7 janvier 1993, le National Industry Security Program qui scellait pour l'avenir une coopération étroite entre les grandes agences de renseignement et les firmes américaines. Tout aussi conscient de l'âpreté de la compétition qui s'annonce, Bill Clinton à son tour a densifié le dispositif. S'inspirant du National Security Council institué au début de la guerre froide et qui conseille la présidence sur la politique étrangère des États-Unis, il établit un National Economic Council rattaché à la Maison-Blanche, dont la fonction est d'assister le président sur les orientations de la diplomatie économique. Dans le même ordre d'idées, il installe une *war room* (appelée aussi *advocacy center*), lieu secret de débat et de transmission d'informations, ici spécialement dédiée à la guerre économique. Quelques privilégiés du monde industriel reçoivent désormais confidentiellement le *Daily Economic Intelligence Briefing*, un bulletin quotidien qui ne circule à Washington qu'à une centaine d'exemplaires. Celui-ci servira de modèle à un autre bulletin, édité en France à partir de 2008 par la DCRI. Ses destinataires y trouvent chaque jour des informations sur l'intelligence économique et ses risques, des « alertes » sur des situations en cours, ainsi que des renseignements tirés des comptes rendus d'écoutes administratives qu'effectue le GIC, le Groupement interministériel de contrôle.

Veillant ainsi, avec l'appui de l'élite du renseignement, à la reconversion des services secrets, Bill Clinton apparaît bientôt comme le promoteur de l'espionnage commercial et industriel. Dans sa démarche, il a bien sûr obtenu le soutien plus ou moins déclaré des patrons du renseignement américain.

Dans le *Wall Street Journal*, James Woolsey, alors directeur de la CIA, tient cependant à préciser que si celle-ci espionne bien les concurrents des firmes américaines, elle ne le fait que lorsque ces derniers ont recours à la corruption. Patron de l'agence de 1997 à 2004, George Tenet, lui, nie catégoriquement que l'agence apporte son soutien aux entreprises américaines, mais faut-il croire celui qui, en 2003, affirmait que Saddam Hussein détenait des armes de destruction massive ? Un autre directeur de la CIA, Robert Gates, qui deviendra en 2008 secrétaire à la Défense de Barack Obama, affiche ouvertement son hostilité à l'espionnage économique. Il déclare qu'il « ne faut pas se lancer là-dedans même si d'autres pays le font. Il faut faire attention à l'escalade ». Cette course au renseignement économique pourrait, selon lui, « rapidement échapper à tout contrôle »[1].

Alors que la fin de la guerre froide promet à la CIA une période de vaches maigres, celle-ci dispose-t-elle d'une réelle marge de manœuvre ? Durant plusieurs années, ses effectifs, tout comme son budget, sont sérieusement programmés à la baisse. Elle doit donc impérativement se reconvertir. Il lui faut se trouver une autre utilité, une autre raison d'être. Sans vraiment rechigner, elle commence à se recycler. Par le canal du département du Commerce, elle fournit dorénavant aux entreprises américaines des informations leur permettant de conserver une avance dans la compétition internationale. La CIA plaide par ailleurs pour un renforcement de la surveillance que les services américains exercent déjà sur les agences étrangères qui tentent de s'emparer de secrets commerciaux américains. Sont visés la France, le Japon mais aussi l'Allemagne ou encore Israël. La CIA redistribue ses moyens, elle réattribue son réseau d'espions et ses tables d'écoute à des objectifs économiques.

Cette remise à plat du renseignement américain ne concerne pas que la CIA. Le Pentagone s'accommode d'autant plus aisément de cette reconversion qu'il partage depuis de longues années déjà ses informations top secret avec des firmes du complexe militaro-industriel telles que Lockheed, TRW, Northrop, Martin Marietta et des dizaines d'autres, dont les constructeurs automobiles qui sont

1. *Courrier international*, octobre 1991.

un de ses principaux fournisseurs. Le Pentagone accepte même, face à une concurrence implacable, de mettre à la disposition des constructeurs américains ses propres laboratoires de recherche et son savoir-faire[1].

Le 29 septembre 1993, Bill Clinton va plus loin encore. Il valide un nouveau partenariat entre le gouvernement et l'industrie. Objectif : mettre au service des entreprises les capacités de l'État et leur offrir le concours de six agences gouvernementales et de onze laboratoires de recherche dont ceux d'Argonne, d'Oak Ridge et de Los Alamos – piliers du Projet Manhattan qui avait abouti à la mise au point de la première bombe atomique américaine.

La CIA devient ainsi le partenaire officieux d'un bureau de recherche qui regroupe ce qu'on appelle les « Big Three », les trois grands acteurs américains du secteur de l'automobile : Ford, General Motors et Chrysler. Ce bureau s'intéresse aux constructeurs japonais, Toyota, Nissan et Honda, engagés dans des recherches sur une nouvelle génération de véhicules propres. Ces entreprises font alors l'objet d'une enquête discrète des services américains. L'US Advanced Batteries Consortium reconnaît même, à cette époque, que des espions ont pu en effet lui livrer quelques « bricoles » concernant la technologie des batteries japonaises[2]. Avant d'ajouter que « la CIA est une bonne source d'informations sur l'état d'avancement technologique d'un pays

1. Le Pentagone a créé en 2001 un fonds d'investissement, le Center for Commercialization of Advanced Technologies (CCAT), avec la société ORINCON, qui travaille régulièrement avec ses laboratoires de recherche. Ce consortium réunit les universités de San Diego et de Californie ainsi que plusieurs centres de recherche militaires dont le Space and Naval Warfare Systems Center, espérant en retour la mise au point de nouvelles technologies, notamment dans les domaines de la biométrie, de la sécurité des cargos ou encore de la bio-défense. En 2003, ORINCON sera rachetée par Lockheed Martin. Cette année-là, son chiffre d'affaires s'élevait à 65 millions de dollars.

2. Mother Jones, mai-juin 1994.

étranger[1] ». Ces informations sont puisées dans le domaine public mais quelques autres sont obtenues clandestinement. En fait, par le passé, la CIA a déjà fourni au département du Commerce des rapports sur la technologie automobile des constructeurs japonais ainsi que des informations classifiées. L'industrie américaine n'éprouve donc aucun scrupule à se faire assister par l'État et ses agences de renseignement. Le gouvernement de son côté ne lésine pas sur l'aide qu'il apporte aux entreprises américaines qui investissent à l'étranger. Ainsi, il renforce les moyens de l'Overseas Private Investment Corp. (OPIC). Cette agence gouvernementale créée en 1971 afin d'épauler les hommes d'affaires et entrepreneurs prête à long terme des fonds gouvernementaux. Sous l'administration Clinton, ceux-ci ont dépassé les 3 milliards de dollars, 3,4 précisément. Curieusement, l'OPIC ne divulgue aucune information sur ceux qu'elle aide ni sur la nature de l'investissement. De fait, son action est classifiée au même titre qu'un secret d'État, ce qui en principe rend indécelables les bénéficiaires de ces prêts gouvernementaux.

Les informations que collecte l'appareil de renseignement ne se limitent pas aux aspects purement industriels. Bill Clinton a placé 70 marchés stratégiques pour l'économie et les firmes américaines, d'un montant global de 30 milliards de dollars, sous le contrôle des services secrets, ce qui signifie que tout sera entrepris afin que ces contrats échoient à des sociétés américaines ou du moins qu'ils ne leur échappent pas.

Rien que pour l'année 1994, les États-Unis récupèrent ainsi d'importants contrats grâce aux satellites espions de la NSA. Depuis avril 1992, cette agence cible déjà les intérêts économiques et les groupes industriels des pays alliés dans le cadre du « renseignement compétitif ». D'abord seule, puis associée à la CIA

1. Cité dans un rapport strictement confidentiel réalisé à Zurich en 1999 par un cabinet de conseil proche des services secrets français et intitulé « Lutte contre la corruption, une analyse des pratiques américaines ».

à partir de 1977, la NSA a animé un bureau de liaison au sein du département américain du Commerce qui deviendra l'Office of Executive Support chargé de redistribuer l'information collectée aux businessmen américains. Durant les années Clinton, ce qui n'était encore qu'une facette du travail de la NSA se transforme en priorité. Celle-ci met au service des entreprises américaines le réseau UKUSA, plus connu sous le nom d'Echelon, dont les activités ne seront découvertes et rendues publiques qu'en décembre 1997. Un rapport de la commission du Parlement européen sur l'évaluation des techniques de contrôle politique, présidé par Alain Pompidou, révèle alors l'existence d'une incroyable opération d'espionnage électronique qui, depuis 1948, fonctionne dans le plus grand secret[1].

Depuis cette époque, la NSA supervise un système d'espionnage des communications qui s'appuie sur un entrelacs de réseaux satellitaires associé à six bases d'écoutes terrestres. L'agence intercepte les échanges entre des téléphones satellites, puis avec l'avènement d'Internet les messages de type courriel, ou encore des fax ou des télex[2]. L'information passe alors au tamis d'un filtrage établi à partir de mots clés. Analysée, elle est ensuite transmise à la NSA, dans sa base fortifiée du Maryland. Ses experts font le tri dans cette collecte avant de redistribuer une partie des informations aux autres associés du programme Echelon que sont la Grande-Bretagne, l'Australie, le Canada et la Nouvelle-Zélande.

En 1994, grâce à ce système d'écoutes, un contrat de 2,6 milliards de dollars pour la construction d'une centrale électrique sur l'île de Java, en Indonésie, change de mains. Il échoue dans l'escarcelle d'une entreprise américaine. La même année, la NSA intercepte une communication entre des officiels brésiliens et des responsables de la société Thomson CSF. L'échange évoque

1. *Libération*, 21 avril 1998.

2. Duncan Campbell, *Surveillance électronique planétaire*, Éditions Allia, 2001.

le projet SIVAM, présenté lors du sommet de la terre de Rio en 1992, qui préconise la mise en place d'une surveillance de la forêt amazonienne comprenant un radar et un satellite. À la clé, 1,4 milliard de dollars. Le 18 juillet 1994, le groupe américain Raytheon, resté en lice, l'emporte face au champion de l'électronique français. Entre-temps, le contenu des communications interceptées par la NSA a été transmis à Raytheon tandis que, de son côté, la CIA s'est procuré des informations selon lesquelles des enveloppes auraient été versées à de hauts responsables brésiliens. Bill Clinton intervient auprès du président brésilien : il se plaint que le jeu ait été faussé et réclame que cette injustice soit réparée. On lui obéit : le contrat échoit à l'entreprise américaine. La morale est sauve, même si l'on apprend un peu plus tard que Raytheon avait offert des enveloppes plus conséquentes encore, paraît-il, que celles de Thomson. Ces révélations, qu'attestent des écoutes réalisées par les services de sécurité ainsi que des éléments réunis par une commission d'enquête du Sénat américain, mettent en cause plusieurs personnalités. En dépit de leur précision, elles ne modifient pas le choix du gouvernement brésilien. Le contrat prend effet le 25 juillet 1997.

Des années plus tard, l'affaire connaît un rebondissement qui éclaire d'une lumière crue les relations qu'entretiennent les services américains et brésiliens. Responsable du FBI au Brésil de 1999 à 2003, Carlos Costa révèle de quelle façon le gouvernement américain a contrôlé durant des années la police fédérale brésilienne en lui allouant 5 millions de dollars par an pour combattre le trafic de stupéfiants : « Nous l'avions achetée pour quelques millions de dollars », confie-t-il cyniquement au magazine *Carta Capital*. Une commission d'enquête parlementaire brésilienne démontrera que l'agence américaine travaillait en si étroite collaboration avec ses homologues sud-américaines que, des deux, on ne savait plus qui donnait les ordres.

Echelon a ainsi permis aux firmes des États-Unis de rafler plusieurs contrats. En Arabie saoudite, Boeing récupère un marché attribué à Airbus jusqu'à ce que la NSA ne détourne frauduleusement des fax et des communications téléphoniques qu'échangeait la société d'aéronautique avec les officiels saoudiens et le gouvernement français. Un autre coup de pouce permet à la General Electric Power Systems, en 1995, d'obtenir le contrat pour la construction d'une centrale en Tunisie : le marché s'élevait à 120 millions de dollars. Au début de la décennie 90, onze contrats d'un montant global de 18 milliards de dollars auraient été ainsi perdus par des firmes françaises et franco-européennes à la suite d'une intervention occulte du gouvernement américain.

L'Union européenne réagit tardivement face aux opérations d'espionnage américaines. Afin d'éviter les indiscrétions du réseau Echelon, elle lance en avril 2004 le programme Quantum Technologiques qui a pour objectif d'aider les entreprises européennes à mieux protéger leurs actifs de l'espionnage industriel. Pendant dix-huit mois, le projet mobilise des experts du développement de logiciels, en électronique, des cryptographes et des spécialistes des techniques de sécurité électronique. Ils devront produire une nouvelle génération de clés permettant de détecter toute écoute avant la transmission d'un message crypté. Mais ce projet arrive trop tard, le mal, dans bien des cas, a déjà été fait.

NSA, fer de lance de l'espionnage américain

Dans ces années 90, l'efficacité de l'administration Clinton dépend avant tout des prouesses de la National Security Agency qui constitue le fer de lance de l'espionnage américain. Elle sera sa carte maîtresse, elle s'est rodée et a acquis sa puissance durant la guerre froide.

Créée en 1949, la NSA est alors chargée du renseignement électronique qui incombait jusque-là à l'Armed Forces Security Agency (AFSA). Dans les années 50, elle réunit dans sa nouvelle base de Fort Meade dans le Maryland la fine fleur de l'espionnage électronique. Une petite armée de cryptographes, mathématiciens, ingénieurs en télécommunications, informaticiens et autres linguistes, spécialisée dans les interceptions, le décodage, l'analyse des messages, qu'ils soient transmis par GSM, Internet ou fax. Les effectifs de cette armada d'experts seront estimés entre 40 000 et 100 000[1].

Les activités de la NSA restent secrètes jusqu'en avril 1975. Lew Allen, le directeur de l'agence, subit alors le feu roulant des questions de la commission d'enquête de la Chambre des représentants qui s'emploie à inventorier les dérives des services secrets américains. Dans ses déclarations, Lew Allen lève le voile sur plusieurs opérations illégales de la NSA comme l'opération Minaret. Sous prétexte de lutte antidrogue, celle-ci permettait la surveillance de cibles politiques. Ou bien encore l'opération Shamrock initiée en 1945 par des officiers de renseignement militaire et confiée en 1951 à la NSA. Cette fois il s'agissait de récupérer des messages diplomatiques acheminés par le circuit commercial des grandes sociétés de télégraphie américaines. En décembre 1947, le secrétaire à la Défense James Forrestal s'efforce de convaincre les patrons des firmes RCA, ITT et Western Union international de collaborer à ce programme d'espionnage ultrasecret. Ces derniers n'y voient aucune objection, à condition toutefois que le gouvernement et la justice leur garantissent l'impunité. Cette opération constitue en effet un viol caractérisé des lois américaines sur les communications. Le 18 mai 1949, après avoir été reçus par le président Truman, ils obtiennent satisfaction. Un document écrit les exempte officiellement de toutes poursuites dans le cadre de leur collaboration au projet Shamrock. La NSA, qui a donc récupéré le projet en 1951, pourra accéder durant de longues années à tous les messages diplomatiques de RCA, ITT et Western Union, transmis, acheminés ou reçus par les

1. Voir notamment « The Move to Fort Meade » ainsi que « A Mission of Great Importance Recruiting Scientists and Mathematicians at NSA, Circa 1960 », ensemble de notes de la série « NSA Cryptologic Almanach » déclassifiées le 12 juin 2009.

bureaux de New York, Washington et San Francisco. Plus patriote, ou plus zélé, RCA fournira également des copies de tous les messages internationaux transitant par ses bureaux jusqu'à ce que s'achève, en mai 1975, l'opération Shamrock. En 2006, l'histoire bégaye. La presse américaine révèle que la NSA a mis sur pied un programme d'écoutes secrètes avec la complicité de trois grandes compagnies de téléphone, AT & T, Verizon, BellSouth. Coups de fil et courriels d'abonnés seront transmis à l'agence fédérale qui prétend agir sous le paravent du Patriot Act voté après le 11 septembre 2001.

La NSA n'est pas une agence d'espionnage comme les autres. Le cœur de son métier, si l'on peut dire, réside dans sa familiarité avec les technologies de la communication les plus sophistiquées. En particulier, elle s'est fait une réputation d'excellence dans le domaine de la cryptographie et dans l'art de percer les secrets de ses adversaires. Durant plusieurs décennies, les États-Unis ont intercepté et déchiffré les messages secrets et cryptés de cent vingt pays ayant acquis le système en théorie le plus sécurisé du monde mis au point par la société Crypto AG, qui jouit d'une réputation d'honnêteté scrupuleuse. Pourtant très soupçonneux, des États comme l'Irak, l'Iran, la Libye ou encore la Yougoslavie se sont ainsi au fil du temps équipés chez Crypto AG.

Aucun d'eux n'avait imaginé que leurs messages codés les plus secrets, qu'ils soient expédiés d'une ambassade, d'une mission militaire, d'un bureau de commerce ou de tout autre repaire d'espions, par télex, radio, télétype ou fac-similé, atterriraient en clair à Fort Meade, au QG de la NSA. Les machines de cryptographie étaient dotées d'une faille ou, si l'on veut, d'une porte d'entrée secrète qui permettait le détournement automatique des messages, acheminés clandestinement jusqu'aux analystes de la NSA. Ceux-ci pouvaient de la sorte lire à livre ouvert dans le jeu des chancelleries étrangères. À l'origine de cet incroyable tour de passe-passe intervient le Boris Project que James Bamford évoque pour la première fois en 1983 dans son livre *Puzzle Palace*[1]. Le nom de ce projet est en fait un clin d'œil à Boris Caesar Wilhelm Hagelin. Réfugié à New York après l'invasion allemande de la Norvège, ce dernier y fonde la Hagelin Cryptographic Company qui fabriquera au cours de la Seconde Guerre mondiale plus de 120 000 machines de codage destinées à équiper l'armée américaine. Boris Hagelin fait fortune et, une fois la guerre finie, il délocalise une partie de sa société à Zoug, l'un des cantons les plus avantageux fiscalement de la confédération helvétique. Ainsi naît en 1952 Crypto AG qui ne tarde pas à remporter dans son domaine un vif succès. En 1957, écrit l'auteur de *Puzzle Palace*, « Crypto AG était à la cryptographie ce que la General Motors était à l'automobile ». À partir de cette date, la firme pactise avec la NSA à la suite d'une série de rencontres ultrasecrètes et d'une alliance préalablement scellée le 10 février 1956 entre le maréchal Montgomery, alors vice-commandant de l'OTAN, et le ministre de la Défense suisse, Paul Chaudet. L'accord secret permettra à la NSA d'accéder aux secrets de plus d'une centaine de pays. Il n'est dévoilé qu'en mars 1992 lorsque le contre-espionnage iranien arrête à Téhéran le représentant de la firme Crypto AG, Hans Buehler. Accusé d'espionnage pour le compte des services allemands et de la CIA, Hans Buehler nie et se tait. Durant neuf mois, il subit chaque jour un interrogatoire de cinq heures qui porte sur des activités d'espionnage qu'on lui reproche et qu'il réfute farouchement. De guerre lasse, les services iraniens capitulent. Ils libèrent contre une rançon d'un million de dollars qu'accepte de verser Crypto AG.

L'histoire aurait pu en rester là. Mais quelques semaines après le retour en Suisse de Hans Buehler, Crypto AG décide de réclamer à l'ancien otage le remboursement du million de dollars qu'elle a versé pour sa libération. Furieux, celui qui n'a rien lâché aux agents iraniens durant des mois se met à table. Il déballe alors ce qu'il sait de la faille… Ses révélations soulèvent

1. New York, Penguin Books, 1983, p. 408-409.

un tollé puis entraînent l'ouverture d'une enquête judiciaire. Crypto AG s'empresse alors d'écrire à ses clients et les rassure : toute possibilité de manipulation de l'équipement Crypto AG est à « exclure ». Elle nie en bloc. Elle jure qu'il n'existe aucune faille dans son système et encore moins une faille délibérée. Aux accusations de Buehler, toutefois, s'ajoutent d'autres éléments qui renforcent le doute. Des câbles diplomatiques rendus publics laissent supposer que les systèmes de cryptage d'AG en ce qui concerne l'Iran et la Libye n'avaient rien d'inviolable. Puis le *Sun* de Baltimore publie le témoignage d'un cryptographe de la NSA rapportant une séance de travail avec les ingénieurs de Crypto AG afin de mettre au point une nouvelle machine à crypter[1].

Crypto AG n'est pas le seul partenaire privilégié de la NSA. En fait, dans ses domaines de prédilection, au nom de la sécurité nationale, rien ne se fait sans l'accord de la NSA. À la fin des années 70, elle impose aux chercheurs américains en cryptographie qu'ils lui soumettent leurs recherches avant publication. Elle oblige les compagnies américaines d'encryptage à trafiquer leurs machines pour lui permettre d'y avoir discrètement accès. Lorsque, en 1991, la firme AT & T met au point un téléphone qui pourrait compromettre les capacités d'interception de la NSA, l'industriel est prié d'incorporer, dans son nouvel appareil, une puce *clipper* que l'agence fabriquera elle-même. En 1999, la NSA exige cette fois de Netscape qu'il révise les fonctionnalités cryptographiques de son Navigator 3.0. Il devra brider sa version à l'exportation à 56 bits. Ainsi, il sera longtemps interdit d'exporter des clés de cryptage de plus de 56 bits. La NSA veille à garder son avance technologique et, dans ce but, exerce une tutelle inflexible sur le Bureau of Export Control du département du Commerce.

La NSA, à qui l'on doit aussi la poupée qui parle ou la cassette vidéo, a indiscutablement contribué à l'essor de l'informatique

1. Édition du 4 décembre 1995.

américain en nouant des liens et des partenariats sur une longue durée avec une dizaine de grandes entreprises comme Control Data, IBM, Cray, GE, RCA ou encore DEC dont elle a stimulé la recherche et accompagné la croissance grâce à ses budgets. Elle a tout particulièrement favorisé l'expansion dans le secteur de la téléphonie du groupe Motorola avec lequel elle a œuvré à la mise au point d'une nouvelle machine. Durant de longues années, Motorola sera même son principal fournisseur. L'influence de la NSA sur l'industrie des nouvelles technologies est encore d'autant plus prégnante que des centaines d'anciens employés de l'agence se sont recyclés dans huit des plus grandes entreprises high-tech du pays. Tout spécialement au sein de la SAIC, la Sciences Application International Corp.

En 1993, Clinton utilise la NSA comme une arme parmi les plus performantes et efficaces dans le cadre de la guerre économique. En patriote, elle met ses grandes oreilles au service de l'économie américaine. Ce sera plus que jamais chacun pour soi.

Espions français à l'assaut des firmes américaines

Alors que l'administration Clinton déploie ses agences d'espionnage sur les nouveaux champs de bataille de la guerre économique, une odeur de poudre entêtante commence à planer sur les relations franco-américaines. L'ouvrage d'un certain Peter Schweizer qui paraît cette année-là illustre ce climat de défiance et d'hostilité[1]. L'auteur y dresse le portrait d'une Amérique vampirisée par des compétiteurs déloyaux qui se trouvent par ailleurs être ses alliés. En choisissant de peindre les États-Unis sous les traits d'une victime, sans doute s'efforce-t-il en cette période de restriction budgétaire, que connaissent depuis la fin de la guerre froide les services secrets américains, de sensibiliser

1. Peter Schweizer, *Friendly Spies*, New York, The Atlantic Monthly Press, 1993.

l'opinion publique et le Congrès américain aux nouvelles menaces que devront affronter dans l'avenir les États-Unis.

Journaliste engagé, Schweizer a milité dans les rangs des Combattants de la Liberté. En 1984, après la réélection de Ronald Reagan, cette association de jeunes conservateurs a soutenu activement plusieurs mouvements anticommunistes en Angola, Éthiopie, Amérique centrale et Cambodge. Proche des milieux du Pentagone, Peter Schweizer a vécu à Arlington et évolué dans l'entourage du secrétaire à la Défense Caspar Weinberger[1]. Spécialiste des affaires de renseignement, il a collaboré au *New York Times* ainsi qu'au *Washington Post* avant de devenir éditorialiste au *Wall Street Journal* et consultant pour NBC News.

Parmi les alliés sans scrupule qui pilleraient les secrets commerciaux et industriels des firmes américaines, la France figure en bonne place. Schweizer lui consacre en effet une partie très documentée. Celle-ci comporte de nombreuses histoires inédites, ce qui laisse supposer que les services secrets américains lui ont « amicalement » entrouvert leurs dossiers.

Ce livre au contenu parfois explosif n'a pas été traduit en français. On pourrait le qualifier d'opération de blanchiment menée par les services américains soucieux de divulguer des informations confidentielles jugées embarrassantes pour leurs homologues français. En France, de très rares auteurs y feront allusion et toujours de façon limitée. Or cet ouvrage donne des services français une image inhabituelle de pugnacité et de témérité. En creux, Peter Schweizer les dépeint pleins d'audace et fort efficaces. D'après lui, la France aurait déclaré la guerre économique aux États-Unis dès 1981, soit quelques mois à peine après l'élection de François Mitterrand.

En octobre 1981, le nouveau président de la République donne son feu vert à Pierre Marion qu'il a nommé à la tête des services

1. Entretien avec Pascal Lorot, président de l'institut Choiseul, un *think tank* français spécialisé dans les relations internationales.

secrets : il l'autorise à créer une unité spéciale qui sera dévolue au renseignement économique et technologique. « Les firmes ne sont pas capables de tout réaliser en cette matière (renseignement technologique et industriel), même si elles obtiennent seules des résultats, expliquera Pierre Marion. C'est que le rassemblement d'éléments pointus nécessite la mise en œuvre de procédés dont ne disposent pas les industriels et que seuls des services secrets peuvent réaliser : pénétration de locaux, interception de documents confidentiels, écoute de conversations directes ou téléphoniques, micro-filmage, etc.[1] » Ces méthodes seront donc logiquement l'apanage de la nouvelle unité.

La cellule installée au sein de la DGSE, la Direction générale de la sécurité extérieure, a pour premier objectif de choisir les cibles technologiques et industrielles prioritaires. Dirigée par « Arsène Lux » (il s'agit d'un nom fictif donné dans son livre par Peter Schweizer), elle s'appuie d'abord sur le réseau des attachés scientifiques français en poste à l'étranger. Puis, en janvier 1982, Lux passe à la phase suivante. Il fait placer sur tables d'écoute les représentants des firmes étrangères installées à Paris et exige des agents du service en poste à l'étranger qu'ils traquent l'information économique et technologique « déclassifiée », dite « ouverte » et accessible au public. Ils devront rechercher les informations spécifiques pouvant intéresser les entreprises françaises. Lux réclame enfin la « mise en place » d'un système informatique et d'une base de données qui faciliteront la recherche d'informations sur les sociétés étrangères. Afin d'atteindre l'objectif ambitieux qu'il s'est fixé, Lux obtient que les effectifs de son groupe installé au QG de la DGSE à Paris passent de trente-cinq à une cinquantaine de membres. Il obtient également de pouvoir organiser une opération sans que le service action ait donné son accord préalable comme cela est alors d'usage. Lux a les coudées franches pour organiser

1. Pierre Marion, *Le Pouvoir sans visage. Essai sur le complexe militaro-industriel*, Calmann-Lévy, 1990.

sa première opération, celle que Schweizer baptise « l'affaire indienne[1] ». Elle se déroule en 1982 alors que l'armée indienne a décidé de s'équiper en avions de combat. La France se retrouve en compétition avec de puissants concurrents, tout comme elle marchands d'armes : l'Union soviétique et les États-Unis[2]. Le montant du marché avoisine les deux milliards de dollars. Pour son baptême du feu, le groupe de Lux bénéficie d'un coup de pouce. Il reçoit l'aide d'une nouvelle source que le chef de poste du Sdece (Service de documentation extérieure et de contre-espionnage, qui deviendra bientôt la DGSE) à Delhi a recrutée quelques mois plus tôt, mi-mai 1981, et qui opère au sein même du cabinet du Premier ministre indien. Cette source sera utilisée pour obtenir des informations sur la proposition américaine comme le confirme Pierre Marion : « Nous avions un informateur à l'intérieur de la chancellerie pour faire la décision. » En réalité, bien plus que cela. La véritable ampleur du réseau français n'apparaîtra qu'en janvier 1985, lorsque les autorités indiennes déclencheront une enquête qui aboutira à l'arrestation d'une quinzaine de fonctionnaires dont douze appartiennent soit au secrétariat du Premier ministre, au bureau du président ou bien encore au ministère de la Défense indiens. Tandis que le réseau est démantelé, le chef de poste de la DGSE s'enfuit précipitamment. Il quitte l'Inde tout comme les deux hommes d'affaires français venus vendre leurs avions de combat et qui pourraient se retrouver impliqués dans une affaire d'espionnage. Prudents, eux aussi disparaissent.

Schweizer évoque ensuite le projet Caméléon de la DGSE qui, en 1984, prévoyait le noyautage par des officiers supérieurs

1. Voir Peter Schweizer, *Friendly Spies*, *op. cit.*, p. 111.

2. Cette affaire « indienne » a été évoquée dans *Le Monde* du 22 janvier 1985, *Le Canard enchaîné* du 23 janvier 1985 et le magazine *Time* du 11 novembre 1985 qui relatait l'historique du réseau d'espionnage constitué autour de l'homme d'affaires indien Coomar Narain, responsable à New Delhi du Maneklal Group of Industries ; voir aussi le bulletin *Intelligence Parapolitics* d'automne 1985.

de l'armée des entreprises étrangères dont les technologies intéressaient l'industrie de l'armement française. Puis il enchaîne avec une opération de renseignement économique d'ampleur dont les cibles principales sont IBM et Texas Instruments. Peter Schweizer la qualifie d'opération « la plus élaborée de la DGSE menée contre des sociétés US [s'étant] déroulée entre 1987 et 1989[1] » – elle fait ressortir en tout cas la hardiesse du service. Conçue par deux responsables de la DGSE, le colonel Jean Heinrich, alors directeur des opérations spéciales, et le général François Mermet, qui servait comme chef de « l'administration étrangère », cette opération avait pour objectif de recueillir le plus grand nombre de renseignements possible, et au niveau le plus élevé, sur des sociétés américaines ciblées en recourant au recrutement de « taupes ».

Ainsi, fin janvier 1987, le général Mermet charge un officier de la DGSE, Christophe D., d'identifier les compagnies high-tech dont les recherches pourraient intéresser en priorité la France. Le 8 février, Christophe D. soumet une liste de trois sociétés que la direction de la DGSE valide en tant qu'objectifs : IBM, Texas Instruments et Corning Glass. IBM et Texas Instruments sont à l'époque des leaders de l'industrie informatique et Corning Glass un pionnier de la fibre optique. Selon le colonel Heinrich, il n'existe en fait qu'une poignée de sociétés critiques dignes d'être pénétrées afin de procurer à la France une avance technologique.

La campagne de recrutements commence en mars 1987. Ciblant des responsables élevés dans la hiérarchie travaillant dans les bureaux français de chacune de ces sociétés, elle vise le haut du panier. Dès le milieu de l'été, selon des sources de la DGSE, les objectifs de l'opération de recrutement sont remplis. Au sein d'IBM, encadré par un petit groupe d'officiers traitants, l'informateur Jean L. recrute à son tour cinq autres employés qui occupent des postes stratégiquement bien situés au sein de l'entreprise. Comme Jean L., deux d'entre eux appartiennent

1. Peter Schweizer, *op. cit.*, p. 124.

au management d'IBM, ce qui leur donne accès à une quantité étendue d'informations comme les décisions stratégiques commerciales et les contrats de recherche de haute technologie. Les trois autres se répartissent dans les départements finance, recherche et vente. Fin 1987, manifestement, l'opération est un succès. La DGSE croule sous une masse d'informations qu'elle doit encore cependant trier et exploiter.

Tandis que les taupes d'IBM ravitaillent sans relâche la DGSE, quatre autres recrues du service s'affairent au sein de Texas Instruments et deux autres à Corning Glass. Un ancien haut responsable des services le certifie à Schweizer: «Tous livrent des stocks d'informations à la DGSE.»[1] Les recrues de Texas Instruments moulinent même une telle quantité de données que la DGSE se résout à louer un appartement à Vélizy, où la société américaine est alors installée, afin de stocker, collationner et photocopier les documents. Songeant à cette masse de documents transmis à la DGSE, un cadre de Texas Instruments Europe confiera à Schweizer que les agents français «devaient avoir une bien meilleure connaissance de notre recherche et de notre travail marketing que les dirigeants de la société n'en avaient aux États-Unis[2]».

L'opération se déroule sans incident quand, début 1989, une indiscrétion sort la CIA de sa léthargie. Du moins est-ce la version officielle, car il n'a jamais été véritablement établi dans quelles circonstances exactes et par quel biais précis les services américains ont été informés de l'opération en cours. Certains affirment qu'un petit élément de l'histoire aurait été passé sous silence: à cette époque, les Américains auraient disposé d'une taupe au ministère français de l'Industrie, ce qui évidemment n'est pas avouable. Officiellement, la version retenue ne mentionne pas l'existence de cette taupe. Elle indique simplement qu'un agent de la CIA affecté à l'ambassade des États-Unis à Paris aurait eu vent de rumeurs

1. Peter Schweizer, *op. cit.*, p. 125.
2. *Idem.*

circulant à propos d'IBM et de Texas Instruments indiquant que ces deux sociétés feraient l'objet d'une pénétration d'un service français. L'auteur de l'indiscrétion appartiendrait à la DGSE. Pris de boisson, il se serait confessé à un ami américain. Il lui aurait avoué qu'il participait lui-même à une opération d'espionnage économique dirigée contre Texas Instruments. Consignées sur-le-champ dans une note, ses confidences atterrissent sur le bureau du chef de station de la CIA à Paris. Elles confirment ce qui n'était jusque-là qu'une rumeur. La mécanique du contre-espionnage se met aussitôt en route. La CIA et le FBI déclenchent une enquête que les deux agences mènent conjointement durant sept mois et qui aboutit au démantèlement du réseau d'informateurs de la DGSE. En guise d'épilogue, la version officielle indique qu'en novembre 1989 la CIA et le département d'État ont fourni aux diplomates français les preuves des accusations qu'ils portaient, tandis que les employés des trois sociétés ciblées transformés en espions étaient démis de leurs fonctions et chassés de leur entreprise.

Dans la deuxième semaine de décembre 1989, lors d'une rencontre privée qu'effectue à Paris un haut responsable de la CIA, la DGSE admet finalement sa responsabilité.

Alors qu'en France les « taupes » du service alimentent jusqu'à l'indigestion leurs officiers traitants, à la mi-avril 1988, une équipe de la DGSE part en mission à Seattle, la capitale de l'aéronautique américaine. Elle devra y enregistrer les tests secrets du nouveau Jumbo Jet 747-400 que Boeing a équipé d'une technique avancée de navigation électronique qui permet de réduire l'équipage de vol à deux personnes – au lieu de trois – et d'un nouveau moteur plus économe en carburant. La mission des agents français consiste à suivre et enregistrer les tests. L'équipe se compose de deux experts en communication, un officier choisi pour sa grande expérience technique ainsi qu'un ancien du groupe Aérospatiale, Jean A., responsable de la recherche. Le 11 avril 1988, le groupe fait escale à Washington où il est accueilli et pris en main par le chef de poste de la DGSE et l'ambassadeur de France. Deux jours plus tard, Georges P., un employé d'Airbus qui a préparé le terrain à Seattle, rejoint l'équipe qui depuis quarante-huit heures s'imprègne de tous les aspects de la mission. L'homme a repéré les lieux où s'effectueront les tests, à Everett dans l'État de Washington, au nord de Seattle où il a donc loué pour six mois une petite propriété. Il a également localisé l'endroit, à Seattle, d'où est organisé le vol test et y a appris que la télémétrie du test ne serait pas cryptée, ce qui devrait faciliter l'interception des communications entre l'appareil en vol de Boeing et le QG au sol de la compagnie.

Le 17 avril 1988, l'équipe débarque au grand complet à l'aéroport international Tacoma de Seattle où l'a précédée une partie du matériel acheminé par avion-cargo. À proximité du QG de Boeing, elle déploie une antenne satellite portable qu'elle oriente vers le lieu où doivent s'effectuer les tests de vol, un scanner dernier cri repérera et captera ainsi les fréquences. L'ensemble des éléments du dispositif est relié à deux ordinateurs portables : l'un enregistre et stocke les signaux tandis que l'autre analyse et interprète les données reçues. Enfin, l'équipe envisage d'intercepter les vidéos conférences entre dirigeants de Boeing. L'opération durera plusieurs semaines sans le moindre accroc. L'équipe de la DGSE remplit sa mission dans une totale discrétion. Les résultats des tests seront ultérieurement acheminés en France par la valise diplomatique. Ainsi, écrit Peter Schweizer : « L'Airbus 340 bénéficiera des nouvelles trouvailles de Boeing. »[1]

À la même époque, la DGSE recueille à Washington des renseignements auprès de fonctionnaires de la Defense Advanced Research Projects Agency, une agence spécialisée dans la recherche liée aux applications militaires, avec lesquels elle entretient des relations suivies. De 1986 à 1990, le chef de poste de la DGSE livre ainsi des sommaires et des projets de

1. Peter Schweizer, *op. cit.*, p. 124.

recherches à l'adjoint de l'attaché militaire français à l'ambassade de France qui, avec l'aide de l'attaché scientifique, ordonne le matériel ainsi collecté avant de le transmettre au QG de la DGSE à Paris. Décidément très accrocheuse, la DGSE forme en août 1991 une équipe de six ingénieurs qu'elle envoie à Washington, cette fois afin d'y étudier une technologie utilisée par l'avion Stealth qui permettrait d'échapper aux radars. Alors que les membres de l'équipe se déploient sur le terrain et enquêtent dans plusieurs villes où des groupes de chercheurs travaillent sur cette technologie, le FBI repère leur manège. Il s'accroche à leurs basques et menace de les expulser s'ils continuent de fouiner sur le territoire américain. Début 1991, le FBI accuse le consul de France à Houston, Bernard Guillet, de faire les poubelles de ses voisins liés aux milieux de la recherche et le fait expulser. Le nom de Bernard Guillet réapparaîtra des années plus tard sur la liste des bénéficiaires présumés des largesses pétrolières de Saddam Hussein[1].

Dans le récit qu'il fait des aventures des espions français, Peter Schweizer consacre quelques lignes aux tours de passe-passe du service 7 de la DGSE[2]. En avril 1990, à Paris, les dirigeants de la société GTE s'aperçoivent en regagnant leurs chambres de l'hôtel Nikko que leurs attachés-cases ont été délestés d'une grande quantité de documents. Avant eux, des employés d'AT & T avaient eux aussi connu la même mésaventure. Certains hôtels parisiens où descendent des chefs d'entreprise étrangers sont en effet placés sous surveillance du renseignement français et pas seulement sous celle de la DGSE. La plupart des services y recrutent des employés ou infiltrent parmi le personnel des agents, écoutent les lignes téléphoniques ou encore sonorisent les chambres à coucher. Des chambres qui servent également quelquefois aux débriefings d'agents infiltrés.

1. Voir p. 115, « La liste al-Madha ou la vengeance des néoconservateurs ».
2. Le colonel Le Roy-Finville en avait donné déjà un aperçu conséquent dans son livre *Service 7*, Presses de la Cité, 1980.

Dans la partie de son ouvrage qu'il consacre à la France, Schweizer évoque encore cette opération d'infiltration des services français effectuée à Bruxelles qu'il attribue à un certain « Rémi Patrand » qui n'est autre en fait que le préfet Rémy Pautrat, ancien chef de cabinet en 1981 de Claude Cheysson, le ministre des Relations extérieures. Nommé en 1985 directeur de la DST, la Direction de surveillance du territoire, Pautrat servira aussi comme conseiller sécurité à Matignon au temps de Michel Rocard et comme chef de cabinet du Premier ministre Édith Cresson.

Pourquoi cette erreur orthographique qui ne peut être que volontaire de la part d'un expert comme Schweizer ? Au milieu des années 90, Rémy Pautrat devient la bête noire des services américains alors qu'il instaure les premiers dispositifs de défense du patrimoine économique et industriel français de l'après-guerre froide. Les effectifs des services français utilisés à travers le monde pour des missions de renseignement économique sont alors estimés à plus ou moins 2 500 agents et honorables correspondants – des auxiliaires le plus souvent bénévoles. Entre 15 et 20 % d'entre eux travaillent aux États-Unis, au Japon et en Europe occidentale.

D'après Schweizer, en avril 1984, Rémi Pautrat aurait été informé par le général Roger Emin d'une opération de la DGSE validée par son directeur de l'époque, l'amiral Lacoste (qui a succédé à ce poste à Pierre Marion), destinée aux recrutements de fonctionnaires européens (français ou étrangers). Pautrat y aurait apporté son concours en s'arrangeant pour que soient nommés à Bruxelles des correspondants de la DGSE. D'après Schweizer, cette opération aurait permis en 1988 de mettre en place un réseau au sein même de la direction science et recherche de la Communauté économique européenne. Le chef de poste de la centrale française à Bruxelles, un officier roué et expérimenté, aurait joué dans cette histoire un rôle déterminant pour la réussite de l'opération.

En 1993, Schweizer ne porte pas seul le fer dans la plaie. Un vrai faux rapport attribué à la DGSE, probablement fabriqué par la CIA, circule dans les rédactions américaines. Composé à partir de diverses notes du service qui, elles, sont authentiques, ce vrai faux rapport énumère une longue liste d'entreprises américaines susceptibles de constituer des cibles pour les services français.

Désormais, les alliés d'hier s'opposent dans une guerre qui ne dit pas son nom et dont la ligne de front serpente dans les zones de commerce, n'en épargnant aucune. L'Union européenne n'échappe pas à la tourmente de la mondialisation. Elle devient même un enjeu stratégique ou plutôt un champ de bataille. Alors que le monde bruit des mots à nouveau d'actualité que sont déréglementation, barrières douanières, subventions, quotas, protectionnisme, qu'il débat du libre marché et de la libre concurrence, Bruxelles se transforme à son tour en terrain de conflits. La capitale européenne héberge désormais les intrigues de la guerre commerciale. Les grands intérêts nationaux s'y affrontent impitoyablement, réseau contre réseau, au gré des luttes d'influence. Sourdes et discrètes… mais toujours intraitables.

Les réseaux d'influence US infiltrent Bruxelles

Soumise à l'arbitrage de Bruxelles en 1995, la question des quotas audiovisuels met en branle, au cœur de l'Europe, une machinerie secrète tentaculaire.

Sous l'impulsion de la France, l'Union européenne a décidé d'exclure le secteur culturel des négociations du GATT (Accord général sur les tarifs douaniers et le commerce) auquel succédera l'OMC[1]. Dans la perspective de la future déréglementation du secteur des télécommunications qui devrait être effective le 1er janvier 1998, elle souhaite également durcir la directive « Télévision sans frontières » qui oblige les chaînes de télévision

1. Les États-Unis n'ont finalement accepté la création de l'OMC qu'en 1994, jusque-là ils s'agaçaient de voir leurs décisions soumises à arbitrage.

européennes à diffuser en majorité des œuvres européennes. Or les Américains se sont justement fixé comme objectif d'en finir avec les barrières commerciales et de combattre cette directive. Aussi accueillent-ils cette décision comme un *casus belli*, une véritable déclaration de guerre à laquelle réplique aussitôt le département du Commerce américain. Celui-ci décide tout d'abord de préparer et de former les fonctionnaires aux futures négociations, dont l'enjeu est colossal. Les compagnies américaines réalisent en Europe 50 % de leurs investissements à l'étranger et plus de 100 milliards de dollars d'exportation. À la fin des années 60, les productions cinématographiques *made in USA* représentaient 30 % du box-office européen alors qu'en 1994 la part de marché du cinéma américain atteint 80 %. L'Europe accuse un déficit faramineux de 4 milliards de dollars. Dès février 1995, le département du Commerce commence à élaborer une stratégie d'influence afin de défendre ses intérêts. Il la détaille dans une note destinée à ceux qui négocieront la question des quotas de production et de diffusion d'œuvres audiovisuelles.

Sorte de vade-mecum, cette note contient la marche à suivre lors des négociations. Elle rappelle d'abord quelques principes. Les Américains se fixent pour but d'obtenir en toutes circonstances des réglementations plus libérales. Ils se battront en conséquence pour qu'on ne leur impose aucune restriction supplémentaire. Ensuite, ils considèrent que « le cœur de cible » de leur stratégie est l'Union européenne, dont ils se méfient. L'expérience leur a enseigné que ses décisions pouvaient influencer des pays non européens. Il faut donc éviter toute contagion. Ils préconisent également d'esquiver le débat sur les enjeux culturels. Ils insisteront plutôt sur le fait qu'il ne s'agit que d'argent, de commerce, de business, et s'efforceront de démontrer que les quotas ne sont donc en réalité que des barrières commerciales. Tactiquement, ils conseillent de lier le dossier de l'audiovisuel à celui des télécommunications. S'en tenant au principe de la déréglementation, ils devront expliquer que toute restriction bloquerait le développement des réseaux de télécoms, indispensable à la bonne santé du secteur audiovisuel. Afin de parvenir à ces buts, les négociateurs américains rechercheront des alliés de circonstance, des *stakeholders*, des acteurs ayant de l'influence dans un secteur donné. La note conseille de dresser des listes d'organismes pouvant être affectés par les restrictions de programmes en raison des quotas de l'Union européenne. Il importe de créer des solidarités d'intérêts, fussent-elles ponctuelles. Parmi ces alliés potentiels figurent les pays qui pourraient pâtir des effets de la directive « Télévision sans frontières », comme le Mexique ou le Brésil : l'un vend ses programmes à l'Espagne, l'autre au Portugal.

En ce qui concerne les pays en voie de développement, le département du Commerce suggère l'organisation de séminaires où seront conviés des fonctionnaires gouvernementaux et préconise de se coordonner avec les institutions internationales comme la Banque mondiale.

La note conseille enfin de rechercher le soutien des journalistes dans le but de créer un climat favorable aux thèses américaines. Ainsi lit-on que « des efforts doivent [...] être entrepris pour obtenir des comptes rendus favorables dans la presse locale » afin de susciter un mouvement d'opinion opposé aux quotas. Il s'agit aussi de rechercher « le soutien de groupes de personnalités de la télévision ou de la radio, mais aussi des publicitaires, des fournisseurs d'équipements de télécommunications et des groupes de consommateurs ». Voilà pour la stratégie du département du Commerce.

De son côté, l'industrie américaine du cinéma dépêche à Bruxelles le puissant patron de la Motion Picture Association of America (MPAA) doublé d'un as des relations publiques, Jack Valenti. Ancien de l'US Air Force et diplômé de l'université de Harvard, Valenti a débuté sa carrière dans les relations publiques en cofondant l'agence de publicité et de conseil politique Weekley & Valenti qui, en novembre 1963, était chargée à Dallas de la communication présidentielle le jour de l'assassinat du président Kennedy – ce qui valut à Valenti de figurer dans le volumineux rapport de la commission Warren. Après la mort de JFK, il devient le conseiller de son successeur, Lyndon Johnson. Mais, accusé par le patron du FBI Edgar J. Hoover d'avoir des penchants homosexuels, Valenti quitte la Maison-Blanche en 1966 pour devenir l'indéboulonnable président du MPAA.

À Bruxelles, Jack Valenti ne perd pas de temps. Il s'empresse d'ouvrir un bureau de représentation et en confie la responsabilité à son bras droit Michael Bartholomew. Dans cette confrontation avec l'Union européenne où s'engage l'industrie du cinéma, Valenti dispose à Bruxelles du soutien d'une petite armée de lobbyistes qui se compose de conseils en communication, de conseillers juridiques spécialisés dans les affaires publiques ou encore d'agents d'influence. Cette force s'adosse à la puissante Chambre de commerce américaine, l'AmCham, comme disent les initiés, installée dans un hôtel particulier de l'avenue Terveren à Bruxelles et qui épaule une vingtaine d'entreprises telles qu'AT & T, Ford, Monsanto ou encore Kodak. En 1994, on croise parmi les personnalités les plus assidues aux cocktails de l'AmCham le commissaire européen aux Relations extérieures ou encore le président du Parlement allemand.

Pour le travail de fond, considéré comme le plus ingrat, l'AmCham recourt à son bras séculier, l'EU Committee, le Comité de l'Union européenne, qui s'est séparé de la Chambre de commerce américaine en 1985 avec ses 135 membres qui cotisent chacun à hauteur de 50000 francs par an. Dirigé en 1994 par John Russel, le comité effectue un travail de veille. Il anticipe sur les projets de l'Union européenne. Il épluche les directives à l'étude et se renseigne sur ceux qui seront chargés de les mener à bien. Ce rôle incombe le plus souvent à des jeunes diplômés du Collège de l'Europe.

Dans les années 90, le comité renforce ses moyens en recevant le soutien du Cabinet Fleishman-Hillard (dont les capitaux sont à 80 % américains), un mastodonte planétaire de la communication et des relations publiques, très lié par ailleurs à l'industrie du spectacle. Autour du comité gravitent l'Union des industries de la communication, l'Unice, dont le président en 1995 est l'ancien patron du CNPF (Conseil national du patronat français) et ex-dirigeant du groupe américain Unilever, François Périgot, ainsi que divers *think tanks* comme l'Institute for Public Policy Research, le Trans-Atlantic Policy Network, forum permanent qui regroupe côté américain la National Association of Manufacturers, ou encore le CFR (Council on Foreign Relations) ou le Centre d'études européen. Voilà pour l'influence qu'on qualifiera de visible.

Les Américains bénéficient aussi d'un réseau de « troyens », des informateurs dont on perçoit l'efficacité dans une note secrète datée du 12 décembre 1994[1]. Adressée à William Billick, senior vice-président du syndicat des producteurs américains, le MPAA que dirige Jack Valenti, elle révèle les manœuvres déployées afin de bloquer la révision de la directive européenne « Télévision sans frontières ». Son auteur n'est autre que le bras droit de Valenti, Michael Bartholomew, le directeur européen de la MPAA. La page 2 du document indique que d'après un membre de la commission culturelle, Henriques da Silva, il sera difficile de parvenir à un résultat en une semaine : « Nous marchons sur la corde raide », écrit Bartholomew, qui ajoute que des sources proches de la direction des Affaires extérieures ont fait savoir que la directive européenne était enlisée. Aucun avant-projet n'émerge et aucun accord n'est atteint. Bartholomew écrit encore : « France Seguers de Sony rapporte que selon des sources provenant de la DG15 [direction du Marché intérieur] une majorité de cabinets sont d'accord pour soutenir un compromis. » La note indique enfin que les Américains reçoivent les comptes rendus des réunions européennes : « Les minutes obtenues par Ivan [Hodac, représentant pour l'Europe de Time Warner,] de la réunion des chefs de cabinet du 7 décembre 1994 dernier prouvent que la révision proposée ne bénéficie pas d'un soutien majoritaire mais qu'en principe les directions générales sont

1. Note en possession de l'auteur.

ouvertes au compromis. Les minutes montrent aussi que Joao de Deus Pinheiro (actuel commissaire européen à la Communication) ne veut pas envisager une modification de la directive en la séparant du plan média, ce lien est selon lui indispensable. » Plus loin, Bartholomew précise que l'ambassadeur américain auprès de l'Union européenne, Stuart Eizenstat, pourrait notifier aux commissaires européens « que la modification de l'actuelle directive poserait un sérieux problème pour la tenue du G7 de février, les chefs de cabinet se sont déjà montrés concernés par ce lien et ses conséquences sur les relations euro-américaines ». Au mieux l'on peut parler de pression, au pire de chantage.

Le texte comporte aussi des indications qui soulignent la qualité des informations obtenues par les producteurs de la MPAA. Une annotation indique par exemple que le commissaire européen aux Télécommunications Martin Bangemann sera absent de la réunion du 2 décembre. Une autre rapporte que l'Espagne a précisé à la DG10 (direction de l'Audiovisuel) qu'une révision précipitée de la directive ne s'imposait pas car elle n'avait pas encore transféré dans son droit interne la directive de 1989. Dans le cadre des négociations, les producteurs disposent donc d'informations de première main et visiblement de quelques taupes bien placées.

Bartholomew conclut sa note par une touche d'optimisme : « Nous contrôlons étroitement la situation », écrit-il, avant d'affirmer : « Le projet sera rejeté l'an prochain. » En ce qui concerne les quotas, il se trompe. Son optimisme se brisera sur le roc de « l'exception culturelle » que défend la France avec âpreté et qui sera remplacée en 1999 par l'expression « diversité culturelle ». Pour ce qui est du dynamisme de l'industrie cinématographique américaine, en revanche, Bartholomew avait de bonnes raisons de se réjouir. En 2009, les films américains ont réalisé 67,1 % des entrées de l'ensemble de l'Union européenne[1].

L'industrie cinématographique américaine gagne partout et

1. Observatoire européen de l'Audiovisuel, 24 mars 2009.

sans cesse dans le monde des parts de marché, recourant de préférence aux accords bilatéraux afin d'échapper aux contraintes des règles internationales, notamment celles de l'OMC. Elle va jusqu'à équiper elle-même certains pays de l'Est et le Vietnam de salles de cinéma afin d'y promouvoir ses propres films, quand elle ne guerroie pas en Corée du Sud pour que le quota de 40 % réservé à la programmation de films nationaux soit réduit à 20 %[1]. La plupart des petites nations qui n'ont pas les moyens de résister renoncent et capitulent. La France est un des rares pays encore rebelles qui continuent de tenir la dragée haute à l'économie américaine. Afin de mieux se battre, elle s'organise même en conséquence.

La France et le patriotisme économique

Durant la guerre froide, la France avait déjà la réputation d'un allié difficile et contrariant. Accusée de piller les entreprises américaines et de contrecarrer leurs intérêts en Europe, elle passe désormais pour un compétiteur indocile, si ce n'est déloyal, qui se serait assigné comme objectif la ruine de l'économie américaine. Edwin Fraumann, un agent du FBI, affirme, dans divers articles, que l'espionnage économique aurait coûté, en 1995, 50 milliards de dollars aux firmes américaines. Si on y ajoute ce que coûtent le pillage de la propriété intellectuelle et les détournements de technologie, d'après ses calculs la facture s'élèverait à la somme mirobolante de 250 milliards[2] !

Sans doute ces chiffres auraient-ils mérité d'être davantage explicités. Reste que la France a en effet décidé tout comme les États-Unis de faire face. Elle n'ira pas à la bataille « la fleur au fusil ». Tandis que l'économie américaine regroupe

1. *Diplomatie,* avril-mai 2008.

2. Edwin Fraumann, « Economic espionage : Security Missions Redefined », Washington D. C., *Public Administration Review*, janvier 1998.

ses moyens et se met en ordre de bataille, la France se dote en 1995 d'une sorte d'état-major, le Comité pour la compétitivité et la sécurité économique, dont le *Journal officiel* du 4 avril précise qu'il relève de l'autorité du ministre du Développement économique et du Plan (alors Jean Arthuis). Chargé de défendre les intérêts stratégiques et patrimoniaux français et placé sous l'autorité du Secrétariat général de la défense nationale, le SGDN, il conduira les entreprises françaises dans la bataille économique[1]. Désormais, il sert de vigie, il veille et surveille, il alerte et réagit.

Ainsi, au printemps 1995, détecte-t-il la discrète offensive d'un laboratoire pharmaceutique américain. Aussitôt, il avertit le cabinet du Premier ministre puis l'informe, dans une série de notes plus ou moins alarmistes, du développement de l'affaire[2]. La première de ces notes, datée du 7 avril 1995, évoque tout d'abord ce que son auteur qualifie d'« évolution inquiétante de la pharmacie française ». Alors qu'en 1985 celle-ci affichait à l'export un solde positif d'un milliard de francs, ses positions reculent depuis 1988 tandis que des produits américains accentuent leur pénétration sur le marché français où leur part représente 35 %. Plus inquiétant, de 1990 à 1994, la créativité des laboratoires français s'émousse : sur 259 nouvelles molécules, 10 sont issues de la recherche française, soit seulement 3,9 % de l'ensemble.

L'industrie française résiste difficilement, semble-t-il, à l'agressivité commerciale et au dynamisme des laboratoires américains qui manœuvrent avec ingéniosité et intelligence. Ainsi en est-il de l'opération du groupe Merck qu'a éventée le SGDN en avril 1995 et à laquelle sont consacrées plusieurs notes. L'une d'entre elles est adressée au Premier ministre le 5 mai 1995. Elle

1. Entretien avec Rémy Pautrat. Voir aussi son intervention devant l'Institut des hautes études de la défense nationale lors d'un forum consacré au thème « Entreprises et intelligence économique », le 4 juillet 1995.

2. L'ensemble des notes citées est en possession de l'auteur.

s'intitule « Situation de l'industrie du médicament ». D'emblée, son auteur entre dans le vif du sujet : « L'industrie américaine du médicament utilise, pour orienter son offensive extrême, la sensibilité du milieu médical français et des pouvoirs publics en ce qui concerne le déficit de l'assurance-maladie et la nécessité de contrôler notamment des dépenses de médicaments. » Et il ajoute : « Elle table également sur la sous-informatisation des médecins français (8 % des généralistes équipés contre 90 % dans les pays occidentaux). » Puis la note décortique la manœuvre. Elle explique comment, afin d'approcher le marché français, la firme américaine Merck a utilisé sa filiale d'ingénierie informatique (MEDCO) pour constituer avec l'aide de CIDER, une société française spécialisée dans la promotion médicale et avec laquelle elle envisage de créer une filiale commune, un réseau informatisé de praticiens de 20 000 à 30 000 généralistes qu'elle veut équiper de micro-ordinateurs. Or, souligne la note, « de sources informées [...] environ 80 médicaments sur 100 intégrés dans le logiciel de "prestation assistée" sont des médicaments distribués par Merck ».

Pour le SGDN, la ficelle est grosse, le rédacteur de la note en conclut qu'« il s'agit [dans le cadre de la sécurité économique] d'une menace forte pour l'industrie française du médicament et à terme sur l'emploi ». Il est clair selon lui que le réseau ainsi constitué aurait permis aux Américains de suivre l'évolution du marché de la consommation en temps réel. Aussi ne fait-il aucun doute qu'« à travers la fourniture d'ordinateurs gratuits aux médecins nous nous trouvions en présence d'une véritable offensive d'ingérence américaine qu'il conviendrait d'arrêter ». Aussitôt, les services de l'État déclenchent une riposte qui fera capoter le projet de Merck.

Le SGDN reste en alerte car, au même moment, il apprend que la chaîne d'information américaine CNN projette de consacrer une émission, en septembre 1995, aux espions industriels des puissances alliées. La France, tout comme le Japon, devrait passer sur le gril. Philippe Clerc, responsable du Comité pour la compétitivité et la sécurité économique, réfléchit : faut-il se défendre et dépêcher un représentant français sur place, ignorer l'émission de CNN ou gagner du temps[1] ? Avant de trancher, il contacte Jean-Marie Bonthous qui dirige, dans la 5e Avenue à New York, le cabinet de conseil en stratégie JM3 International que le gouvernement français sollicite régulièrement. À son avis, il serait plus opportun de « ne pas [y] participer et [d'] accepter d'être la cible des Américains et des Japonais en notre absence que de se retrouver en direct sur le plateau, face à un panel de journalistes qui travaillent depuis six mois sur le projet et à des invités comme Schweizer [l'auteur de *Friendly Spies*] qui ne rêvent que d'en découdre avec la France ». Il ajoute : « Une solide préparation est nécessaire, tant au niveau conceptuel, de stratégie de communication et argumentaire, qu'au niveau pratique… »[2] Il s'agit donc, d'après lui, d'un piège dans lequel mieux vaut éviter de tomber.

Son conseil sera suivi. D'autant que l'émission de CNN n'a rien d'improvisé. Elle s'inscrit dans une stratégie d'affrontement entre Washington et Paris, où la situation s'est en effet brusquement tendue en avril 1995.

La DST s'intéresse particulièrement au tout début de cette année-là à un officier de la CIA qui, moyennant finances, s'efforce d'obtenir des renseignements sur les positions françaises dans le domaine du commerce international. Cette mission semble d'ailleurs directement connectée aux négociations qui vont bientôt s'engager à Bruxelles. L'officier qui conduit cette opération clandestine opère sous couverture non officielle : Mary Ann Baumgartner dirige la fondation américaine Dallas Market Center. En poste à Paris pour la CIA depuis 1993, elle a cuisiné plusieurs hauts fonctionnaires parisiens afin de leur soutirer des informations sur ce que pourrait être l'attitude française lors

1. Note du SGDN datée du 16 juin 1995, en possession de l'auteur.
2. *Idem.*

des négociations du GATT et sur la politique agricole commune. Parmi les hauts fonctionnaires abordés, l'un d'eux a prévenu la DST de la tentative de recrutement dont il a été l'objet[1]. Avant que le réseau d'espions de la CIA ne soit démantelé, il accepte de jouer un double jeu et collabore avec le contre-espionnage français. Les services de Matignon l'utilisent même pour faire passer aux Américains un message sur l'exception française, les prévenant que sur cette question la France se montrera intransigeante.

Le ministre de l'Intérieur Charles Pasqua exige que la CIA interrompe sur-le-champ son opération. Le 26 janvier 1995, il informe Pamela Harriman, ambassadrice des États-Unis à Paris, puis, le 10 février, il réclame le départ de cinq agents dont trois possèdent des couvertures diplomatiques, lesquels ne quittent le territoire français qu'en mars 1995.

Ces expulsions s'effectuent dans un battage médiatique inhabituel. Les espions sont expulsés sous les huées de la presse, ce que la CIA n'apprécie pas. Elle encaisse mal le coup bas porté à sa base de Paris, l'une des plus importantes dont elle dispose dans le monde. La France offre en effet un excellent poste d'observation pour tout ce qui relève de la collecte du renseignement dans des domaines aussi divers que le terrorisme, le trafic de matières nucléaires ou des armes. La CIA déplore le tintamarre qui a entouré une affaire qui aurait dû se régler comme d'ordinaire dans la discrétion. Un sentiment que partage Alain Juppé alors ministre des Affaires étrangères. Lui aussi s'étonne que l'incident ait donné lieu à un tel tapage.

Citant une source anonyme de la CIA, *Time Magazine*, de son côté, laisse entendre que Charles Pasqua aurait délibérément gonflé cette histoire, qui lui aurait servi de diversion au moment où il devait faire face au scandale des écoutes illégales de l'affaire Schuller et Maréchal – ce dernier étant le beau-père du juge Halphen qui instruisait à l'époque des affaires de financements

1. Voir Frédéric Charpier, *La CIA en France*, *op. cit.*, p. 342-346.

politiques embarrassantes pour les alliés du ministre de l'Intérieur. La « source » ajoute : « La coïncidence est plus que transparente. »[1] Habituée sinon condamnée au silence, la CIA multiplie les confidences à mots couverts et « off ». Les services français n'auraient pas apprécié, selon elle, qu'elle ait révélé (*sic*), deux ans plus tôt, qu'ils espionnaient des hommes d'affaires américains, faisant ainsi directement allusion au livre de Peter Schweizer, *Friendly Spies*.

La CIA ne se contente pas d'ailleurs d'exprimer son courroux et son exaspération ni d'abreuver la presse en confidences. Elle entend bien se venger. Elle décide même de rendre à Charles Pasqua la monnaie de sa pièce. Quelques jours après l'expulsion des cinq espions de la CIA, le 7 avril 1995, le correspondant à Paris du *San Francisco Chronicle* écrit que Washington vient d'accorder l'asile politique à un couple de citoyens français, le journaliste Ali Auguste Bourequat et Jacqueline Pile Hémard qui se plaignaient d'être persécutés par le ministère de l'Intérieur en raison de leurs activités politiques. Selon Bourequat, on lui aurait même conseillé avec la plus grande fermeté de renoncer à publier quoi que ce soit à propos des liens qui, selon lui, existeraient entre des officiels français et des trafiquants de drogue internationaux.

Bourequat, qui a côtoyé, durant les dix-sept ans qu'il a passés dans les geôles marocaines, des membres de la pègre à l'en croire plutôt bavards, prétend détenir à ce sujet des informations accablantes. Il doit ce long séjour dans la prison de Tazmamart, dans les montagnes de l'Atlas, à un différend qui avait autrefois opposé son père, conseiller ès renseignement du régime marocain, au roi Hassan II. Incarcéré sans jugement, Ali Auguste Bourequat n'est sorti de prison que grâce à la mobilisation de défenseurs des droits de l'homme. En janvier 1992, il se réfugie en France où il rencontre, au mois de mai de l'année suivante, Jacqueline Hémard. Celle-ci vient de se séparer de son mari Patrick Hémard,

1. *Time Magazine*, 6 mars 1995.

membre d'une famille connue et respectée dans le sud de la France et surtout propriétaire de la distillerie Pernod, une des plus grandes marques d'apéritifs d'Europe. La famille Hémard s'associera plus tard à la firme Ricard dont Charles Pasqua, dans les années 60, a été le numéro deux à l'international avant d'entamer une carrière politique tout en maintenant des liens étroits avec son ancien employeur.

Voilà que Bourequat et sa nouvelle compagne accusent la famille Hémard d'avoir été impliquée dans la fabrication de cocaïne au Maroc. Jacqueline Hémard se souvient qu'un groupe d'Italiens venait chaque hiver dans leur maison en France verser à son mari une somme d'argent, raconte-t-elle, toujours en liquide. Interrogé sur sa provenance, il lui répondait qu'il s'agissait de « royalties qui provenaient de son laboratoire du Maroc ». Selon Jacqueline Hémard, ces visiteurs auraient appartenu à la Camorra napolitaine. À quoi Bourequat ajoute que la société « Pernod Ricard aurait servi de couverture aux services spéciaux français pour le trafic de drogue comme pour le reste », une allégation contenue dans le livre qu'il a écrit en 1993 et dont on aurait, paraît-il, tenté d'empêcher la publication. D'après le couple, la divulgation de ces révélations aurait suscité la réaction menaçante du ministère de l'Intérieur dont la réaction ne tarde pas. Son porte-parole qualifie les « révélations » de Bourequat d'« injure et de diffamation » et d'« exagérations [...] plus que fantaisistes ». D'après le *Chronicle*, l'affaire Hémard et Bourequat a été suivie au plus haut niveau de l'État français durant dix-huit mois, tandis que le département d'État américain écoutait patiemment les doléances de Bourequat avant de juger son histoire crédible et de lui accorder l'asile politique[1]. Cette fois encore, la concordance des temps n'échappe pas aux initiés ni au *Chronicle* qui, le 4 avril 1995, écrit : « Un mois après le scandale des espions, cette décision des services d'immigration américains ne peut être considérée comme une simple coïncidence. » On en reste là.

1. *Maintenant*, 20 mars 1996.

La guerre économique franco-américaine ne marque toutefois aucune pause. Après avoir tenté de pénétrer astucieusement le marché du médicament ou de faire capoter une directive européenne, l'industrie américaine convoite maintenant la haute technologie française. En liaison avec les agences de renseignement, des fonds d'investissement américains planifient la prise de contrôle de sociétés françaises et européennes comme Gemplus, pionnière dans la carte à puce. Cette société devient alors la proie de TPG Capital (Texas Pacific Group jusqu'en 1992), un fonds d'investissement qualifié pudiquement de « lié à la sécurité nationale américaine ».

La CIA et les microprocesseurs français

L'histoire de Gemplus commence fin 1988. Des ingénieurs de Thomson, à qui l'on doit déjà la carte Sim ou la carte bancaire, créent cette année-là à Gémenos près de Marseille la société Gemplus. En l'espace de dix ans, celle-ci se hisse au rang de leader mondial de l'industrie de la carte à puce. Face au boom que connaît à l'époque ce marché, Gemplus s'associe, en 1995, à la famille d'industriels allemands Quandt dont la fortune est estimée à 26 milliards d'euros et qui devient alors son principal actionnaire[1], l'autre étant le fondateur « charismatique » de la société, Marc Lassus. La famille Quandt endosse le rôle de partenaire paisible et conciliant. L'écho des succès de la petite entreprise marseillaise ne se cantonne pas à l'Europe. Il franchit l'Atlantique. Au cours de l'année 1999, alors que Marc Lassus s'est installé à Londres, le patron du fonds d'investissement américain TPG Capital, David Bonderman, entre en contact avec

1. La participation de Quandt est gérée par la société de gestion de patrimoine Seedamm qui contrôle WorldCard qui lui-même réunit les participations dans Gemplus et DataCard.

lui[1]. David Bonderman n'est pas tout à fait un chef d'entreprise comme les autres. Certes, il a déboursé pour son anniversaire 7 millions de dollars afin de convier à sa fête Mick Jagger et les Rolling Stones, mais il se distingue de ses congénères principalement par des attaches disons singulières.

David Bonderman a travaillé de 1970 à 1983 en tant qu'associé au cabinet Arnold & Porter, spécialisé dans les affaires sensibles relevant de la sécurité nationale et du renseignement. Ce cabinet a la réputation d'entretenir des liens plutôt étroits avec la CIA. Ainsi le cabinet a-t-il monté la structure juridique du fonds d'investissement In-Q-Tel, lui-même une émanation directe de la CIA et dont le siège se situe dans le même immeuble à Washington qu'Arnold & Porter. Le cabinet compte parmi ses associés d'anciens membres de la CIA comme Jeffrey Smith, un ancien secrétaire général de l'agence, ou Bryan Cunningham. Autre indice, Arnold & Porter a géré la collecte de fonds organisée pour soutenir la famille de Johnny « Mike » Spann, un officier de la CIA tué en Afghanistan. Si les liens semblent bien réels, il est difficile cependant de certifier qu'Arnold & Porter ne serait qu'une vulgaire filiale de la CIA. David Bonderman a fait ses classes dans ce cabinet et y a acquis, dit-on, de redoutables qualités de négociateur et une habileté éprouvée dans ce qui est son domaine de prédilection : le montage fiscal[2].

1. L'opération de TPG Capital serait soutenue par l'OPIC, cette agence qui finance certains investisseurs américains à l'étranger, dirigée alors par Peter Watson, un ancien du National Security Council. « Serait » car, on l'a dit, le secret entoure ses activités. Toutefois, un document déclassifié en décembre 2008 permet de se faire une petite idée des projets que peut soutenir l'OPIC (www.governmentattic.org/2docs/FOIA_Logs_OPIC_1999-2004.pdf).

2. Dans un documentaire intitulé « Europe-USA : la guerre économique secrète », produit par Canal + et Capa, diffusé le 28 mars 2005, David Bonderman, à qui les auteurs du film demandent s'il travaille pour la CIA, se lève brusquement et donne un grand coup de sac dans la caméra, la scène se passe dans un hôtel du Luxembourg.

D'emblée, David Bonderman demande à Lassus 33 % de Gemplus, une exigence aussitôt rejetée. Bonderman ramène alors ses prétentions à 25 %, à la condition cependant que la société domicilie son siège au Luxembourg. Précisons qu'au Luxembourg 20 % des actions suffisent à contrôler une société et que le cadre réglementaire y est plus souple et plus libéral pour ce qui concerne les rémunérations des dirigeants. Bonderman obtient finalement pour TPG Capital 26 % des parts (tandis que Quandt redescend à 19 %), ainsi que le droit de nommer le PDG et la majorité des membres du conseil d'administration. Marc Lassus pourra choisir les autres et obtient également un petit bonus, un prêt en actions sans garantie d'un montant de 70 millions d'euros. TPG Capital supplante ainsi Quandt comme actionnaire de référence. Une fois l'accord scellé entre les parties, deux cabinets d'avocats américains, Cleary Gotlieb et Bain & Company, sont chargés de transformer la structure de droit français Gemplus SCA en structure de droit luxembourgeois Gemplus International SA. Une étape nécessaire et indispensable pour la suite de l'opération.

Le 6 décembre 1999, Gemplus Luxembourg voit le jour et, dès le 18 février 2000, par le biais de Zenzus, une société créée en décembre 1999 à Gibraltar afin de servir de transitaire aux apports financiers de TPG Capital, Bonderman commence les versements à Gemplus Luxembourg qui se poursuivront jusqu'en septembre 2000 : au total, 558 millions d'euros. Dès lors, il n'y a plus qu'à procéder à la fusion en réunissant la maison mère de droit français et la nouvelle société luxembourgeoise qui paiera ses impôts dans ce paradis fiscal[1].

Lassus se retire avec ses 70 millions de stock-options et cède sa place à Antonio Pérez, qui s'installe en juin 2000. L'équipe qui le seconde à la tête de l'entreprise se compose d'anciens de la société Hewlett Packard. Au sein de Gemplus, la plupart

1. En 2000, Gemplus réalise un chiffre d'affaires d'1,204 milliard d'euros et emploie 7 800 salariés.

ignorent que cette situation n'est que transitoire. Le contrat d'Antonio Pérez stipule en effet qu'il ne restera qu'une année en France. En décembre 2000, la nouvelle société entre en Bourse à Paris et au Nasdaq de New York, ce qui permet à quelques actionnaires de réaliser de substantielles plus-values. Peu après, la nouvelle direction rachète 50 millions d'euros une société allemande couverte de dettes, détenue par le fabricant de combinés téléphoniques Landis & Gyr, lui-même détenu à 95 % par TPG Capital, l'actionnaire depuis peu de référence de Gemplus. Ce rachat obère les comptes de Gemplus à un moment critique où le marché de la carte à puce soudain morose bat de l'aile. Pour la première fois de son histoire, en 2001, Gemplus affiche même des pertes tandis que le climat de confiance se détériore au sein de l'entreprise. Des informations convergentes indiquent que la nouvelle direction projetterait de rapatrier les brevets aux États-Unis ainsi que d'installer le siège social de Gemplus à San Diego, en Californie. En clair, la société serait vidée de sa substance. Ce qui, si cela se confirmait, s'apparenterait à une tentative d'accaparement de savoir-faire stratégiques. D'autres informations font allusion à des comptes bancaires que posséderaient à l'étranger des cadres de la société sur lesquels des versements occultes seraient effectués. À la crainte d'un pillage technologique s'ajoute maintenant un parfum de corruption. Des notes internes diffusées auprès des employés révèlent en détail ce qui se trame au sein de la société tandis qu'un rapport d'expertise révèle l'opération luxembourgeoise menée par TPG Capital qui jusqu'ici était restée secrète. Pour certains, aucun doute, le seul objectif du fonds américain consiste à s'emparer des savoir-faire de Gemplus.

Ces révélations suscitent un vent de révolte au sein de l'entreprise où le nouveau patron imposé par TPG Capital, Antonio Pérez, est prié de faire ses valises. Il en coûtera pour ce départ précipité 50 millions d'euros à Gemplus sans que pour autant la crise de confiance ne prenne fin. Pérez ne sera remplacé qu'en janvier 2002 par un certain Ron Mackintosh dont on s'aperçoit au bout de quelques semaines seulement qu'il est le fondateur d'une société d'audit informatique, Differentis, détenue par TPG Capital à 41 %... Considéré comme une créature du fonds d'investissement américain, Mackintosh est écarté à son tour. Soucieux de mettre un terme à cette valse des PDG, David Bonderman déniche la perle rare. Il confie à un membre du conseil d'administration : « On a un candidat fantastique prêt à venir s'installer en Europe, c'est l'ancien vice-président d'AT & T, Alex Mandl. Il pourrait présider la filiale américaine. »[1] Le magazine *Forbes* présente cet Austro-Américain comme un des hommes d'affaires les plus puissants d'Amérique[2]. En août 2002, le fonds d'investissement le propose non comme président de sa filiale américaine mais comme directeur général de Gemplus. En dépit des articles flatteurs parus à son sujet, ce choix ne soulève pas non plus l'enthousiasme car certains se sont renseignés et ont découvert en épluchant le pedigree professionnel de Mandl qu'on leur avait caché quelques éléments éclairants sur le personnage, notamment ses accointances avec la sécurité nationale des États-Unis. Ainsi, son CV ne mentionne pas qu'Alex Mandl est un ancien responsable du fonds d'investissement In-Q-Tel, dont nous avons vu qu'il avait été créé par la CIA et était hébergé dans l'immeuble du cabinet Arnold & Porter. Interrogés à propos de cet oubli, les représentants de TPG Capital feignent l'indifférence. Selon eux, il ne s'agit que d'« une erreur du cabinet de recrutement qui n'a pas mis son CV à jour ». Autre oubli, Mandl appartient à l'American Enterprise Institute for Public Policy Research, un *think tank* ultraconservateur qui accueille un certain nombre d'anciens des services de renseignement américains. Il siège également au BENS, Business Executive for National Security. Cette instance, qui réunit des patrons américains patriotes liés aux services secrets, est chargée d'évaluer les premiers résultats d'In-Q-Tel dont la raison d'être consiste

1. Entretien avec une source confidentielle de l'auteur.
2. *Forbes*, 21mai 2001.

à faire le « lien entre les technologies émergentes et vitales et les demandes des services de renseignement pour la sécurité nationale », comme l'indique Amit Yoran, ancien directeur de la National Cyber Security Division, spécialiste des attaques informatiques et ex-patron d'In-Q-Tel[1].

Le principe d'un tel fonds d'investissement remonte à la fin des années 90. Sa traduction concrète incombera ensuite à Ruth David, une spécialiste des microprocesseurs. Après avoir été le numéro deux de la direction Science et technologie de la CIA, elle est nommée en 1994 conseillère technique du directeur de l'agence[2]. Au cours de l'été 1998, Ruth David participe à la mise en place d'une équipe de consultants et de conseillers juridiques qui doivent étudier le projet de fonds d'investissement pour les nouvelles technologies. À eux d'imaginer, surtout, de quelle façon il pourrait fonctionner en partenariat avec la CIA. Fin 1998, l'étude, terminée, est soumise à Norman Augustine, le grand manitou de Lockheed Martin. Augustine est un des hommes d'affaires américains les plus engagés dans la réorientation du renseignement en direction de l'espionnage industriel. Parrain d'In-Q-Tel, il a suggéré de lui donner le statut de société indépendante n'ayant pas de caractère commercial. Après avoir songé un moment à l'appeler Peleus Inc., on choisit finalement In-Q-Tel, qui correspond à la contraction d'« Intel », pour intelligence, et de « Q », allusion au célèbre fabricant de gadgets de la série *James Bond*. La nouvelle société devient une entité légale en février 1999 et signe en mars son premier contrat avec la CIA. Les plus ironiques présentent alors In-Q-Tel comme « la branche de la CIA spécialisée dans le capital-risque ».

1. Amit Yoran est le cofondateur de Riptech Inc. racheté en 2002 par Symantec.

2. Ruth David enseignera ensuite à l'université d'État du Nouveau-Mexique avant de rejoindre, le 12 octobre 1998, la Rand Corporation, *think tank* historique de l'US Air Force qui a joué un rôle stratégique durant la guerre froide. Puis elle intègre l'institut Anser dont elle devient la présidente et la Chief Executive Officer.

La société dispose de bureaux secrets qui hébergent son siège en Virginie, dans la ville de Rosslyn, non loin de Washington, et d'autres en Californie moins confidentiels à Menlo Park dans la Silicon Valley. In-Q-Tel a donc quasiment pignon sur rue et ne fait pas mystère de ses liens avec la CIA. À ses débuts, le fonds dispose d'un budget de 28 millions de dollars et son premier PDG est Gilman Louie. Diplômé en 1983 de l'université de San Francisco, Louie est notamment connu pour avoir créé un logiciel de simulation de vol pour l'avion Falcon F16. À l'époque où il rejoint In-Q-Tel, il dirige la branche d'Hasbro (jeux et jouets, maison fondée en 1923) spécialisée dans les jeux vidéo. Depuis ses débuts, le conseil d'administration d'In-Q-Tel a compté parmi ses membres très connus et emblématiques James Barksdale, l'ex-PDG de Netscape, ou Norman Augustine. In-Q-Tel finance des recherches dans des domaines précis. En août 2004, elle signe par exemple un contrat avec la société Electro Energy pour développer une pile au lithium bipolar, qui fait désormais l'objet de furieuses convoitises[1].

En septembre 2002, alors que les liens d'Alex Mandl avec la CIA soulèvent des critiques et suscitent la suspicion, un opposant irréductible s'emploie, au sein du conseil d'administration, à faire obstacle à la mainmise de TPG Capital sur Gemplus et, au-delà, sur ses brevets.

Fumeur de havane et amateur d'art moderne, plutôt coriace en affaires, Thierry Dassault, petit-fils du fondateur de l'entreprise éponyme, se révèle un actionnaire récalcitrant, difficile à amadouer. Ainsi refuse-t-il de toucher des jetons de présence ou d'encaisser les 10000 stock-options qu'on lui attribue d'office en décembre 2003. Il avait pourtant prévenu qu'il n'en voulait

1. Sur In-Q-Tel, voir « Business Executives for National Security. Report of the Independent Panel on the CIA In-Q-Tel Venture », www.findlaw.com, juin 2001 ; et Wendy Molzahn, « The Cia's In-Q-Tel Model. Its Applicability », *Acquisition Review Quarterly*, hiver 2003.

pas, mais on les lui impose. Une « erreur », expliquera le directeur juridique de Gemplus. Thierry Dassault devient l'empêcheur de tourner en rond. Son côté frondeur et incorruptible finit par agacer, tout comme le patriotisme économique qu'il affiche sans complexe, ses contacts avec les services de renseignement français et les milieux de l'intelligence économique. L'inévitable et néanmoins prévisible finit par se produire lors de l'assemblée générale de Gemplus International à Luxembourg qui écarte Thierry Dassault du conseil d'administration où il siégeait depuis 2002. Lors de son intervention, Thierry Dassault ne peut que dénoncer l'« éviction pure et simple du seul représentant français de référence au sein de cette société ».[1]

Désormais, TPG Capital a les mains libres pour diriger Gemplus. Pour autant, l'affaire n'est pas terminée. Quelques semaines plus tard, Dassault Multimédia annonce la création du « champion national de la sécurité informatique : Infrasec ». Donnant l'impression d'avoir deux fers au feu, Thierry Dassault couvait en fait ce projet depuis deux ans, soit avant même qu'il n'entre au conseil d'administration de Gemplus[2]. Soutenue par le gouvernement qui craint que la France ne se retrouve dans un état de dépendance technologique, son entreprise bénéficie de l'appui d'Alain Juillet, le délégué à l'intelligence économique et ancien directeur du renseignement de la DGSE, ainsi que de la Fédération nationale des tiers de confiance (FNTC) dont les cinquante membres sont concernés en premier lieu par la « sécurisation des échanges électroniques ». Reste toutefois un ultime obstacle. La nouvelle société de cryptographie qu'a créée Thierry Dassault résulte principalement de la fusion de Certplus et de PK7, une filiale de la Sagem et de la Poste. Or Certplus a pour actionnaire Gemplus mais aussi et surtout la société

1. Texte de l'intervention de Thierry Dassault à l'assemblée générale de Gemplus International le 27 avril 2004 à Luxembourg, alors communiqué à la presse.

2. *Le Monde*, 14 juillet 2004.

américaine Verisign. Celle-ci, influente dans les noms de domaine et les certifications, autrement dit dans l'e-commerce, entretient des liens étroits si ce n'est fusionnels avec un de ses principaux clients, le ministère de la Défense américain. Les experts des services de renseignement français voient donc sa présence d'un mauvais œil et la considèrent comme une menace pour la nouvelle entité. Celle-ci devra en effet offrir aux entreprises et à l'État français des solutions de cryptographie indépendantes. Cet intrus aux airs de « troyen » doit donc impérativement être écarté. Thierry Dassault engage alors des négociations secrètes avec Verisign et obtient que, moyennant finance, la société américaine se retire de Certplus.

Avec 6 millions d'euros de capital, sept actionnaires dont Bull, l'Imprimerie nationale et le Crédit Mutuel, Infrasec se lance dans la compétition. Quelques semaines plus tard, elle se transforme en Keynectis. Sous ce nom, elle va s'imposer comme un des leaders mondiaux de la sécurisation informatique.

Quant à TPG Capital, après avoir, semble-t-il, rempli son rôle d'investisseur transitoire, en mars 2010, il cède les 6,5 % qu'il détenait encore dans le capital du groupe français Gemalto, fusion de Gemplus et de son concurrent Axalto. Un certain nombre de brevets de Gemplus ont ainsi traversé l'Atlantique.

Un spécialiste du dossier, proche à l'époque des services de contre-espionnage français, a résumé dans une note blanche sans en-tête officiel et réservée aux initiés ce qu'avait été selon lui l'affaire ou plutôt l'opération Gemplus. Il émet l'hypothèse que l'opération a été directement téléguidée par les services secrets américains. Voici ce qu'il écrit : « Un service de renseignement US demande à un industriel américain proche (HP, Motorola ou IBM) de se positionner au sein de l'industrie de la carte à microprocesseur, ce qui en pratique signifie prendre le contrôle d'"une petite société installée dans le sud de la France" – L'industriel se tourne vers un investisseur professionnel "neutre", TPG, en qui la communauté américaine du renseignement a une certaine confiance – TPG se tourne vers l'OPIC[1] qui, après intervention du gouvernement, accepte de prêter l'argent à TPG – Ayant reçu une "lettre de marque[2]" du gouvernement, TPG prend 26 % du capital de Gemplus pour être en conformité avec les usages de l'OPIC et s'assure de la collaboration des Quandt à travers un pacte secret (droit de préemption voire option d'achat à un prix-cible). Au total, TPG "contrôle" 51 % du capital : 26 % de TPG, 20 % de Quandt, 5 % de GE Capital – TPG recrute une équipe de management issue d'HP[3] – L'affaire tourne mal à cause du retournement du marché et surtout des erreurs répétées de management – Bonderman nomme un nouveau patron, Alex Mandl, politiquement correct (républicain, proche des milieux du renseignement). »

Bien sûr, il ne s'agit que d'une théorie dont certains éléments n'ont toujours pas été réellement corroborés. Dans l'ensemble, toutefois, elle se tient. Il ne fait aucun doute qu'au début de la décennie 2000 des fonds américains indiscutablement liés à la sécurité nationale des États-Unis sont intervenus, en France et en Europe, sur une vaste échelle dans des secteurs stratégiques.

Carlyle, la CIA et le cabinet Diligence

Au début des années 2000, TPG Capital n'est pas le seul fonds d'investissement lié à la sécurité nationale américaine qui se manifeste en France. Ils sont même pléthore. La Délégation aux affaires stratégiques du ministère de la Défense, la DAS, consacre d'ailleurs à l'époque une étude très fouillée au phénomène[4]. Le

1. Overseas Private Investment Corporation, qui subventionne discrètement, on l'a dit, certains investissements américains à l'étranger.

2. Une lettre qui indique que la société agit en accord avec le gouvernement et que ce dernier lui garantit ses investissements.

3. Hewlett Packard.

4. Thomas Guenole, « La stratégie des fonds d'investissement américains dans les pays de la LOI », 1er juin 2005, en possession de l'auteur. (La LOI, « lettre d'intention » ou *Letter of Intent* du 6 juillet 1998, prévoyait

rapport aborde évidemment l'affaire Gemplus, mais il couvre bien plus largement les liens qui unissent le secteur financier américain (SEC, Bourse, SWIFT, etc.) à la CIA. Il explore également les manœuvres des fonds américains autour du complexe militaro-industriel français et européen. Ce document passe ainsi au crible un certain nombre de ces fonds : Apax Partners, Cerberus Capital Management LP (Limited Partnership), GLG Partners Permira, Blackstone Group LP et Carlyle Group qui, en 2001, se classe au 11e rang des fournisseurs du Pentagone. Le fonds d'investissement Carlyle est alors considéré comme le leader du *private equity*, c'est-à-dire comme le principal fonds d'investissement spécialisé dans les sociétés non cotées sur le marché. Cette voracité en inquiète évidemment plus d'un. Surtout en raison de l'image sulfureuse que véhicule Carlyle et en particulier celle de son président, Frank Carlucci. Lié au complexe militaro-industriel et aux cercles ultraconservateurs, une légende plutôt noire que rose s'est construite autour du personnage qui – certes sur le mode de la plaisanterie – a un jour qualifié son groupe de « banque de la CIA[1] ».

Diplomate de formation, Frank Carlucci a servi comme ambassadeur au Portugal en 1975 avant d'être nommé en 1978 directeur adjoint de la CIA[2]. Son nom apparaît alors dans la

---

la mise en œuvre des mesures visant à faciliter les restructurations et le fonctionnement de l'industrie européenne en matière d'armement de six pays européens – Allemagne, Espagne, France, Italie, Royaume-Uni, Suède.)

1. Frank Carlucci préside le groupe Carlyle jusqu'au 1er janvier 2003. Il est ensuite remplacé par l'ancien PDG d'IBM Lou Gerstner.

2. Pour ce qui est de la biographie officielle de Carlucci, voir le rapport du comité du renseignement du Sénat américain des 27 et 30 janvier 1978, US Government Printing Office. Carlucci affirme devant ce comité qu'il n'a jamais appartenu à la CIA avant d'en devenir le directeur adjoint ; ses nominations en tant que diplomate le mèneront au Congo entre 1960 et 1964, puis à Rio où il devient conseiller politique après le coup d'État militaire de 1964, et au Portugal où il arrive après la chute du régime du dictateur Caetano alors que le pays est au bord de la guerre civile.

coulisse d'une série d'opérations aussi troubles qu'obscures. Carlucci a notamment présidé le Sears World Trade, une société qui a longtemps servi de couverture aux opérations de la CIA avant de faire faillite en 1986. Spécialisée dans le renseignement économique, cette firme possédait, selon le *Washington Post*, une filiale secrète, la Wackenhut Belgium (du nom d'un ancien agent du FBI…) dont la mission consistait à conseiller des entreprises américaines et étrangères dans le trafic d'armes international[1].

À propos de Sears World Trade, le rapport de la DAS indique que cette société a été « conçue pour répliquer (copier) les *sogo shosha* japonaises (sociétés de commerce basées sur le renseignement)[2] » qui servent d'intermédiaires dans les échanges commerciaux.

Avec Richard Armitage, l'ex-chef de la CIA en Asie du Sud-Est, Frank Carlucci a participé également à la création d'un autre fonds aussi sulfureux que Carlyle, le fonds Blackstone, fondé en 1985. Le rapport de la DAS écrit à son sujet qu'il aurait été « à diverses reprises accusé de servir à travers certaines de ses filiales les intérêts de la CIA, voire d'en être un outil et même une création. Ainsi, Blackstone aurait servi pour les opérations spéciales visant à acheter de la matière fissible dans l'ex-Union soviétique ». Le rapport précise que les liens entre les deux fonds seraient étroits et les frontières poreuses. Il écrit même que, selon certaines sources, le Blackstone Investment Group posséderait en fait le groupe Carlyle, qu'ils ne seraient en réalité « qu'une et même chose, une même organisation sous deux noms différents[3] ».

Autre aspect obscur du groupe Carlyle, celui-ci a contrôlé, de 1990 à novembre 1997, BDM International Inc., un *think tank*

1. « Carlucci Supervised Arms Advisers at Sears », *Washington Post*, 11 décembre 1986.

2. Thomas Guenole, « La stratégie des fonds d'investissement américains dans les pays de la LOI », rapport cité, p. 193.

3. *Ibid.*, p. 195.

de l'industrie de défense à l'origine du projet dit de « guerre des étoiles » et très présent dans les secteurs des technologies de l'information. Or, selon le rapport de la DAS, BDM « est réputé être au service de la CIA au travers des filiales comme BDM Federal Inc. qui inclut le National Security and Defense Group et la Vinnell Corp qui ont conclu pour BDM des contrats de mercenariat mais aussi un contrat de long terme d'entraînement de la garde nationale saoudienne (dont une mission est de protéger les puits pétroliers saoudiens)[1] ». Les liens de Vinnell Corp avec la CIA sont anciens. Dans les années 50, la société d'Allen Vinnell servait de couverture à des agents de renseignement et obtenait en retour des contrats du gouvernement[2]. Les accointances troubles avec la CIA de son président mais aussi l'activisme du groupe Carlyle créent donc une légitime inquiétude.

Via la société United Defense Industries qu'il possède, Carlyle rachète en 2000 le groupe suédois Bofor Defense AB. Fin janvier 2001, il passe un accord avec BAE, une entreprise britannique du secteur de la défense et de l'aérospatiale. Puis il met la main sur Otor, le deuxième producteur français d'emballages qui réalise, en 2003, un chiffre d'affaires de 430 millions d'euros. Cette fois, l'histoire vire à l'aigre et le papetier entre en conflit avec le fonds d'investissement. Il verse 2 millions d'euros à des officines d'intelligence économique qui emploieront cet argent pour mener des opérations de déstabilisation contre le groupe Carlyle. L'une de ces officines se réservera la part du lion, 650 000 euros, auxquels s'ajoute une prime de 50 000 euros qu'elle obtiendra après avoir fait diffuser sur Canal + un film anti-Carlyle. Un journaliste sera également défrayé pour une enquête qu'il mène aux États-Unis sur les concurrents d'Otor tandis qu'apparaît sur le web le site Stop Carlyle financé, à en croire le commissaire aux comptes entendu par la justice, par de

1. *Ibid.*, p. 196-197.
2. Voir Wilbur Crane Eveland, *Ropes of Sand*, New York, Norton & Company, 1980.

fausses factures d'Otor. Une information judiciaire est ouverte le 20 février 2004.

Le groupe Carlyle effectue également une entrée remarquée dans les médias. Il injecte 26,5 millions d'euros dans le capital du *Figaro*, soit l'équivalent de 4,9 % du capital. Lors de la revente du quotidien à la société Dassault, Carlyle réalisera une plus-value trois fois supérieure à sa mise initiale. En 2002, il achète 37,5 % d'Aprovia, le groupe de presse professionnelle de Vivendi qui possède les titres *Usine nouvelle*, *Le Moniteur* ou encore *France Agricole*. Les plus soupçonneux redoutent que ces magazines spécialisés aux journalistes bien informés ne soient utilisés comme des chevaux de Troie. Le groupe Carlyle moissonnerait ainsi discrètement une grande quantité d'informations sensibles sur l'activité économique française, les journaux serviraient donc d'agence de renseignement. Le groupe Carlyle ne s'arrête pas là. En juillet 2003, il reprend 70 % de Fiat Avio, la filiale du groupe Fiat, les 30 % restant étant acquis par Finmeccanica détenue à 32,4 % par l'État italien[1]. Fiat Avio, qui réalise un chiffre d'affaires d'un milliard et demi d'euros, est le quatrième motoriste européen et comprend parmi ses activités de défense la mise au point du système de propulsion des fusées Ariane 4 et 5 et la motorisation de l'avion de combat européen Eurofighter. Ainsi, par ce jeu de poupées russes, Carlyle pourra-t-il siéger au conseil d'administration d'Arianespace dont il possède désormais 6 % du capital[2]. Les spécialistes de l'armement s'interrogent : Carlyle veut-il profiter de l'industrie européenne spatiale ou la

1. Société créée en 1948 et intégrée au sein de l'Institut de reconstruction industrielle (IRI), établissement public créé en 1933 par Mussolini pour sauver les banques italiennes de la faillite, Finmeccanica a été privatisée en 2000. Elle devient alors le deuxième groupe italien spécialisé dans la haute technologie, défense, espace, aéronautique.

2. Voir Bernard Deflesselles et Jean Michel, Rapport d'information de la commission de la défense de l'Assemblée nationale sur la participation de capitaux étrangers aux industries européennes d'armement, 23 mars 2005, p. 9 *sq*.

déstabiliser ? Cette intrusion de Carlyle, qui ne cache pas ses liens avec le lobby de la sécurité nationale américaine dans un secteur stratégique, suscite donc des réactions hostiles. Dans le même temps apparaissent de véritables campagnes contre le groupe.

En octobre 2003, Carlyle France, que dirige Jean-Pierre Millet, un proche d'Alain Madelin lui-même proche de la fondation Héritage, un des bastions du néoconservatisme US, charge le cabinet français de relations publiques DGM de défendre son image. Les supporters du groupe sont en effet peu nombreux. Encore plus rares sont ceux qui affichent leur soutien. Une de ces exceptions se nomme Pierre-Olivier Sarkozy, le demi-frère du président de la République.

Diplômé d'histoire médiévale de la prestigieuse université de Saint Andrews en Écosse, Pierre-Olivier Sarkozy vit à New York sur la 75e Rue. Il a américanisé son prénom et a versé, en 2008, 2 300 dollars pour soutenir la campagne de celui qui n'est encore que candidat à la Maison-Blanche, Barack Obama. Oliver Sarkozy a fait carrière dans la finance. En 1990, il travaille pour la Dillon Read & Co (une banque d'investissement), puis en 1993 pour la First Boston Corp. et ensuite pour FIG Investment Banking (division d'UBS) qu'il rejoint en 2002 et dont il devient un des dirigeants. En mars 2008, il prend la tête du Global Financial Services Group de Carlyle, fondé en juin 2007 et dans lequel son beau-père, très lié à l'établissement du renseignement américain, a ses entrées.

La mère d'Oliver Sarkozy, Christine de Ganay, a en effet épousé en secondes noces Frank G. Wisner Jr. Après avoir effectué une carrière de diplomate et occupé des fonctions dans l'administration Clinton, dont celle d'expert pour le compte de la CIA en espionnage économique, Frank G. Wisner Jr devient vice-président de la puissante compagnie d'assurance American International Group (AIG), un colosse de l'assurance présent dans cent trente pays. Son fondateur, Cornelius Starr, aussi imaginatif que plein de ressources, avait créé pendant la Seconde Guerre mondiale l'Insurance Intelligence Unit qui a joué un rôle obscur et méconnu dans la victoire alliée en exploitant toute l'information contenue dans les contrats d'assurance afin de mettre à jour et identifier les réseaux financiers et industriels des entreprises du Troisième Reich. Il démontrera ainsi l'importance, pour un service de renseignement, d'accéder aux informations que détiennent les compagnies d'assurance. D'ailleurs, le rapport de la DAS déjà cité mentionne les rapports qui existent entre la CIA et AIG : « AIG, depuis le rachat de l'International Lease Finance Corp. (ILFC) de Lou Gonda, détient avec plus de 490 machines la flotte aéronautique la plus moderne du monde et serait [...] un partenaire précieux pour les opérations aéroportées de la CIA. AIG est aussi l'assureur de Pacific Corp., anciennement jusqu'en 1957 Airdale Corp. et qui contrôle à 100 % Air America, successeur de Civil Air Transport, société qui serait au sommet de la pyramide des entreprises contrôlées par la CIA et servant à des opérations aéroportées. »[1]

Vice-président d'AIG, Wisner Jr rejoint également en 1997 le comité de direction d'Enron qui fera faillite en décembre 2001 en raison des pertes occasionnées par ses opérations spéculatives sur le marché de l'électricité. En 2006, ses dirigeants seront poursuivis pour banqueroute[2]. Sans doute le groupe a-t-il été trop âpre au gain ? Peut-être s'est-il aussi laissé entraîner par son service de renseignement dans des opérations ruineuses et aléatoires ?

Fin 2000, début 2001, le service de renseignement d'Enron se persuade qu'il a trouvé une idée originale afin de faire gagner encore plus d'argent à l'entreprise. Il s'agit de monnayer les services du groupe au prix le plus fort, à certains moments opportuns comme lorsque les centrales des concurrents s'arrêtent

1. Thomas Guenole, « La stratégie des fonds d'investissement américains dans les pays de la LOI », rapport cité, p. 188-189.

2. Voir Committee on Gouvernemental Affairs, United States Senate, « The Role of the Board of Directors in Enron's Collapse », 8 juillet 2002.

de fonctionner pour effectuer des travaux de maintenance[1]. Lorsque les centrales s'arrêtent, le prix de l'énergie peut en effet grimper dans une région subissant mécaniquement les effets de la rareté associés à ceux de l'offre et de la demande. Il suffirait de connaître par avance les dates d'arrêt et d'établir le prix de l'électricité en conséquence. Exploitées en temps utile, ces informations permettraient de réaliser des bénéfices supplémentaires de l'ordre de plusieurs millions de dollars. Pour obtenir les dates d'arrêt de plusieurs centrales européennes, notamment françaises – dates qui ne sont jamais annoncées d'avance –, Enron va faire appel à des spécialistes. Il recourt au cabinet d'enquête Diligence, allié à Washington aux hautes sphères de la sécurité nationale.

Fondé par Mike Baker, ex-CIA, Nick Day, ex-MI6 (département du Secret Intelligence Service), et Esther Rossiter, une ancienne des sociétés d'enquête privées Kroll et Control Risks, le cabinet Diligence connaît une ascension accélérée qu'il doit à un ex-ambassadeur des États-Unis (1985-1989) en Allemagne, Richard Burt.

Ancien journaliste au *New York Times*, Richard Burt troque la presse contre la diplomatie et rejoint au début des années 80 l'administration Reagan. Il participe comme négociateur en chef à la formalisation du traité Start (Traité sur la réduction des armes stratégiques offensives) avant de rejoindre la société de consulting McKinsey & Company. Burt est aussi et surtout étroitement lié au cabinet de lobbying Barbour, Griffith et Rogers (BGR), une des firmes de relations publiques les plus entreprenantes de Washington. Ses clients ont pour nom Delta Airlines, Lockheed Martin, Daimler Chrysler ou encore Microsoft. Le cabinet travaille également pour des États comme la Guinée équatoriale, l'Érythrée, le Honduras, la Serbie ou encore le Qatar, pays auxquels il prodigue à Washington ses « conseils stratégiques afin

1. Voir Eamon Javers, *Broker, Trader, Mawyer, Spy*, New York, Harper Collins Publishers, 2010, p. 17-18.

de mieux y faire valoir leurs intérêts et autres projets tactiques ». Autant dire qu'il ne manque pas d'influence. Grâce à Burt, Diligence va vendre à BGR ses « services spéciaux », nom qu'il donne à ses « opérations de renseignement clandestines ». BGR ne fait pas que louer ses services, il va lui-même investir dans le cabinet, ce qui lui donne aussitôt une dimension internationale. Diligence ouvre alors des bureaux à Londres, Hong Kong, Moscou. Bien qu'officiellement il ne soit pas présent en France, ses intérêts y sont toutefois représentés par le cabinet Kaas & Mathez. Porté par l'influence de son puissant associé, Diligence connaît une période euphorique et gravit quatre à quatre les échelons de la renommée. Les clients se bousculent à sa porte, et non des moindres : Enron, Halliburton (la compagnie de Dick Cheney), des firmes pharmaceutiques, des cabinets juridiques ou encore des *hedge funds*. Diligence reçoit également les renforts supplémentaires d'Ed Mathias, un des principaux dirigeants du groupe Carlyle qui rejoint le directoire, et d'Ed Rogers, ancien conseiller de George Bush et un des trois fondateurs du cabinet Barbour, Griffith et Rogers… Des renforts que Diligence doit encore au carnet d'adresses de Richard Burt, qui lui-même fait aussi partie du groupe dirigeant de Carlyle.

Diligence accepte donc la mission échafaudée par le service de renseignement d'Enron. À condition d'y mettre le prix, le groupe aura ce qu'il veut : le cabinet lui fournira les dates de fermeture et de réouverture des centrales électriques.

Diligence commence tout d'abord par recueillir une série d'indications utiles. L'équipe qu'il a mise en place se renseigne ainsi sur les hôtels situés à proximité des centrales, qui font habituellement le plein lors des opérations de maintenance : de ses bureaux de Mayfair, à Londres, elle appelle les hôtels sous prétexte de faire des réservations et vérifie de cette façon leurs taux de remplissage. Elle se renseigne également sur la présence éventuelle de toilettes portables dont l'installation s'explique le plus souvent par un surcroît d'ouvriers et de techniciens. L'équipe procède de même avec le nombre de véhicules stationnant sur les parkings des usines. Mais cette fois l'utilisation du téléphone ne suffira pas. Diligence recourt alors à des missions de surveillance aérienne. Elles se dérouleront aux Pays-Bas, en Allemagne et en France. Le cabinet loue de petits appareils quatre places dans plusieurs pays et prend soin de déposer les plans de vol auprès des autorités afin que tout s'effectue dans les règles. Les avionnettes de Diligence procèdent alors au survol de sites sensibles sans être repérées ni même inquiétées. Après plusieurs semaines d'enquête, le cabinet remet son rapport à Enron… bientôt en faillite, aspiré dans la tourmente financière et placé brusquement au cœur de plusieurs enquêtes judiciaires dont quelques-unes éclaboussent l'administration Bush.

Le cabinet Diligence lui-même ne tarde pas à chanceler, happé à son tour par les rets de la justice. Le géant mondial de l'audit KPMG l'accuse de s'être livré pour le compte d'une société de télécoms russe, Alfa Bank, à une série de manœuvres déloyales. Il accuse Diligence d'espionnage et d'usurpation de fonction (celle d'un agent du MI5, département contre-espionnage du Secret Intelligence Service), de corruption et de vol d'information. L'affaire KPGM stoppe l'ascension de Diligence et entraîne la fermeture, en 2006, de ses bureaux sur Pennsylvania Avenue, obligeant le cabinet à vivre désormais sur un train plus modeste. Les deux principaux fondateurs du cabinet, Nick Day et Mike Baker, se séparent. Tandis que ce dernier crée Prescience LLC, une petite firme qui travaille pour des *hedge funds*, son ex-partenaire transfère sa résidence à la station de Saint-Gervais située à une heure de voiture de la Suisse avant de céder Diligence à un groupe financier anglais.

Le cabinet traversait depuis quelque temps déjà une mauvaise passe consécutive à l'arrivée d'un nouvel actionnaire, le fonds de pension argentin Exxel, qui avait investi 15 millions de dollars et détenait 60 % des actions de Diligence. C'était en avril 2005, alors que William Webster, ancien directeur de la CIA et du FBI, venait de rejoindre, à son tour, le directoire de Diligence, lui apportant son expérience, ses relations et son carnet d'adresses.

Or Exxel, créé en 1992 et dirigé par l'Uruguayen Juan Navarro, ancien dirigeant de la Citibank à Buenos Aires, dégageait un parfum sulfureux depuis qu'en 1997 il avait racheté deux sociétés, OCA et Inversiones y Servicios, à un certain Hector Colella qualifié de proche collaborateur du parrain argentin Alfredo Yabran.

Fonds d'investissement, cabinets privés d'enquête, le plus souvent associés ou appartenant parfois aux mêmes actionnaires, les compétiteurs américains ne négligent aucun moyen afin d'atteindre leur but. Certains les soupçonnent même d'intégrer de façon plutôt astucieuse dans leur stratégie commerciale et avec la bénédiction du gouvernement de Washington les dispositifs anti-corruption de l'Organisation de coopération et de développement économiques (OCDE) qui existent dans la loi américaine depuis les années 70. Cette loi puise ses racines dans la guerre que livrent à cette époque les groupes aéronautiques américains à leurs concurrents, notamment français, une guerre aussi déloyale qu'impitoyable.

Corruption et contrats du siècle

Hier comme aujourd'hui, les Américains n'ont jamais admis les ingérences françaises dans ce qu'ils considèrent comme un domaine réservé : l'aéronautique civile et militaire. La compétition entre les deux pays sur ce terrain-là a toujours été féroce. Elle atteint son point d'orgue en 1974 alors que quatre pays de l'OTAN s'apprêtent à renouveler leurs chasseurs F-104 Starfighter. On parle alors de « contrat du siècle », la formule fera plus tard florès. Dans un premier temps, on évoque un marché de 18 milliards francs de l'époque qui, dans les vingt années suivantes, pourrait, avec l'achat d'avions supplémentaires, atteindre 250 milliards. Trois appareils sont en compétition : le Mirage F-1, le F-16 de General Dynamics et le F-17 de Northrop – entreprise qui détient 20 % de la société hollandaise Fokker, un détail qui aura son importance. Les experts des quatre pays doivent rendre publique leur décision définitive à la mi-octobre 1974. En attendant, les manœuvres se succèdent. Au printemps, le Congrès américain adopte un projet de loi exigeant que le coût de la présence des GI's en Europe soit compensé par le revenu des ventes d'armes. Alors Premier ministre, Jacques Chirac monte aussitôt au créneau. Solennel, il invoque la « déontologie européenne ». Après ce premier tour de chauffe, le bras de fer se prolonge à l'automne dans la presse. Sur les 600 Starfighters livrés après la guerre par les États-Unis à la République fédérale d'Allemagne, 200 se seraient, paraît-il, écrasés lors des vols d'entraînement, tuant une centaine de pilotes[1]. Puis la querelle dérape franchement : George Keja, député libéral hollandais, affirme qu'un émissaire, le délégué à l'Office français d'exportation de matériel aéronautique, travaillant pour Marcel Dassault, lui a proposé 30000 florins, soit 55000 francs, pour qu'il se prononce en faveur du Mirage. Le 10 octobre 1974, la presse hollandaise, indignée, relaye ces accusations et se déchaîne[2]. Quelques jours plus tard, le 20 octobre, alors qu'une effraction a eu lieu dans les locaux de la société Dassault à Mérignac, l'affaire prend brusquement un tour politique et vire au scandale d'État.

Une semaine avant la publication du choix final, un courrier rédigé par le général Paul Stehlin, ancien chef d'état-major de l'armée de l'air française, député centriste et vice-président de l'Assemblée nationale, se met à circuler opportunément dans les cercles de l'OTAN. Son auteur suggère que la France se contente à l'avenir d'être un simple sous-traitant de l'industrie aéronautique américaine. Stehlin rappelle que les États-Unis consacrent à celle-ci des moyens seize fois supérieurs à ceux de la France et dépensent vingt fois plus d'argent que toutes les nations européennes réunies. La lettre se retrouve alors dans les

1. *Paris Match*, 30 novembre 1974.
2. *Time*, 27 janvier 1975.

colonnes du *New York Herald Tribune*[1]. Cet appui émanant d'un parlementaire, de surcroît ex-chef d'état-major, frise la haute trahison. Le 6 novembre, à l'Assemblée nationale, le ministre de la Défense, Jacques Soufflet, s'écrie : « Sur le plan politique, les écrits de Stehlin porteront un coup sévère à nos intérêts nationaux. » Pierre Guillain de Bénouville, député gaulliste et surtout homme d'affaires salarié du groupe Dassault, fustige le général Stehlin et prend naturellement la défense du Mirage[2]. Paul Stehlin est aussitôt écarté de ses postes de responsabilité à l'Assemblée et au sein du mouvement centriste. Son parti pris ne relève toutefois ni d'une simple erreur d'appréciation ni d'une maladresse. Plus prosaïquement, l'homme agit en tant que lobbyiste appointé par le complexe militaro-industriel américain. Hughes Aircraft en a fait son représentant pour l'Europe.

Un an plus tard, le cabinet Ernest & Ernest, qui a réalisé une enquête pour la SEC (équivalent américain de la Commission des opérations de Bourse, la COB devenue aujourd'hui l'AMIF), lève le voile sur les pratiques commerciales de la société Northrop. Les 530 pages du rapport rendu public en 1975 par la commission Church[3] révèlent que, depuis 1971, la société a effectué 30 millions de dollars de versements à l'étranger, dont la plupart n'ont visiblement rien de légitime. Parmi les destinataires des fonds suspects de Northrop apparaît le nom du général Paul Stehlin auquel la firme a versé annuellement au titre de « consultant » entre 5 000 et 7 500 dollars depuis 1964[4]. Paul Stehlin décédera en juin 1975, à l'âge de 68 ans, deux semaines après avoir reçu l'appel d'un journaliste de l'Associated Press

1. 2 et 3 novembre 1974.

2. Deuxième séance du 6 novembre 1974, Assemblée nationale, 5938.

3. Du nom du sénateur Frank Church, commission créée en 1975 pour enquêter après l'affaire du Watergate sur les acticités des services de renseignement américains. La plupart des rapports sont disponibles via le lien : www.aarclibrary.org/index.htm.

4. *Time*, 23 juin 1975.

du bureau de Paris l'informant que la commission parlementaire avait révélé que son nom apparaissait sur les registres de la société Northrop. Il meurt alors que le contrat du siècle vient d'échapper à la société Dassault.

Paul Stehlin n'est pas le seul « consultant » étranger rémunéré par la compagnie américaine. Celle-ci a aussi versé, via l'intermédiaire Adnan Khashoggi, 450 000 dollars à deux généraux de l'armée de l'air saoudienne. En Iran, Northrop a versé 705 000 dollars au prince Charam Pahlavi, ce qui l'a certainement aidé à emporter un contrat de 200 millions de dollars pour fabriquer et installer un système de télécommunications. Par ailleurs, la compagnie a versé, toujours en Iran, 3 millions de dollars de pots-de-vin pour obtenir un autre contrat de 7 millions. Dans ce pays ami et allié de l'Amérique, le racket semble, depuis de longues années, bien organisé comme l'indique un mémorandum confidentiel de l'ambassade américaine de Téhéran, daté du 27 avril 1971, qui, d'une certaine manière par anticipation, décrit les relations de Northrop avec ce qu'il qualifie de « mafia iranienne de l'aviation ». Le document dresse la liste de ces « mafieux » qui comptent parmi les plus hauts gradés de l'armée comme les généraux Khatami, Khademi et Rafaat ainsi que le président d'Air Taxi Zanganeh ou encore Abol Fath Mahvi, le représentant local de Boeing, par ailleurs propriétaire d'Iran Helicopters, président de Pars Airlines et chef des industries aéronautiques iraniennes.

Un autre mémo confidentiel, celui-ci du département d'État, rédigé le 29 avril 1974 au moment où le cabinet Ernest & Ernest commence à fouiller dans les affaires du constructeur aéronautique, énumère les noms des quinze consultants les plus efficaces qui opèrent en Iran, comme celui de Mobil Oil, Jim Roberts. Un rapport de la station de la CIA à Téhéran produit de son côté la liste de ceux qu'il nomme les « colporteurs iraniens des compagnies américaines » basées en Iran. À en croire l'agence, les firmes états-uniennes les mieux défendues sur place seraient General Electric, Boeing Aircraft Company, Cities Service,

McDonnell Douglas Corp., Radio Corporation of America (RCA), Heill Price et Northrop Corp.[1]

Le rapport d'Ernest & Ernest révèle encore que Northrop dispose d'un réseau de renseignement qui l'informe et distribue de l'argent dans des pays aussi divers que le Brésil et la République fédérale d'Allemagne. Le réseau se compose d'agents d'influence tels que l'avocat de Washington Frank de Francis qui, en 1971, a créé à Zurich la société Economic Development Corp. afin de promouvoir les ventes des F-5 partout dans le monde. Northrop a payé à cette société une commission de 3,1 millions de dollars.

L'entreprise de corruption ne se cantonne pas au monde des affaires ni aux « colporteurs » des réseaux d'affairistes traditionnels. Le 23 février 1976, *Time Magazine* ironise sur le scandale des pots-de-vin qui n'en finit pas : « La morale était jusque-là sauve, après dix-huit mois de révélations, aucun chef d'État étranger n'avait bénéficié de pots-de-vin. Cette fois, c'est Lockheed qui est montré du doigt. Entre 1961 et 1972, le prince Bernhard des Pays-Bas a reçu 1,1 million de dollars, il était directeur de Fokker Aircraft & Co. Au Japon, Lockheed Aircraft a distribué à hauteur de 12,6 millions de dollars dont 7 attribués au trésorier du parti libéral Yoshio Kodama. » Les pots-de-vin n'épargnent ni l'Allemagne de l'Ouest ni l'Italie quand celle-ci acquiert, en 1970, quatorze Transport C-130 pour 60 millions de dollars, un coût très surévalué, selon un mémorandum du sous-comité Church qui indique que cette année-là Lockheed a payé 2,2 millions de dollars à des agents italiens qui en ont reversé 85 % à des membres du gouvernement.

1. Ces deux mémorandums et cette annexe d'un rapport de la CIA ont été révélés dans un flot de documents comprenant des notes et des rapports de la CIA lors de l'occupation de l'ambassade américaine de Téhéran déclenchée après la chute du shah d'Iran. L'occupation avec prise d'otages a duré de novembre 1979 à juillet 1980. « Déclassifié » par la seule volonté des gardiens de la révolution, nous utilisons néanmoins ce matériel certifié conforme à titre documentaire.

Exsangue, la société Lockheed évitera en 1971 la banqueroute grâce au gouvernement américain qui garantit alors auprès de banques privées un prêt de 250 millions de dollars. Cette aide fédérale n'empêche pas l'avionneur qui bat de l'aile de verser, de janvier 1970 à juin 1975, 147 millions de dollars à des consultants étrangers dont vingt-quatre sont considérés comme des destinataires suspects[1].

Ces affaires de corruption prennent une telle ampleur que le Congrès américain décide de légiférer. En 1977, il vote le Foreign Corrupt Practice Act, une loi censée moraliser les affaires mais qui n'empêche pas, en 1978 puis en 1980, la société Bechtel de distribuer des pots-de-vin en Corée du Sud pour y construire des centrales nucléaires[2]. L'entreprise a bénéficié de l'aide désintéressée et néanmoins décisive de l'ambassade des États-Unis à Séoul ainsi que de la Chambre de commerce américaine et de l'Eximbank qui garantit et finance certains investissements.

À partir de 1996, la lutte contre la corruption s'intègre dans le dispositif général de défense des intérêts économiques et industriels américains. Depuis la fin de la guerre froide, les États-Unis considèrent en effet que la corruption freine le développement et qu'elle est préjudiciable à l'ensemble des économies. Plus égoïstement, le département du Commerce américain a fait ses comptes : 11 milliards de dollars sur l'ensemble des contrats échapperaient, pour cause de corruption réelle ou supposée, aux sociétés américaines. Washington décide donc d'en faire une règle, voire une loi internationale. Il atteint ce but en 1996 grâce à l'appui du Fonds monétaire international (FMI), de la Banque mondiale, du cabinet Arnold & Porter dont on connaît les liens avec la CIA, ou encore avec le soutien d'ONG comme Transparency International qui bénéficie notamment du financement de la fondation Ford.

1. Northrop versera en 1972, comme une dizaine d'autres grandes firmes américaines, son écot au comité pour la réélection de Richard Nixon.

2. « The Bechtel Scandal », *Multinational Monitor*, mai 1984.

Fondée en 1993 par Michael Hershman et Peter Eigen, Transparency International publie depuis 1996 un rapport annuel sur l'indice « de perception » de la corruption, une formule à vrai dire plutôt vague et sujette à caution. Le classement qu'effectue l'ONG ne vise en effet que des États et non des entreprises, ce qui permet aux multinationales (dont quelques-unes parrainent d'ailleurs l'ONG) d'échapper à toute réprimande. Quant à son fondateur Michael Hershman, si son honnêteté n'est pas en cause, son pedigree toutefois suscite la curiosité.

Dans les années 60, l'homme entame une carrière d'agent dans le renseignement militaire avant de devenir un expert mondial de la lutte antiterroriste puis un spécialiste de la « bonne gouvernance », formule que véhicule l'administration américaine depuis la fin des années 90 et en particulier l'USAID, l'Agence internationale pour le développement. Une agence avec laquelle d'ailleurs Hershman a collaboré avant de rejoindre, dans les années 70, l'équipe du Sénat américain qui enquêtait sur l'affaire du Watergate. Plus tard, il dirigera les enquêtes de la commission de révision des lois fédérales sur la surveillance et l'enregistrement électroniques avant de participer à la lutte anticorruption aux côtés du maire et du procureur de New York. Membre des directions de la Fondation américaine des chambres de commerce et de l'Association des anciens officiers de renseignement, Michael Hershman a présidé la société Decision Strategies Fairfax International, filiale du groupe Fairfax. Cette firme, spécialisée dans le renseignement, l'enquête et la sécurité privée, disposait d'un bureau à Bagdad dirigé par un ancien de l'antiterrorisme britannique, Charles Blackmore.

Michael Hershman n'est pas une exception et encore moins une anomalie. En juillet 2011, Transparency a nommé à la tête de sa section américaine Claudia Dumas. Son profil ne dépare pas lui non plus de celui d'Hershman. Avocate d'affaires, Dumas a travaillé durant de nombreuses années à la tête de l'USAID ainsi que pour le cabinet d'avocats Shearman & Sterling, la société IBM ou encore Citibank que l'ONG Global Witness accusait, en mars 2009, d'avoir facilité le financement de deux guerres civiles en Sierra Leone et au Liberia[1].

En décembre 1997, les États-Unis parviennent à leurs fins. Le Foreign Corrupt Practices Act sert de socle à la convention ratifiée par les membres de l'OCDE auxquels se sont joints l'Argentine, le Brésil, le Chili, la Bulgarie et la Slovaquie. Cette loi entre dans le droit français en septembre 2000.

Parmi les nouvelles règles, l'une précise qu'il faudra désormais justifier l'utilité d'un intermédiaire, mais aussi fournir son identité et se porter garant de son intégrité. Sa rémunération devra être notifiée et correspondre au travail réellement promis. La nouvelle loi consacre par ailleurs un droit d'audit et fait obligation aux entreprises de conserver leurs archives durant trois ans[2]. Depuis son entrée en vigueur, des amendes très lourdes ont frappé aux États-Unis les entreprises qui recouraient à la corruption, désormais le FBI les surveille de près et recourt dans ces affaires aux mêmes stratagèmes qu'il utilise pour les autres formes de criminalité. Ainsi a-t-il lui-même organisé un faux appel d'offres dans le cadre d'une vente fictive de pistolets en Afrique. Dix-sept firmes américaines dont Smith & Wesson sont tombées dans le piège.

Le service dispose d'un fonds d'un milliard d'euros, des moyens qui lui ont permis fin 2010 d'infiltrer sept entreprises à travers le monde. À ses indicateurs, il offre 10 à 30 % de l'amende, de quoi susciter des vocations quand on sait que l'entreprise Siemens, dans une affaire de corruption, a été condamnée à verser 1,4 milliard d'euros d'amende plus 2,3 milliards de frais d'investigation et de procédures !

1. Communiqué de presse de Global Witness, 11 mars 2009, www.globalwitness.org.

2. Entretien avec Philippe Montigny (28 septembre 2010), président d'Ethic Intelligence et du groupe de travail sur la prévention de la corruption du conseil français des investisseurs en Afrique et conseiller du commerce extérieur de la France.

Toutefois, certains ne voient dans cette volonté de moralisation qu'un habile affichage voire un trompe-l'œil. La loi camouflerait en fait une stratégie visant à soutenir et privilégier le commerce américain en vertu du principe que celui qui fixe les règles du jeu occupe dans la partie une position dominante. Une étude confidentielle réalisée par un cabinet de conseil en stratégie proche des services secrets français souligne à cet égard que la convention de l'OCDE s'applique en priorité aux secteurs de la commande publique comme les travaux publics, l'aéronautique, l'énergie, les communications, les équipements militaires, autrement dit, selon l'auteur de l'étude, des « domaines où en particulier l'industrie française concurrence l'industrie américaine ».

Selon la même étude, entre 1980 et 2000, les firmes américaines auraient développé leur savoir-faire en matière de rémunération des intermédiaires. Elles se serviraient dans ce but de sociétés basées dans les paradis fiscaux et dans lesquelles elles veilleraient à n'être que minoritaires pour créer des caisses noires[1]. L'étude affirme qu'il serait également possible d'utiliser les mafias pour sous-traiter les commissions en passant des contrats avec des entreprises qu'elles détiennent ou en recourant au blanchiment de capitaux. La corruption et le blanchiment constitueraient en fait deux infractions faciles à dissimuler lorsqu'elles se combinent dans les mêmes circuits : l'une consistant à faire sortir de l'argent des circuits légaux et l'autre à en faire rentrer. L'étude suggère que les grandes entreprises américaines auraient eu largement le temps depuis 1977 de s'adapter à ces nouvelles contraintes en dépit des quelques amendements qui ont pu durcir les règles du jeu. Le champ d'application de la loi ne mentionne pas, il est vrai, les filiales de droit étranger. Un oubli providentiel car, si on tient à couper tout lien entre une société et celui qu'elle corrompt, la méthode la plus efficace consiste à utiliser le mécanisme de la délocalisation d'une direction financière en créant, par exemple, une plateforme financière offshore.

1. Étude en possession de l'auteur.

Faut-il donc croire sérieusement que les grands marchés en particulier militaires échapperaient à toute forme de corruption et d'opacité ? Par manque de certitude, on ne peut au mieux que le souhaiter.

Lune de miel Sarkozy-Lula

Dans la lettre qui a brisé sa carrière, Paul Stehlin suggérait que la France se contente à l'avenir de n'être qu'un simple sous-traitant de l'industrie aéronautique américaine. Fallait-il voir dans cette analyse autre chose qu'un souhait et le simple effet d'une rémunération occulte ? Une quinzaine d'années plus tard, une note de synthèse confidentielle du Centre d'analyse et de prospective du Quai d'Orsay consacrée à l'industrie de l'armement lui fait écho. En mars 1990, son auteur écrit que « la France n'a plus aujourd'hui les moyens financiers d'une complète indépendance technologique ». Il suggère qu'elle se sépare des « fabrications à faible contenu technologique ou qui n'ont pas d'avenir à l'exportation », ajoutant que « la reconversion de l'industrie de l'armement vers de nouveaux marchés civils » lui paraît « nécessaire »[1]. Plus de dix ans plus tard, en janvier 2003, cette suggestion sonne encore plus curieusement quand à son tour l'avionneur Serge Dassault écrit dans *Le Figaro* qu'il s'inquiète du risque de voir l'industrie européenne de l'armement tout entière devenir un simple sous-traitant des Américains.

Aujourd'hui, la France a-t-elle les reins suffisamment solides pour fabriquer et vendre des armements aussi sophistiqués et chers que le Rafale ? Au début des années 70, l'entreprise Dassault pouvait encore vendre à Abu Dhabi douze Mirage alors que l'émirat ne possédait ni pilote ni piste suffisamment longue pour les faire décoller, ce qui l'avait obligé à l'époque à parquer ses appareils au Pakistan. Les temps ont changé. Depuis le début

1. Note en possession de l'auteur.

des années 2000, et quelles qu'en soient les raisons, Dassault Aviation semble incapable de vendre un Rafale. En Corée du Sud, par exemple, l'échec survient dans un climat délétère où s'entremêlent des manœuvres d'intimidation et des soupçons d'espionnage et de corruption. À Singapour, il est officiellement imputé au taux de change du dollar, 30 % moins cher que l'euro. Mais il pourrait aussi bien s'expliquer d'abord par des pressions exercées sur le petit État singapourien. Qu'adviendrait-il de sa sécurité, lui aurait-on fait comprendre, sans la protection militaire de Washington qui équipe son armée des chaussettes au casque en passant par le M-16 et les latrines de campagne ? Singapour achètera donc, sans surprise, le futur F-35 de Boeing.

Serge Dassault emprunte alors la posture du philosophe. Dans un communiqué, il cite ce proverbe chinois : « Le bambou penche toujours du côté de celui qui pousse le plus fort. »

Sans doute vendre un Rafale doit-il être particulièrement difficile quand le ministre français de la Défense tacle l'industriel et joue contre son camp. Ainsi, le 11 septembre 2007, le ministre Hervé Morin fait cette surprenante et inopportune déclaration : « Le Rafale est un appareil formidable mais qui a beaucoup de mal à se vendre. » Peut-être aurait-il pu songer qu'il pouvait y avoir des raisons objectives à cette difficulté ? La compétition se fait-elle en effet à armes égales ? Fin 2002, la Pologne a choisi de s'équiper en F-16, l'avion de combat de Lockheed Martin, dont elle va acquérir quarante-six exemplaires. En échange de cette préférence, la Pologne obtient un prêt bonifié et la promesse d'un programme compensatoire de 6 millions de dollars. Elle bénéficiera également d'un transfert de technologie portant sur le système de télécommunications crypté Tetra (avec Motorola). Décidément généreux, les États-Unis se sont engagés à l'aider à créer un centre de recherche informatique et à mettre en œuvre un plan de soutien aux laboratoires industriels et scientifiques polonais. Voilà qui rend sans doute plus difficile encore de vendre un Rafale. Pourtant, le ministre de la Défense semble oublier ce contexte commercial. Il ajoute même que l'appareil français est trop sophistiqué et son prix trop élevé. Comme si ses attaques ne suffisaient pas, le 19 septembre, le ministre persiste dans le dénigrement : il évoque cette fois l'hyper-technologie du Rafale qui serait un frein à son exportation.

Hervé Morin fait ces déclarations alors que le roi du Maroc hésite encore entre le Rafale et le F-16 américain de Lockheed Martin, et de surcroît peu avant la visite que Nicolas Sarkozy doit effectuer à Rabat fin octobre 2007. Certes, rares sont ceux qui croient encore aux chances de l'offre française : 18 appareils pour 2,3 milliards d'euros tandis que les Américains offrent 36 appareils F-16 pour 2 milliards de dollars, soit 1,41 milliard d'euros de différence qui s'explique en partie par le taux de change favorable au dollar. Le Rafale n'est plus dans la course et les Marocains finiront par opter pour le F-16. Mais le taux de change n'a peut-être pas été le seul argument, à en croire cette note du département d'État rédigée par l'ambassade américaine de Rabat le 4 janvier 2010. On y apprend, à l'occasion de la visite effectuée dans les pays du Maghreb (Algérie, Libye ainsi que le Mali) par le chef du commandement américain en Afrique, le général William T. Ward, que les États-Unis envisagent de resserrer leur coopération avec le Maroc. Signe de cette confiance accrue, les Marocains pourront profiter de l'ensemble des ressources technologiques du F-16[1]. Une promesse à laquelle il a dû être difficile de résister.

Le nombre potentiel d'acheteurs commence à se réduire. Hormis l'État français, pour écouler le Rafale, il ne reste que l'Inde ou le Brésil où l'avionneur Dassault est en lice. Il figure parmi les finalistes du projet FX-2. Le Brésil a décidé de se doter des moyens de surveiller un territoire de plus de 8 millions de kilomètres carrés, ayant près de 17 millions de kilomètres de frontières et comprenant d'importantes plateformes pétrolières offshore. Dans ce but, il va renouveler sa flotte aérienne plutôt vieillissante dont les appareils les plus récents sont douze Mirage 2000 de seconde main, achetés d'occasion et proches du

1. Source WikiLeaks.

rancart. Dans un premier temps, l'armée brésilienne se contentera de 36 avions de chasse et prévoit d'acheter, à plus long terme, 120 à 150 appareils supplémentaires. Le contrat est estimé à 1,6 milliard d'euros.

Une fois de plus, la partie s'annonce serrée. Le Rafale compte parmi ses concurrents directs le F/A-18E Super Hornet de Boeing et le Grippen NG de Saab le suédois. D'emblée, le Brésil fait savoir qu'il n'achète pas un avion de combat mais qu'il entend le construire lui-même[1]. Ce qui signifie, en clair, qu'il faudra conclure des alliances industrielles avec le constructeur brésilien Embraer et consentir des transferts de technologies, une exigence que les fabricants russes de Sukhoi refusent par principe, s'excluant ainsi de la compétition. Peu à peu, le Rafale se positionne en favori sur fond de lune de miel politico-diplomatique entre les deux chefs d'État, Lula et Sarkozy, que les médias relaient comme une *telenovela*.

La romance a commencé à Paris le 14 novembre 2007 quand le président brésilien Lula annonce la prochaine visite de Nicolas Sarkozy au Brésil. Les deux hommes auraient découvert ce jour-là qu'ils partageaient « la même vision d'un nouveau multilatéralisme dans la gouvernance globale ». « C'est comme s'ils se regardaient dans un miroir », ajoute un diplomate brésilien insistant sur la similitude des deux caractères[2]. Une fois le coup de foudre passé, l'offensive de charme du président français s'accentue. Nicolas Sarkozy entend exploiter le capital de sympathie dont la France dispose déjà au Brésil de longue date. Trois collèges français à São Paulo, Rio et Brasilia accueillent 2 200 étudiants dont la moitié sont des Français, l'Alliance française compte 75 établissements répartis dans 52 villes. La France et le Brésil

1. *Le Monde*, 21 avril 2009.

2. Câble confidentiel du 19 novembre 2009 adressé à Washington par l'ambassade des États-Unis à Paris titré « France et Brésil : le début d'une histoire d'amour » [France and Brazil: the Start of a Love Affair], source WikiLeaks.

entretiennent également des relations économiques aussi étroites qu'anciennes. 420 entreprises françaises sont installées au Brésil où elles emploient environ 400 000 personnes. En ce qui concerne les échanges commerciaux, en 2008, les Français ont exporté au Brésil pour 5 milliards de dollars et le Brésil pour 6 milliards de dollars en France. Enfin, la France s'apprête à conclure un important contrat d'armement de l'ordre de 12 milliards de dollars qui prévoit la construction de cinq sous-marins dont quatre conventionnels et un à propulsion nucléaire, ce qui constituerait une première pour une armée d'Amérique latine. Le Brésil serait ainsi le premier pays du continent à s'équiper d'un bâtiment de guerre à propulsion nucléaire.

La France a bien cerné les intentions du Brésil qui se voit, dans un avenir proche, jouer le rôle de premier plan qu'il a désormais les moyens de tenir. Le Brésil est dès à présent le premier producteur et exportateur mondial de sucre, de café, de jus d'orange. Il est le premier exportateur de bœuf, de soja, de tabac, le deuxième exportateur de poulets[1]. Il possède surtout la septième réserve mondiale de pétrole. Son sous-sol recèle de fabuleuses richesses comme le niobium (qui permet d'améliorer la résistance des aciers et qu'on utilise notamment dans l'industrie automobile ou aéronautique) ainsi que des gisements de gaz, d'uranium et d'or récemment découverts en Amazonie. Aussi, la France accepterait volontiers d'aider le Brésil à développer son complexe militaro-industriel. Le rapprochement entre les deux pays paraît en si bonne voie que le Rafale fait figure de favori face à l'avion de combat américain F/A-18E et au suédois Grippen.

Nicolas Sarkozy laisse d'ailleurs entendre qu'un éventuel transfert de technologie poserait moins de problèmes du côté français que du côté américain, une rumeur affirme même que la France accepterait de livrer au Brésil les codes sources du software de l'appareil. Bluff ? Les Brésiliens laissent également entendre, en septembre 2009, que Nicolas Sarkozy consentirait

1. *Le Monde*, 22 juin 2011.

à un transfert illimité de renseignement technologique, ce qui permettrait au Brésil de construire lui-même des appareils et de les vendre à partir de 2030. L'info est relayée à Paris par l'attaché militaire de l'ambassade du Brésil. Vrai ? Faux ? Certaines déclarations relèvent à l'évidence des traditionnelles manœuvres d'intoxication qui accompagnent habituellement les grands contrats d'armement.

Quelques semaines plus tard, le 26 novembre 2009, lors du sommet des pays amazoniens qui se tient à Manaus, le président français évoque un partenariat avec le Brésil « équilibré, avec deux jambes, une civile et une militaire ». D'impatient, il commence à se faire pressant. Trop, sans doute. Alors que la France fait savoir qu'elle soutiendra la candidature du Brésil pour les Jeux olympiques de 2016, Lula, inébranlable, annonce le 7 décembre 2010 qu'il ne signera pas lui-même le contrat du Rafale : la décision incombera à celle qui va lui succéder à la présidence et qui, apparemment, ne se montre pas pressée d'opter pour l'appareil français.

Ce scénario catastrophe était envisagé depuis de longs mois déjà – précisément depuis le jour où Nicolas Sarkozy avait tenté de forcer la main à Lula en l'obligeant à faire une annonce qualifiée d'imprudente et de prématurée à la direction de Dassault Aviation. Finalement, la stratégie de la lune de miel façon *telenovela* montre ses limites. L'échec brésilien de Sarkozy confirme ce que disait Hervé Morin : le Rafale est un appareil difficile à vendre[1].

Mais on ne peut pas perdre à tous les coups. À l'occasion de l'année de la Russie qui succède à celle du Brésil, la France va profiter des retombées de son *ostpolitik* – politique amicale envers les pays de l'Est. En tant qu'un des premiers partenaires commerciaux de la Russie, elle emporte sa part légitime des

1. L'armée de l'air et l'aéronavale françaises recevront 59 appareils selon les engagements de la loi de programmation militaire 2003-2008. Un contrat qui s'élève à 3,1 milliards d'euros dont 1,5 milliard pour Dassault.

contrats liés au réarmement russe[1]. Moscou a annoncé qu'il dépenserait 19 000 milliards de roubles (468 milliards d'euros) entre 2011 et 2020 pour l'achat de matériel de guerre neuf. Le contrat pour l'achat de blindés légers que le ministre russe de l'Intérieur est venu négocier à Paris avec Panhard General Defense n'est en fait qu'une partie infime d'un programme d'achats beaucoup plus ambitieux. La Russie compte ainsi se fournir aux États-Unis en technologies militaires, les Russes n'étant pas très doués, dit-on, pour l'informatique militaire. Mais Moscou négocie surtout avec la France, depuis septembre 2010, la construction de deux porte-hélicoptères de classe Mistral que le jargon militaire qualifie de bâtiment de « projection et de commandement », dont le prix à l'unité se chiffrerait à 600 millions d'euros.

La France est quasiment certaine de remporter la partie à condition qu'elle fournisse à la Russie ses systèmes automatiques de commande de tir. Le marché habituel. Sinon, lui a-t-on fait savoir, le groupe de recherche et de production russe Mars les créera lui-même[2]. C'est le seul point sur lequel achoppent encore les négociations, Paris refusant de vendre le système de communication tactique ultrasensible qui équipe ses navires et que l'OTAN ne souhaite pas voir offrir à la Russie.

En février 2010, Washington sort de sa réserve. Discrètement, il orchestre une campagne souterraine contre la vente à la Russie d'un bâtiment qui pourrait, selon les experts américains, remettre en question l'état des forces dans la zone de la mer Noire. Pour les États-Unis, le Mistral, c'est « le mauvais bateau, pour le mauvais pays, au mauvais moment[3] ». Le 8 février 2010, le secrétaire à la Défense Robert Gates fait escale à Paris où il signifie en

1. Pour l'année 2009, on cite le chiffre de 20 milliards d'euros de commandes pour les industriels de la défense passés par l'État. (*La Tribune*, 27 janvier 2009.)

2. Dépêche Ria Novosti, Moscou, 17 septembre 2010.

3. Câble ambassade des États-Unis à Paris à propos du Mistral, daté du 19 novembre 2009, source WikiLeaks.

personne à Hervé Morin, ministre de la Défense, le courroux de Washington. Au cours de l'aparté, il indique que la vente de navires de guerre Mistral à la Russie serait un « mauvais signal » adressé à Moscou. Puis, lors de l'assemblée de l'OTAN, la France subit les attaques du délégué lituanien qui craint que la vente du Mistral ne porte atteinte cette fois à la défense aérienne collective dans la région des pays Baltes. Outre-Atlantique, cinq députés sont mobilisés. Dans un courrier qu'ils adressent à l'ambassadeur de France à Washington Pierre Vimont, ils mettent en garde la France contre la vente de sa haute technologie. Face aux inquiétudes qui se manifestent, le secrétaire d'État aux Affaires européennes Pierre Lellouche joue la carte de l'apaisement. Il s'emploie à rassurer les pays Baltes et l'Ukraine. Puis le soufflet retombe. La France et la Russie se mettront définitivement d'accord lors de la visite qu'effectue le 1er mars 2010 à l'Élysée le président Medvedev.

Pour commencer, les chantiers navals français DCNS et STX et russes OSK construiront pour la Marine russe deux navires de guerre de type Mistral et deux autres bâtiments devraient l'être ultérieurement. En raison de la crise qui touche l'économie mondiale, la Russie suspend trois programmes d'armement, au moins jusqu'en 2013, dont la construction de corvettes à laquelle était associée la DCNS[1]. Si l'on ne peut pas perdre tout le temps, on ne peut pas non plus tout avoir. Cependant, le groupe Dassault bénéficie d'un geste de Nicolas Sarkozy. À titre de consolation, le chef de l'État lui confie la fabrication de sept drones que Dassault réalisera en association avec le groupe Israel Aerospace Industries. Ce geste survient alors que le marché de l'armement européen risque d'être moins faste. De 2000 à 2010, les budgets de défense ont crû dans le monde de 4,5 %, atteignant en 2010 1 600 milliards de dollars[2]. Sous la menace

1. Eurasia Intelligence, 24 novembre 2010.

2. Voir les rapports du Stockholm International Peace Research Institute, une ONG créée en 1966 qui se consacre aux questions d'armements et de la paix dans le monde, sur son site www.sipri.org.

de budgets de défense en contraction, en raison notamment de l'enlisement financier des États européens lié à la crise de la dette, le chiffre d'affaires de l'armement devrait dans les prochaines années afficher des pertes de plusieurs milliards d'euros.

La chute de la « Francirak »

Dans une compétition économique et commerciale acharnée, les États ne lésinent pas sur les moyens pour s'imposer et atteindre leurs objectifs. Ils n'hésitent pas à recourir à leurs services secrets, à utiliser des fonds d'investissement, à contourner la loi ou encore à se servir des ONG comme de simples paravents. Quand il le faut, ils n'hésitent pas non plus à lui donner des formes plus agressives encore. Ainsi en Irak quand les États-Unis décident d'y restaurer la suprématie des compagnies pétrolières anglo-saxonnes et d'y déloger notamment les intérêts français. Les Américains ont alors sorti le grand jeu, violant à la fois la légalité internationale et les opinions publiques, avant de déclencher une guerre de rapine.

La fabrique à mensonges du Pentagone

Tout commence le 11 septembre 2001 quand les tours jumelles de New York s'effondrent l'une après l'autre. Frappées de plein fouet par des avions de ligne transformés en missiles par des terroristes kamikazes, elles s'écroulent dans un magma blanchâtre de cendres et de poussières en faisant près de trois mille victimes. L'attentat plonge le monde entier dans un état de consternation. Le commanditaire de cet inimaginable acte de guerre est un gourou islamiste à l'allure christique jusqu'ici inconnu du grand public occidental. Fils d'un milliardaire saoudien, Oussama Ben Laden conduit depuis des années, du fin fond de son sanctuaire afghan, une guerre larvée contre l'Amérique. Le 11 septembre, son nom acquiert une notoriété universelle. L'attentat transforme le chef islamiste en ennemi numéro un du « monde libre ». Il en fait l'homme à abattre tandis que le pays qui l'héberge, lui et son groupe de partisans, focalise sur lui en quelques semaines une vaste coalition militaire mondiale.

À l'heure de la vengeance, les regards du monde entier se braquent sur l'Afghanistan, son gouvernement taliban, son régime de mollahs strict et cruel ainsi que sur ses bases terroristes. Enfin presque... À Washington, une poignée de « faucons » a, semble-t-il, compris l'opportunité que leur offraient ces attentats perpétrés au cœur de l'empire américain. En secret et sans attendre, ils commencent à préparer une tout autre guerre.

Alors que, sans exception, les agences gouvernementales s'attèlent à réduire à l'impuissance al-Qaïda et à néant son chef Ben Laden, Paul Wolfowitz, le secrétaire d'État adjoint à la Défense, et le sous-secrétaire d'État à la Défense pour les questions politiques, Douglas Feith, concentrent leur attention sur l'Irak. Selon eux, Ben Laden ne serait qu'un pion entre les mains de Saddam Hussein qu'ils présentent comme le véritable ordonnateur des attentats. Rien pourtant n'étaie ce soupçon ou plutôt cette théorie que réfutent à peu près tous les experts en terrorisme de Washington, à commencer par le premier d'entre eux, Daniel Benjamin, directeur du contre-terrorisme au Conseil national de sécurité. Pour lui, il n'existe aucun lien entre al-Qaïda et l'Irak. Cette vérité, qui ne sera reconnue et admise qu'ultérieurement, a, pour l'heure, la préférence des équipes bushistes qui contrôlent le Pentagone. Depuis 1991 et la fin de la première guerre du Golfe, elles se sont d'ailleurs fixé comme objectif de destituer coûte que coûte Saddam Hussein et de renverser son régime.

S'agit-il d'une croisade dont le but exclusif serait de libérer le peuple irakien du « joug de Saddam » ? Les objectifs réels des néoconservateurs sont bien plus prosaïques : ils escomptent simplement remettre la main sur le pétrole irakien, dénationaliser son système de gestion et de production. Ils veulent ré-accaparer ces sous-sols fabuleux qui recèlent la deuxième réserve pétrolière du monde après celle d'Arabie saoudite, ainsi qu'une des plus grandes réserves mondiales de gaz naturel.

Avant de partir en guerre, un groupe de réflexion envisage l'avenir de l'Irak. Il réfléchit à la libéralisation de son économie et à sa mise en conformité avec les règles de l'OMC et, puisqu'il s'agit de ses principales ressources et de sa richesse nationale, à la réorganisation de son industrie pétrolière et énergétique. Une séric de documents rédigés entre janvier et février 2003 tracent la voie du futur Irak conçu selon les règles du commerce international. En ce qui concerne l'industrie du pétrole, le plan des experts ne vise qu'à défaire ce qui a été fait, soit à revenir sur les mesures de nationalisation de 1972 et 1973 prises à l'encontre des compagnies étrangères comme Exxon, Mobil et Shell. L'Irak n'avait alors conservé que deux partenaires étrangers, la CFP (Compagnie française des pétroles) et la British Petroleum. Le plan des experts envisage la refonte complète de l'Iraq National Oil Company (INOC), la société nationale du pétrole irakien, la réorganisation de l'industrie pétrolière du pays, son regroupement en trois ou quatre entités, ou encore la création de sociétés privées. L'objectif final est bien entendu la privatisation de l'INOC, la démonopolisation de l'industrie de l'énergie et la relance de la production pétrolière[1]. Afin de mener sans tarder cette réorganisation et de relancer au plus vite la production pétrolière, l'ancien directeur général de la compagnie Shell, Philip J. Carroll, assurera le moment venu la direction de l'INOC, tandis qu'un autre homme de confiance prendra celle de la SOMO, le ministère du pétrole irakien.

Voilà le véritable enjeu du renversement du régime de Saddam Hussein, ce que, des années plus tard, confirme Alan Greenspan

1. Oil and Energy Working Group, « Future of Iraq Project », 20 avril 2003.

dans son livre *The Age of Turbulences : Adventures in a New World*[1]. L'ancien patron de la Réserve fédérale américaine avoue que la guerre en Irak était « largement une question de pétrole ». Plus crûment, elle avait pour objectif de rétablir les compagnies pétrolières anglo-saxonnes dans leurs droits et leurs possessions ainsi que d'en finir avec le traitement de faveur accordé à la France.

Dès lors, il ne reste qu'à convaincre le Congrès américain et les opinions publiques de se rallier à ce qu'on va leur présenter comme une croisade pour la démocratie doublée d'une opération d'autodéfense face à un dictateur disposant d'armes de destruction massive et prêt à s'en servir. Pour être plus convaincant encore, on l'accusera d'être le commanditaire des attentats du 11 septembre. Ainsi, le bureau Kreindler & Kreindler se lance dans une enquête rapide, destinée à démontrer des liens entre la fortune de Saddam Hussein et le financement du réseau al-Qaïda.

Pour justifier cette guerre contre l'Irak de Saddam Hussein qu'ils inscrivent à leur calendrier dès le 12 septembre 2001, les faucons de l'administration Bush recourent massivement aux armes de la guerre psychologique ou, si l'on veut, à la propagande la plus éhontée. Il s'agit de convaincre les opinions ébranlées par les attentats du 11 septembre que le chef irakien Saddam Hussein fait planer une menace plus effrayante encore, celle de ses arsenaux de destruction massive dont il s'apprête, leur fait-on croire, à se servir contre l'Occident. Pour les persuader de la réalité de ce scénario aussi apocalyptique qu'imaginaire, un dispositif de guerre de l'information et d'intoxication se met en place au cœur du Pentagone sous la houlette de son chef, le secrétaire à la Défense, Donald Rumsfeld. Il a sous son autorité plusieurs unités spécialisées dans l'action psychologique comme le Global Information Attacks de l'US Air Force, le Worldwide Information Attacks de l'US Army, le Naval Network Warfare

1. Le livre a paru en France sous le titre *Le Temps des turbulences*, Lattès, 2007.

Command de l'US Navy. Donald Rumsfeld dispose également de son propre service de renseignement que dirige le sous-secrétaire à la Défense chargé des questions de renseignement, Stephen Cambone. Cet ancien de l'Institut national d'études stratégiques de l'université de la Défense supervisera l'unité Gray Fox Intelligence Support Activity, quasi secrète, dont les équipes de tueurs traqueront clandestinement les terroristes à la façon d'un escadron de la mort[1].

L'ensemble de ces unités bénéficie de budgets importants, qui, additionnés, avoisinent les 35 milliards de dollars. Ces sommes servent à financer des opérations « homo », comme homicide, mais aussi de propagande. Elles serviront à propager des mensonges ou à orchestrer des campagnes de dénigrement contre ceux qui s'opposent au projet de guerre de Washington.

L'une de ces unités se distingue des autres : au moment où le renseignement américain se concentre sur l'Afghanistan et Ben Laden, sa mission consiste à préparer la guerre d'Irak, le coup d'après, comme disent les stratèges ou les joueurs d'échecs. D'abord connue sous le nom d'OSI, l'Office of Strategic Influence, créée en octobre 2001, elle ne fonctionne que quelques mois et disparaît en février 2002 quand le *New York Times* révèle son existence et la nature de ses activités. Devant la volée de critiques virulentes qu'il s'attire, Donald Rumsfeld ferme la fabrique qui renaît aussitôt sous une autre forme, la nature ayant comme chacun sait horreur du vide. Cette fois, ses adjoints Paul Wolfowitz et Douglas Feith imposent un secret absolu sur l'existence et la raison d'être de leur nouvelle création, l'Office of Special Plans (OSP), qui aura en fait les mêmes attributions que l'OSI : préparer la guerre d'Irak. Par précaution, son directeur, Abram N. Shulsky, ex-collaborateur du sénateur d'extrême droite Henry Jackson, installe ses bureaux au quatrième étage du Pentagone, septième couloir. Il la camoufle au sein de la

1. Sur les Gray Fox Units, voir Jennifer D. Kibbe, « The Rise of The Shadows Warriors », *Foreign Affairs*, mars-avril 2004.

section des Affaires Proche-Orient et Asie du Sud du Pentagone dirigée par un certain William Luti, ancien pilote d'hélico de la Navy et proche collaborateur du vice-président Dick Cheney[1].

Afin de protéger les objectifs ultrasecrets de l'OSP, Luti purge son service et en écarte les éléments les moins sûrs. Il resserre également les liens avec le chef du bureau des affaires politiques, le colonel William Bruner, ardent néoconservateur et ancien collaborateur militaire du chef des républicains à la Chambre des représentants, Newt Gingrich, avec lequel Luti a également travaillé en 1996. Bien camouflée, l'unité se met au travail.

Un ancien officier de renseignement de la Navy, spécialiste des questions arabes, Youssef Aboul-Enein, se met à éplucher tous les médias arabes. Aboul-Enein, y recherche en particulier les articles qui pourraient associer Saddam Hussein au terrorisme et les traduit. Puisées la plupart du temps dans la presse, ces informations seront, sans la moindre vérification, directement intégrées dans les discours de Bush fils et de Dick Cheney, le vice-président.

L'OSP travaille aussi en collaboration avec David Wurmser, ancien directeur des études du Moyen-Orient de l'American Enterprise Institute, un *think tank* ultraconservateur. Cet idéologue belliciste plaide depuis des années pour une invasion préventive de l'Irak et sert de consultant occasionnel au Likoud, le parti de la droite israélienne d'Ariel Sharon. Enfin, Luti entretient des liens étroits avec Larry Franklin qui fraye depuis de longues années avec un petit groupe de faucons du Pentagone qualifiés de pro-israéliens[2]. Franklin, qui dirige au Pentagone le bureau Iran, a commencé sa carrière en juillet 1979 à la Defense Intelligence

1. Sur l'OSP, voir notamment « Iraq War Planner Downplays Role Conservative Strategist Denies Running Stealth Intelligence Operation », *Washington Post Staff*, 22 octobre 2003 ; « Pressure Builds for President to Declare Strategy on Iran », *Washington Post*, 15 juin 2003 ; « The Lie Factory », *Mother Jones Magazine*, janvier-février 2004.

2. *Newsweek*, 30 août 2004.

Agency (DIA), l'agence de renseignement militaire, et a noué au fil du temps une relation intense avec des responsables de l'AIPAC, l'American Israel Public Affairs Committee, une des structures les plus influentes du lobby pro-israélien aux États-Unis qui apporte par ailleurs son soutien à la politique de Bush.

Créée en 1951, l'AIPAC a pignon sur rue. De ses bureaux de Washington situés dans First Street près d'Union Station, elle distribue des fonds lors des élections, à des congressistes triés sur le volet, afin de peser sur les orientations de la politique américaine et de l'infléchir si nécessaire en faveur d'Israël[1]. Franklin a notamment comme contact l'analyste en chef de l'AIPAC, Keith Weissman, et son supérieur hiérarchique, Steven Rosen. Cet ancien enseignant de la faculté de Pittsburgh a rejoint l'AIPAC en 1982 après avoir passé quatre années à la Rand Corp. où il travaillait pour la CIA sur des questions de sécurité. Steven Rosen y a côtoyé une débutante pleine d'avenir, Condoleezza Rice, la future chef de la diplomatie américaine.

Les relations de Franklin avec les représentants de l'AIPAC sont si étroites qu'elles finissent par attirer l'attention du FBI qui soupçonne le patron du bureau Iran du Pentagone d'emporter à son domicile des documents classifiés. Non seulement cela est formellement interdit mais les agents fédéraux se demandent dans quel but il le fait. Sa proximité avec l'AIPAC conforte un soupçon qui entraîne sa mise sous surveillance et sur écoute tout comme celle de ses correspondants Steven Rosen et Keith Weissman, qu'on accuse d'avoir, depuis 1999, délibérément cultivé des sources dans le seul but de leur soutirer des informations sur la défense nationale, en particulier sur la politique américaine envers l'Iran, pour les transmettre ensuite aux services israéliens[2].

1. *Congressionnal Quaterly Magazine*, avril 2009.

2. En août 2005, Franklin, Rosen et Weissman sont officiellement poursuivis au nom du « World War I Era Espionage Act ».

Officine reliée à divers réseaux d'influence si ce n'est d'espionnage, l'OSP collabore également avec les réseaux irakiens d'Ahmed Chalabi qui, depuis de longues années, entretient des relations politiques et amicales avec les néoconservateurs. Né à Bagdad, Ahmed Chalabi a quitté l'Irak, où son père est un homme d'affaires et une personnalité influente de la communauté chiite, en 1956. À la fin des années 60, alors qu'il étudie les mathématiques à l'université de Chicago, il rencontre une figure du néoconservatisme, Albert Wohlstetter, qui le présentera dix ans plus tard à Richard Perle, personnage central de cette mouvance classée à droite du parti républicain. Chalabi enseigne à l'université américaine de Beyrouth en 1971 et épouse la fille d'un politicien libanais avant de s'installer en Jordanie où, en 1977, il se lance dans la finance. Il fonde la Petra Bank qui figure, dans les années 80, parmi les trois plus grandes banques du pays. Accusé de fraude et de malversations, Chalabi prend le large quelques années plus tard. Sa fuite s'avère judicieuse car, en 1992, la justice le condamne par contumace à vingt ans de travaux forcés. Ahmed Chalabi participe ensuite à un mouvement de résistance kurde qui est décimé en 1995 par Saddam Hussein.

L'ancien banquier se réfugie alors à Washington où il bénéficie du soutien affiché des néoconservateurs. Il plaide avec leur appui pour l'adoption de l'Iraq Liberation Act, voté en 1998, qui accorde aux groupes d'opposants irakiens une aide financière s'élevant au début à 97 millions de dollars. Pour l'essentiel, ces fonds sont affectés au Congrès national irakien (CNI) que Chalabi a fondé en juin 1992 avec l'approbation et le financement de la CIA, qui regrettera bientôt sa générosité. N'appréciant pas la façon dont il gère les fonds qu'elle lui distribue, la CIA prend ses distances avec Ahmed Chalabi qui, toutefois, conserve le soutien de ses amis néoconservateurs, en particulier celui de Richard Perle.

En 1998, ce dernier a cosigné avec Douglas Feith et le chef de file des républicains à la Chambre des députés, Newt Gingrich, un appel en faveur du Congrès national irakien. Alors influent à la Maison-Blanche où il fait fonction, après le 11 septembre

2001, de chef du conseil politique du Pentagone (président du Pentagon Defense Policy Board), Perle associe Chalabi au conseil politique de Défense des États-Unis, ce même Chalabi qui se met alors à ravitailler le Pentagone en rapports et en informations dirigés vers les services de William Luti.

Chalabi fait plus encore, il déniche trois transfuges irakiens… dont les témoignages seront considérés par une enquête du *Los Angeles Times* comme n'ayant aucune valeur sur le plan du renseignement[1]. Chalabi livre d'innombrables informations sur de prétendus liens entre Saddam Hussein et le terrorisme islamiste. Ou encore sur l'existence d'armes de destruction massive. Il se trouve ainsi au cœur d'une des plus extravagantes opérations d'intoxication qui ont préparé le terrain à l'invasion de l'Irak, que révèle le magazine *Rolling Stone*[2]. Une intox de grande envergure où s'entremêlent le monde de l'espionnage et celui des relations publiques dans un mélange explosif.

Désinformation en cascade

Quelques semaines à peine après les attentats de New York, le 17 décembre 2001, un officier de la CIA débarque à Bangkok. Muni d'un polygraphe, il s'enferme à l'hôtel, à Pattaya, au bord du golfe de Thaïlande, et y soumet au détecteur de mensonges un transfuge irakien du nom d'Adnan Ihsan Saeed al-Haideri. L'homme se présente comme un ingénieur civil. À l'en croire, Saddam Hussein aurait dissimulé à Bagdad, dans une vingtaine de sites tels que des villas ou un hôpital, des armes biologiques, chimiques et bactériologiques. Cet informateur providentiel prétend qu'il a lui-même participé à cette entreprise de camouflage. Afin de vérifier son témoignage, la CIA a dépêché en

1. *Los Angeles Times*, 23 mai 2004.
2. James Bamford, « The Man Who Sold The War », *Rolling Stone*, 17 novembre 2005.

Thaïlande un de ses techniciens. Le verdict est sans appel : après examen des tracés réalisés par le polygraphe, la centrale de Langley rejette le témoignage du transfuge qu'elle considère après vérification de ses dires comme un tissu d'invraisemblances, hasardeux voire suspect, l'homme est un affabulateur. Pour la CIA, l'affaire est close.

Pour les faucons du Pentagone, elle ne fait que commencer. Pour eux, l'essentiel est moins la véracité du propos que de faire désormais largement circuler, aux États-Unis et à travers le monde, ce témoignage accablant pour Saddam Hussein. Peu importe qu'il soit vrai ou faux. Il s'agit d'une opération de désinformation – dans laquelle la CIA apparaît elle-même manipulée. Le président du Congrès national irakien, Ahmed Chalabi, et son porte-parole, Zaab Sethna, s'empressent de diffuser les « révélations » d'al-Haideri. Deux journalistes sont mis dans la confidence : Judith Miller du *New York Times* et Paul Moran, journaliste free-lance qui réside dans l'émirat de Bahreïn et collabore à l'Australian Broadcasting Corp.

Le 20 décembre 2001, trois jours seulement après le passage au détecteur de mensonges d'al-Haideri, le monde entier apprend que Saddam Hussein aurait caché des armes de destruction massive à Bagdad. Présentée comme une information fiable, cette intox est relayée par la presse internationale. Elle produit l'effet escompté : la menace que fait peser le dictateur irakien sur le monde s'ancre dans les esprits. Les faucons viennent de remporter la première manche : sur le plan international, cette opération d'intoxication a un impact considérable.

Le concepteur de ce joli coup et expert en la matière réside à Washington dans le très chic quartier de Kalorama où il a comme voisin et ami Donald Rumsfeld. Cet as de la désinformation, dont les services ont été déjà utilisés dans quatre-vingt-onze pays, se nomme John Rendon. C'est lui qui a géré les relations publiques du Congrès national irakien de Chalabi lors de son lancement. Deux mois avant les « révélations » de l'ingénieur al-Haideri, Rendon a signé un contrat de 16 millions de dollars avec le

Pentagone pour fournir la propagande appropriée. Opposant dans sa jeunesse à la guerre du Vietnam, Rendon a commencé sa carrière de propagandiste en soutenant Jimmy Carter en 1976 avant d'être sollicité en 1989, cette fois par l'administration Bush, afin de superviser des opérations de communication de la CIA et du Pentagone au Panama dans le cadre de l'opération « Juste cause » destinée à renverser le général Manuel Noriega. Dans ce but, le gouvernement américain a débloqué 10 millions de dollars dont John Rendon et son cabinet de relations publiques vont largement profiter avant de se mettre, dans la foulée, au service de la monarchie du Koweït dont le territoire vient d'être envahi par l'armée irakienne. Avec un art maîtrisé de la communication, John Rendon mobilise les opinions publiques pour la libération du Koweït.

Objectif atteint en 1991 par la coalition internationale. Une fois les troupes irakiennes chassées du petit émirat pétrolier, la CIA sollicite Rendon pour qu'il s'occupe des relations publiques du Congrès national irakien et d'Ahmed Chalabi. On connaît la suite. Entre 1992 et 1996, 12 millions de dollars en provenance de la CIA ont transité par le Rendon Group à destination du CNI.

Depuis le 11 septembre 2001, le cabinet de relations publiques joue un rôle accru à Washington où il travaille pour la CIA ou l'USAID (United States Agency for International Development) mais aussi pour son client le plus fidèle, le Pentagone. Entre 2000 et 2004, la firme obtient trente-cinq contrats pour un montant estimé entre 50 et 100 millions de dollars du département de la Défense, qui n'a jamais rechigné à régler les honoraires qui lui sont facturés habituellement : 31 126 dollars l'heure.

Le credo de Rendon, comme il le dit lui-même, est de « gagner les cœurs et les esprits des Arabes et des musulmans du monde » tout en précisant qu'il n'est pas « un politicien » mais « un guerrier de l'information »[1]. Le Pentagone, où Rendon collabore étroi-

1. Propos tenus lors d'une conférence devant le Conseil national de sécurité en 1998, cité dans *PR Watch*, quatrième trimestre 2001.

tement avec l'unité secrète baptisée Information Operations Task Force, apprécie son savoir-faire. Rendon s'est ainsi vu confier la création d'une cellule de crise dont la mission consiste à répliquer dans l'instant au moindre article contestant et critiquant la ligne du gouvernement américain sur l'Irak et la question du terrorisme. John Rendon dispose également d'équipes basées en Asie et dans les pays musulmans et chargées d'y propager dans le même esprit une information à caractère propagandiste. Mais la cible principale de Rendon est la chaîne de télévision Al-Jazeera dont il s'efforce de contrecarrer l'influence auprès des opinions arabo-musulmanes. Toujours dans le même esprit, Rendon a créé un système de surveillance de tchats en langues anglaise et arabe sur Internet ainsi que des sites web d'information. De cette façon, il contribue à l'effort de conditionnement des esprits dont est chargé, auprès du président, l'Office of Global Communications, organisme créé pour diffuser le message belliciste de l'administration Bush envers l'Irak et supervisé depuis la Maison-Blanche.

L'entreprise de persuasion apparaît donc considérable. En dépit des moyens colossaux utilisés pour convaincre le monde du bien-fondé de la croisade anti-Saddam Hussein, certains pays demeurent toutefois récalcitrants. Des éléments du passé restent encore vivaces dans beaucoup d'esprits. Ainsi se souvient-on de l'aide illimitée que l'Occident et en particulier les États-Unis ont apportée à l'allié Saddam dans sa guerre contre l'Iran[1]. Sans oublier non plus l'ampleur de l'aide que les Occidentaux ont apportée au programme nucléaire irakien[2]. La technologie

1. En 1963, détail peu connu, la CIA a apporté son soutien au putsch auquel a pris part Saddam Hussein, alors jeune officier. « On est arrivé au pouvoir dans un train de la CIA », plaisantait plus tard le futur ministre irakien de l'Intérieur Ali Saleh, comparant l'aide de la CIA à celle fournie en 1917 aux bolcheviks par le gouvernement du Kaiser.

2. 29 000 bombes à fragmentation pour un montant de 200 millions de dollars ont été livrées à Saddam Hussein par Industrias Cardoen SA, la société de Carlos Cardoen dont le rôle comme fournisseur de l'armée irakienne et

de pointe qui a longtemps manqué à Saddam Hussein lui a été fournie par la Finlande, la Grande-Bretagne, la Suisse ou encore l'Allemagne. Pour ce qui est du combustible nucléaire, de janvier 1987 à août 1990, des industriels britanniques ont vendu à l'Irak de l'uranium, de l'acétate d'uranium, du thorium, des barres de zirconium et du plutonium – ce qu'a mis en lumière une enquête réclamée par Gordon Brown, alors simple porte-parole du Parti travailliste. À l'époque, il s'interrogeait sur l'envoi en 1989, à Bagdad, d'ingrédients qui entrent dans la fabrication de l'ypérite, un toxique puissant et létal, autrement appelé « gaz moutarde »[1]. Treize firmes américaines ont également contribué à l'effort nucléaire irakien et à son programme de missiles[2]. De 1985 à 1990, Washington a approuvé la vente à l'Irak d'un milliard et demi de dollars de technologie à double usage civil et militaire. Des banques américaines ont consenti des prêts non autorisés à l'Irak dont un de 4 milliards. Enfin, d'un rapport de l'ONU de décembre 2002 consacré à l'armement de Saddam Hussein, il ressort de certaines pages que la CIA avait tenté en vain d'occulter la vente à l'Irak par l'institut Pasteur des germes biologiques, la fourniture d'une usine à gaz de combat à Samarra par une entreprise alsacienne ou encore la livraison, par une firme américaine, d'une usine chimique clés en mains. Voilà pourquoi, en 2002, certains bobards de l'administration Bush ont du mal à passer. Sans doute afin de faire oublier ce degré de connivence de l'Occident avec l'Irak dans les années 80, les unités de désinformation du Pentagone redoublent d'imagination.

Un rapport anglais du 24 septembre 2002, qui s'inspire d'informations transmises par les services italiens, affirme qu'à la fin des années 90 Saddam Hussein se serait procuré de l'uranium au

---

les liens avec la CIA ont été exposés devant la justice de Floride, notamment par Howard Teicher, un ancien fonctionnaire du National Security Council. (Voir son témoignage devant la cour de Floride, 31 janvier 1995.)

1. *Le Monde*, 28 juillet 1991.

2. *Herald Tribune*, 6 février 1992.

Niger. Si cette information était prouvée, elle démontrerait que l'Irak n'a pas abandonné son programme d'armes de destruction massive. Priée de la faire vérifier, la CIA s'en remet à l'expertise d'un ancien diplomate, Joseph Wilson, qui a servi vingt-trois ans au département d'État. Alors que Wilson faisait office, en 1990, de chargé d'affaires américain à Bagdad, il a été le dernier diplomate américain à rencontrer Saddam Hussein. Il occupe ensuite le poste d'ambassadeur au Gabon[1]. Mais Wilson, surtout, avait été en poste au Niger auparavant, au milieu des années 70.

En accord avec le bureau des affaires africaines du département d'État, Wilson démarre en février 2002 sa petite enquête, tous frais payés sur les deniers de la CIA. Il établit assez rapidement que ce rapport n'a aucun fondement. Il l'indique par écrit, puis oublie cette histoire jusqu'à ce que George Bush fils fasse état de l'information contestée lors de son discours sur l'état de l'Union en janvier 2003 puis, des mois plus tard, devant le Congrès, en la tenant pour valide. Saddam Hussein ayant été renversé, Joseph Wilson se sent les mains libres. Il n'a plus de scrupule à briser le silence et rétablit la vérité dans un article du *New York Times*[2]. Le FBI mettra près de deux ans pour remonter jusqu'au faussaire et établir la forgerie qu'il attribue à un ancien du SISMI italien, l'agence de renseignement militaire[3].

En dépit des doutes qu'inspire sa propagande et quelquefois de l'énormité des prétendues informations qu'elle diffuse, la Maison-Blanche reste inébranlable. Le rapport que lit Colin Powell, le chef du département d'État, devant l'ONU ne contient aucun élément prouvant que l'Irak possède réellement des armes

1. De 1992 à 1995.

2. « What I Didn't Find in Africa » [Ce que je n'ai pas trouvé en Afrique], *New York Times*, 6 juillet 2003 ; « Niger Irak Uranium Story and Joe Wilson », mémorandum secret du département d'État, déclassifié, 7 juillet 2003 ; Carlo Bonini et Giuseppe d'Avanzo, « Doppiogiochisti e dilettanti tutti gli italiani del Nigergate », *La Repubblica*, 24 octobre 2005.

3. « Source of Forged Niger Irak Uranium », *New York Times*, 4 novembre 2005.

de destruction massive ou que Saddam ait commandité les attentats du 11 septembre. D'ailleurs, en quoi consistent les preuves annoncées ? Devant l'ONU, Colin Powell brandit des comptes rendus d'écoutes, dont une réalisée le 26 novembre 2002 qui évoque un camion modifié qu'il fallait selon l'enregistrement soustraire à la vue des inspecteurs de l'ONU, et une autre datée du 30 janvier 2003, où il est question de « cacher des munitions interdites ». D'après Colin Powell, ces éléments suffiraient à démontrer « la politique de dissimulation » de l'Irak. À ces documents, il ajoute des photographies satellites qui prouveraient, selon lui, l'existence de dépôts d'armes chimiques. Ainsi, l'une d'elles montrerait un bunker rempli de munitions chimiques, ce qu'il déduit de la présence, à proximité, d'un « camion de décontamination ». Une autre photo prouverait qu'un site aurait été nettoyé avant la visite des experts de l'ONU. À partir de ces « éléments » qu'il qualifiait lui-même de « foutaise », Colin Powell estime les volumes de stocks chimiques irakiens entre 100 et 500 tonnes et évalue à dix-huit le nombre des laboratoires mobiles. Son rapport ne comporte en fait pas plus d'éléments vérifiables que le faux témoignage d'Adnan Ihsan Saeed al-Haideri, l'homme qui affirmait avoir participé au camouflage à Bagdad d'armes chimiques.

Apparemment sûr de lui, le responsable du programme d'armement irakien propose à la CIA, fin 2002, de dépêcher en Irak des agents afin de guider les inspecteurs de l'ONU et de leur indiquer où chercher ces prétendus dépôts. Ce militaire haut gradé ajoutait : « Après vingt-quatre jours d'inspections qui ont couvert pratiquement tous les sites suspects, les mensonges et les allégations de Washington et de Londres ont été mis en évidence.[1] »

Peu après la fin de la guerre, alors qu'aucune preuve n'est venue conforter les accusations américaines à propos des armes de destruction massive de Saddam Hussein, Paul Wolfowitz

1. Radio France International, 24 décembre 2002.

admet que toute cette mise en scène n'a été qu'un prétexte bureaucratique pour se lancer dans la guerre.

En attendant, la guerre psychologique se poursuit. Outre la course aux armes de destruction massive, Washington encourage également celle aux avoirs irakiens. Celle-ci s'intensifie particulièrement aux États-Unis où la direction des investigations a été confiée au département du Trésor et au département d'État. Dans leurs recherches, ils bénéficient de l'appui de la CIA et, en Europe, de celui du gouvernement de Tony Blair. Cette chasse aux avoirs irakiens suscite des vocations et divers enquêteurs privés se joignent ainsi à l'aventure. Ces avoirs auraient été exfiltrés d'Irak et cachés par le régime de Saddam Hussein dans une myriade de banques ou de sociétés offshore aussi bien disséminées en Asie qu'en Amérique latine. Parmi les détectives amateurs figurent, de façon inattendue, des ONG comme Global Witness ou Indict, toutes deux financées en partie par le Congrès américain.

Indict s'est associée à Genève à la plainte que les Kurdes ont déposée contre les dirigeants irakiens pour crime de guerre et crime contre l'humanité, incluant les crimes de génocide et de torture. Cette plainte est soutenue par la Chambre des communes et le Sénat américain, ce qui permet à Indict de prétendre aux fonds alloués en vertu de l'Iraq Liberation Act voté en décembre 1998 par le Congrès à divers groupes d'opposants irakiens. La même ONG se joindra au groupe de travail qui, dans le cadre de la restauration de la démocratie en Irak, constitue les dossiers sur les crimes contre l'humanité qui y ont été commis du temps de Saddam. En 2001, l'action d'Indict empêchera le ministre des Affaires étrangères irakien Tarek Aziz de voyager en Europe et, à la fin de l'année suivante, favorisera l'expulsion de Suisse du demi-frère de Saddam, Barzan al-Tikriti. Peu à peu, la vaste opération d'influence lancée par les États-Unis prend corps.

En ce début d'année 2003, la tension entre la France et les États-Unis atteint son paroxysme et frise l'animosité. Ce n'est pas encore de la haine, mais cela commence à y ressembler.

La France chantre de la non-intervention

Le 13 janvier 2003, à Washington, Paul Wolfowitz reçoit le conseiller diplomatique de Jacques Chirac, Maurice Gourdault-Montagne. Il le sermonne sèchement, stigmatisant l'attitude française qu'il qualifie d'irresponsable, et l'avertit que, le moment venu, cela se paiera – il songe notamment à l'exclusion de la France du gâteau de la reconstruction de l'Irak[1].

Autre figure influente du néoconservatisme, qui a compté autrefois de nombreux disciples dans les réseaux anticommunistes français, Michael Ledeen s'indigne bruyamment. Il s'interroge : pourquoi le gouvernement français s'emploie-t-il à « saboter les intérêts militaires américains en temps de guerre d'une manière calculée dans le but de faire perdre des vies américaines[2] » ? Face à ces assauts de rhétorique, impavide, Jacques Chirac ne se laisse pas impressionner. Non seulement il ne dévie pas mais il incite son ministre des Affaires étrangères, Dominique de Villepin, à contre-attaquer. Ce que fait ce dernier à l'occasion d'une réunion sur le terrorisme qui se déroule à New York, au siège de l'ONU. Il prévient les États-Unis que la France n'hésitera pas, si elle le juge nécessaire, à user de son droit de veto sur la question irakienne[3]. Chacun campe sur sa position.

Donald Rumsfeld martèle à nouveau le thème de l'irresponsabilité lors de la 39e Conférence internationale sur la politique de sécurité en Europe, à Munich, les 8 et 9 février 2003. Quelques jours plus tard, le 14 février 2003, Dominique de Villepin lui réplique. Devant le conseil de sécurité de l'ONU, il défie la superpuissance américaine dans un discours ferme et lyrique, et fustige le projet de guerre en Irak. La tension croît d'un cran supplémentaire. News Corp., le groupe médias de Rupert

1. *Le Canard enchaîné*, 22 janvier 2003.
2. *Le Monde*, 27 mars 2003.
3. *Le Monde*, 24 janvier 2003.

Murdoch, déclenche une violente campagne contre Jacques Chirac. L'un des fleurons du groupe, le *Sun*, fabrique une édition pirate qu'il diffuse à Paris sur les Champs-Élysées. À la une, la tête de Jacques Chirac couronne un long corps poisseux de gros ver luisant tandis qu'en pages intérieures le journal fait le récit des affaires dans lesquelles est impliqué le chef de l'État.

Tandis qu'enfle sur la place publique une campagne anti-française, en coulisses les États-Unis manœuvrent contre les intérêts industriels français. Sans y parvenir, ils s'efforcent de faire capoter le projet Iter censé reproduire en laboratoire l'énergie du Soleil et d'empêcher qu'il ne s'implante en France. Puis ils mettent à contribution leurs alliés européens. Ils les fédèrent au sein du groupe de Vilnius qui fera allégeance publique à la politique de Washington. Le Premier ministre britannique, Tony Blair, ira remettre en mains propres à George Bush fils l'appel de neuf chefs d'État européens en faveur de la guerre, dont l'Espagnol José María Aznar et l'Italien Sylvio Berlusconi[1]. L'homme qui a manigancé l'opération se nomme Bruce Jackson, le président du Comité pour la libération de l'Irak, par ailleurs lobbyiste favorable à l'élargissement de l'OTAN et membre du New American Century, le cercle qui a concocté le projet de politique étrangère de George Bush fils. Jackson a, logiquement, levé des fonds pour la campagne de Bush en 1999-2000. Idéologue aux convictions affirmées, celui qui a servi comme officier de renseignement dans les forces spéciales en Bosnie et en Serbie lors de la guerre civile est mieux connu en Europe pour ses activités de lobbying en faveur du groupe aéronautique Lockheed Martin dont il est le vice-président. Entreprenant dans les pays de l'Est où il a vendu une flottille de F-16 à la Pologne, avec d'alléchants à-côtés comme on l'a vu, Bruce Jackson ne manque pas non plus d'influence au Portugal où Washington dispose de précieux partisans comme le ministre de la Défense, Paulo Portas. Farouche atlantiste, ce dernier est l'ami du numéro

1. *New York Times*, 31 janvier 2003.

deux de Lockheed Martin mais aussi du vice-président Dick Cheney. Rien d'étonnant donc à ce qu'il se déclare favorable à la guerre d'Irak et qu'il qualifie la position « anti-guerre » du chancelier Gerhard Schröder de « munichoise ».

Le gouvernement portugais affiche une solidarité sans faille avec les États-Unis. Alors que la campagne antifrançaise s'emballe, le Premier ministre José Manuel Barroso annonce, le 20 février 2003, que le Portugal a finalement choisi d'acquérir le Lockheed C-130J (Super Hercules) plutôt que l'Airbus A400M dont le Portugal envisageait d'acheter trois exemplaires. Le constructeur américain lui a fait une offre qu'on ne peut refuser : pour le prix des trois Airbus, Lockheed Martin offre six Super Hercules. Du moins à première vue car, ce que le Portugal économisera d'un côté, il le perdra de l'autre. Il devait en effet participer au consortium d'Airbus A400M et s'occuper du design du fuselage du nouvel appareil.

Alors que les coups bas se multiplient, les faucons de l'administration Bush concentrent leurs attaques sur les dessous des relations économiques franco-irakiennes. Pour Richard Perle, la France ne défend en Irak que ses seuls intérêts économiques et pétroliers. Selon lui, le contrat qui lie Total Fina Elf à l'industrie pétrolière irakienne serait à ce point avantageux pour la compagnie française qu'il porterait atteinte aux intérêts du peuple irakien[1]. Richard Perle choisit curieusement son moment pour jouer les vertueux. Alors qu'il fait une leçon de morale aux Français, le *New York Times* l'accuse de mélanger les genres. Perle a signé un contrat avec Global Crossing, une société de télécommunications qui lui offre 725 000 dollars d'honoraires si le Pentagone – où Perle exerce des responsabilités – revient sur sa décision d'interdire la vente de cette société à un milliardaire de Hong Kong et 125 000 seulement si son travail de persuasion échoue…

Richard Perle persévère. L'homme ne lâche pas facilement sa proie. Dans une interview qu'il accorde au journal *Le Monde*,

1. *The Observer*, 23 février 2003.

une semaine après le début de la guerre, le 27 mars 2003, il qualifie « les connexions de Chirac avec Saddam Hussein » d'« extraordinaires ». Bien qu'imprécise, la formule suggère une forte connivence entre les deux hommes. Pour les bushistes de la Maison-Blanche, en perdant Saddam Hussein la France perdra sa position dominante en Irak. Et en effet, elle aurait beaucoup à perdre de la chute de Saddam. De 1973 à 1989, tout au long de l'époque glorieuse du business franco-irakien, les entreprises françaises ont fait de mirobolantes affaires en Irak. Elles y ont engrangé entre 130 et 150 milliards de francs de commandes[1]. En 1990, la France est le deuxième fournisseur d'armes et de génie civil de Bagdad. Cette bonne entente s'accompagne alors d'un parfum de pots-de-vin que l'on appelle côté irakien « des retours d'épices » et qui, durant de longues années, abonderont dans les caisses de quelques partis politiques. Afin de couronner cette entente cordiale se crée, en avril 1985, l'association des Amitiés franco-irakiennes (AFI), que préside, à ses débuts, l'orientaliste et spécialiste du Maghreb Jacques Berque. Puis, à partir de 1986, le journaliste Gilles Munier[2]. L'homme suit depuis les années 70 les affaires irakiennes et entretient des liens amicaux avec le futur ministre des Affaires étrangères de Saddam Hussein, Tarek Aziz, qu'il a rencontré pour la première fois en 1977. Tarek Aziz est alors patron de presse et ne deviendra que plus tard ministre de l'Information. À la même époque, Gilles Munier fonde l'association Bretagne Coopération Internationale qui fait connaître dans le monde arabe, en particulier en Irak, les produits du terroir et les industriels installés en terre bretonne. Élu député d'Ille-et-Vilaine en 1978, Alain Madelin, par exemple, accompagnera Gilles Munier à Bagdad pour y faire la promotion des entreprises agroalimentaires bretonnes.

1. *Libération*, 28 mars 1994.

2. Sur les à-côtés de la politique arabe de la France, voir Louis Terrenoire, *De Gaulle, Israël et les Palestiniens*, Éditions du Témoignage Chrétien, 1989.

Gilles Munier a ainsi effectué, de 1974 à 2003, 150 voyages en Irak. Le 6 octobre 1991, il organise la première mission commerciale et, trois ans plus tard, il crée l'Association franco-irakienne de coopération économique, l'Afice. Dans cette tâche l'épaule un autre vétéran du lobby pro-arabe, Michel Grimard. Démocrate-chrétien dans sa jeunesse, ce dernier évolue dans la mouvance des gaullistes de gauche et se trouve affecté au sein du lobby à la Libye et aux mouvements palestiniens. Au début des années 70, Michel Grimard dispose de ses propres bureaux à Tripoli où il réside la moitié de l'année[1]. Proche des mouvements des jeunes baassistes, lui aussi ami de Tarek Aziz, il milite aux côtés de Munier pour la levée de l'embargo qui frappe le pays depuis la fin de la première guerre du Golfe. L'un et l'autre s'activent alors en faveur de l'Irak de Saddam Hussein. Durant des années, ils multiplient les opérations de lobbying du type de celle organisée en mars 1994 par le Mouvement chrétien Ve République fondé par Michel Grimard. Ce dernier a invité une délégation parlementaire irakienne en visite à Paris à partager un dîner auquel il a convié, pour discuter de la situation en Irak, une cinquantaine de personnes : des diplomates, des hommes politiques plutôt proches du RPR, des « nostalgiques de la politique pro-arabe de la France ». Assistent également au dîner al-Azaoui, le représentant de la Section des intérêts irakiens à Paris (créée à la demande d'Alain Juppé, alors ministre des Affaires étrangères, et chargée de maintenir les relations commerciales entre les deux pays), et Roselyne Bachelot, présidente depuis avril 1993 du groupe parlementaire France-Irak. Ce soir-là, la députée paraît très en verve. Presque virulente, elle s'exprime longuement dans un discours qui ne manque pas de fermeté. Saddam, dit-elle, est « tombé dans un guet-apens » en envahissant le Koweït. Selon elle, « la première guerre du Golfe a été une des plus belles opérations de désinformation du monde moderne ». Puis elle s'appesantit sur les effets dévastateurs de la guerre

1. Entretien avec l'auteur, 20 mai 2010.

qu'elle a elle-même constatés lors de son voyage à Bagdad en décembre 1993. Les Américains ont détruit systématiquement le potentiel civil de l'Irak, dit-elle, et du fait de l'embargo ont réapparu des maladies autrefois éradiquées. Puis elle plaide pour l'ouverture d'une section équivalente des intérêts français à Bagdad placée, elle, sous drapeau roumain et pour le dégel des avoirs irakiens détenus dans des banques françaises qui pourraient être destinés à l'achat de denrées alimentaires et pharmaceutiques. Elle réclame également l'accréditation en France de journalistes de la NINA, la National Iraqi News Agency, et enfin prétend que la punition endurée par l'Irak est plus sévère que celle infligée autrefois à l'Allemagne nazie[1].

Au fil des mois, ces activités de lobbying produisent leurs effets, comme l'illustrent divers télégrammes adressés à Bagdad par le représentant irakien en France, l'ambassadeur Ghazi Fayçal Hussain. Le 12 avril 2000, il écrit à son ministère de tutelle : « Nous nous sommes réunis avec le député au parlement Madame Roselyne Bachelot qui devra effectuer une visite de solidarité et d'information en Irak, après les prochaines vacances d'été [...]. Nous vous informons que le nouveau président de l'Assemblée nationale française, Monsieur Raymond Forni (du Parti socialiste) est considéré comme un ami de l'Irak et s'oppose à l'embargo selon l'avis de Madame Roselyne Bachelot. »[2] Parmi d'autres « retombées », Tarek Aziz est reçu à Matignon par le Premier ministre Alain Juppé et, en avril 1996, le général irakien Amer al-Saadi, interlocuteur de l'Unscom, la commission spéciale des Nations unies chargée de veiller au démantèlement des armes de destruction massive irakiennes, est accueilli lors d'une escale à Paris par Jean-Bernard Raimond, ex-ministre des

1. Propos rapportés dans la *Lettre du Mouvement chrétien Ve République*, n° 7, février-mars-avril 1994.

2. Cité dans l'ordonnance de renvoi du juge Courroye, p. 42, document en possession de l'auteur. (Le nom de l'ambassadeur y est orthographié « Gazi Faissal Hassan ».)

Affaires étrangères, que la commission des Affaires étrangères de l'Assemblée a mandaté pour effectuer une mission en Irak. Au même moment, deux délégations françaises se rendent à Bagdad où les reçoit le ministre de l'Industrie et des Minéraux : l'une du CNPF, le patronat français, l'autre d'Alcatel-Alsthom – Alcatel avait installé avant la première guerre du Golfe une partie du réseau téléphonique irakien. En mai 1998, Tarek Aziz est accueilli en grande pompe à Paris et au plus haut niveau de l'État. Le sénateur Jean-Paul Delevoye lui remet à cette occasion la médaille de l'Association des maires de France qu'il préside, peu avant que l'émissaire irakien ne dîne à l'invitation de Roselyne Bachelot avec le groupe d'amitiés France-Irak.

Le 18 janvier 1999, Michel Grimard reçoit à Paris l'ancien coordinateur humanitaire des Nations unies pour l'Irak de 1997 à 1998, Denis Halliday. Ce haut fonctionnaire irlandais regrette que l'argent du pétrole irakien, plutôt qu'à alléger les souffrances des populations irakiennes, serve à rembourser des dettes liées à l'invasion du Koweït. Le 3 avril 1991, l'ONU a créé une commission d'indemnisation composée des quinze membres du conseil de sécurité. En février 2003, celle-ci a déjà validé 43 milliards de dollars de dommages, tous liés à la guerre du Golfe de 1991, dont un tiers seulement a été versé à cette date. La commission a indemnisé deux millions de personnes dont des travailleurs d'origine palestinienne, égyptienne ou encore pakistanaise, leur accordant par tête un minimum de 2500 dollars. Un grand collectionneur a reçu 20 millions de dollars d'indemnisation, des sociétés suisses 334 millions de dollars. Les hôtels de la ville d'Eilat situés en Israël, qui n'ont pas été bombardés mais qui ont toutefois pâti des menaces irakiennes, ont également perçu des indemnités. L'Arabie saoudite a réclamé des milliards de dollars pour dépolluer ses plages tandis que la Koweit Petroleum Corp. a obtenu 15,9 milliards de dollars.

Le lobbying politique auquel se livrent Michel Grimard et Gilles Munier s'apparente le plus souvent à de l'agit-prop. Il coexiste avec un autre lobbying, celui-ci davantage axé sur le business et bien plus obscur. Il s'organise discrètement depuis la première guerre du Golfe autour de l'Association pour le développement des relations arabo-françaises (Adraf), et du Fondo Sociale di Cooperazione Europea (FSCE) tous deux liés à Ahmed alias « Charly » Chaker qui a créé la première et racheté le second.

Fils d'un père marocain et d'une mère yéménite, ancien marchand de fripes et ex-président du Brest Armorique Football Club, Chaker est devenu l'une des têtes de pont du commerce entre la France et l'Irak où lui-même entretient d'excellentes relations avec les décideurs locaux. Chaker est également un interlocuteur privilégié des dirigeants de l'Organisation de libération de la Palestine (OLP). La banque d'affaires Paribas, qui espérait au début des années 90 obtenir les contrats du futur État palestinien de la bande de Gaza, a mis à sa disposition une carte de crédit destinée à régler diverses dépenses, comme par exemple les emplettes qu'effectue l'épouse de Yasser Arafat lors de ses passages à Paris ou les salaires des permanents de l'OLP. Elle met aussi à sa disposition des fonds plus conséquents qui lui permettent d'acquérir trois appartements à Paris qui seront attribués à des dirigeants de l'OLP. Pour le reste, Chaker utilisait sa banque, le FSCE, pour payer l'acheminement de médicaments et de pompes alimentaires (nécessaires au transvasement des liquides comestibles) en Irak. Tout se traitant à Aman en Jordanie, en liquide et sans factures[1].

Le démantèlement de tous ces réseaux d'affaires français constitue donc un objectif des faucons de l'administration Bush. Le pardon n'est pas à l'ordre du jour. Ils n'ont pas digéré que

1. Déclaration faite par Charly Chaker lors de son procès en décembre 2003. Son avocat Jehan-Luc Cardona, à propos des liens de Chaker avec l'Irak, dira à la dernière audience : « Il s'agissait aussi de faire du renseignement, à une époque où Saddam Hussein était fréquentable. Charly Chaker a été lâché par les services français, mais plus tard. » (Voir *Libération*, 17 décembre 2003. Pour les liens entre Chaker et l'OLP, entretien de l'auteur avec Gilles Munier, 29 septembre 2010.)

la France ait pris la tête de la faction anti-guerre, allant jusqu'à brandir devant le conseil de sécurité de l'ONU la menace d'un veto. Impardonnable. Richard Perle avait publiquement juré que Chirac paierait sa félonie. Les Américains vont tenir parole en exploitant une masse de documents providentiels...

La liste *Al-Madha* ou la vengeance des néoconservateurs

Depuis l'invasion de l'Irak, Bagdad grouille d'agents secrets américains dont certains ont reçu pour mission de s'emparer de la documentation de leurs homologues irakiens, ce qu'ils vont faire sans attendre. De cette masse de papiers, quelques centaines seront publiés dans une volumineuse étude consacrée aux activités des services irakiens et rendue publique par l'administration Bush.

Les services de renseignement américains s'emparent également des archives de la SOMO, le ministère du Pétrole irakien, placé après l'invasion sous bonne garde, et ils vont soigneusement les examiner. Certains documents valent en effet de l'or – comme ceux qui signalent l'emplacement de gisements de pétrole susceptibles d'être encore exploités. Ainsi découvre-t-on qu'il existe, au cœur de Bagdad même, un gisement fabuleux ! Les services de renseignement américains emporteront ou détruiront également les archives du cadastre et de l'état civil irakiens.

Parmi les papiers saisis par les Américains au ministère des Affaires étrangères irakien, quelques-uns se retrouvent rapidement dans les colonnes de certains journaux de la coalition. Le *Daily Telegraph* écrit le 28 avril 2003 : « La France était en contact avec les services de renseignement irakiens », et accuse Paris d'avoir informé Bagdad des discussions que la France avait avec les États-Unis. La ministre de la Défense, Michèle Alliot-Marie, réfute aussitôt ces accusations qu'elle qualifie d'infondées et de diffamatoires[1]. Mais il ne s'agit là en fait que d'un hors-d'œuvre,

1. *Sunday Times*, 27 avril 2003.

le plat de résistance mijote encore sur le feu. Il n'apparaît que plus tard sous la forme d'une longue liste de personnalités et d'entités ayant bénéficié des faveurs de Saddam Hussein. Reconstituée à partir de documents épars récupérés au ministère du Pétrole, cette liste comporte 275 noms de sociétés et de personnalités arabes et occidentales soupçonnées d'avoir contourné l'embargo sur le pétrole irakien.

La liste paraît en décembre 2003 dans le journal *Al-Madha* fondé quelques mois plus tôt avec l'appui du milliardaire américain George Soros[1]. Le journal appartient à Fakhri Karim, un ancien membre du bureau politique du Parti communiste irakien auquel il a adhéré en 1959. D'origine indienne ou plus exactement du Cachemire, Fakhri Karim se présente comme un Kurde irakien. Après plusieurs brouilles avec ses camarades de parti qui l'accusent d'être en contact avec les services secrets syriens, Fakhri Karim crée lors de la première guerre du Golfe *La Voix internationale du Koweït*, organe de presse pro-américain qui s'illustre dans l'affaire des incubateurs prétendument débranchés dans une pouponnière sur ordre des Irakiens[2]. Une opération de désinformation qui à l'époque a fait le tour du monde.

La publication de cette liste, qu'on baptise « liste *Al-Madha* », suscite une vive curiosité. Tout d'abord dans le cercle des correspondants de la presse internationale qui se ruent au journal flanqués de leurs gardes du corps, leurs *fixers* et leurs photographes. Tous ou presque répètent avec insistance la même phrase : « Pouvez-vous nous montrer la liste originale ? » La plupart, méfiance naturelle du bon journaliste, croient alors qu'il s'agit d'un faux. Moins regardante, la chaîne d'info Fox News qui

1. Voir p. 262, « Les ONG américaines sur le front afghan ».

2. Cette histoire avait été mise en scène dans les médias par la directrice de l'agence de communication Hill & Knowlton, Victoria Clarke. En 2001, elle est nommée par George Bush fils adjointe au secrétaire d'État à la Défense pour les affaires politiques, avant de rejoindre CNN en 2003, puis ABC en 2007.

a préparé les esprits à la guerre d'Irak se retrouve spontanément en pointe sur l'affaire. Son propriétaire, Rupert Murdoch, est celui qui a fait diffuser les éditions pirates du *Sun* anti-Chirac en plein Paris.

Fakhri Karim se réjouit d'un tel succès. Fier de son scoop, il demande, goguenard, à un diplomate français qu'il croise si les noms des Français (dont celui d'un ancien ministre de l'Intérieur) qui figurent sur la liste l'ont surpris. Apparemment, non. Au contraire, l'homme se serait étonné de ne pas y avoir trouvé des noms de Français dont il sait qu'ils ont touché des pots-de-vin. Pour l'heure, la liste ne suscite pas plus d'engouement. Son succès ne déborde pas le cadre irakien. Nul ne tient à faire la promotion d'une de ces intox dont la Maison-Blanche semble s'être fait une spécialité.

Quelques semaines s'écoulent, puis Fakhri Karim reçoit un appel de l'ambassade américaine à Bagdad. Celle-ci l'informe qu'une délégation de membres du Congrès veut s'entretenir de la liste avec la direction du journal. Les parlementaires désiraient en savoir davantage sur cette histoire de « coupons de pétrole » plus connue sous l'appellation de détournement du programme « Pétrole contre nourriture » (« Oil for Food Program ») ainsi que sur d'éventuelles affaires de corruption mettant en cause des soldats américains. La direction d'*Al-Madha* accepte mais exige que la rencontre ait lieu au journal et non dans la zone verte, entièrement placée sous contrôle américain. Les gens d'*Al-Madha* préféreraient rester discrets et éviter de se compromettre publiquement. Le lendemain, deux mercenaires de la société Blackwater déboulent dans le hall du journal, la mine patibulaire, lunettes noires, fusil-mitrailleur à la hanche, casque et microphone sur la bouche. Sans se présenter ni prononcer la moindre parole, ils commencent la fouille du bâtiment. Ils explorent durant une vingtaine de minutes tous les recoins du journal, communiquant par radio avec l'extérieur dans un langage codé avant de s'éclipser, toujours avares du moindre mot. Deux jours plus tard, l'ambassade rappelle le journal. Les agents de Blackwater ont fait leur rapport. Le journal n'offre apparemment pas les conditions de sécurité suffisantes. Quatre membres d'*Al-Madha* flanqués d'Ahmed Chalabi rencontreront finalement les parlementaires dans la zone verte[1].

La liste revient alors subrepticement sur le devant de la scène. Cette fois, l'affaire va prendre des allures de scandale. Visiblement, en haut lieu, certains semblent avoir décidé d'en faire une machine de guerre.

Le document transite tout d'abord par l'homme d'affaires Claude Hankes-Drielsma, du cabinet allemand Roland Berger Strategy Consultants – spécialiste des relations publiques, Hankes est un ami d'Ahmed Chalabi qui travaille pour le Conseil provisoire, issu du Congrès national irakien. Puis il est mis en ligne par l'Institut de recherche des médias pour le Proche-Orient, le MEMRI, fondé en 1998 par Ygal Carmon et Meyrav Wurmser. Basé à Washington, l'institut dispose de nombreux bureaux à l'étranger et se consacre exclusivement à la lutte contre le terrorisme islamique. Il affirme soutenir « toutes les branches des forces armées américaines ou étrangères dont plus de deux cents unités impliquées dans la guerre au terrorisme[2] ». Son directoire compte de nombreux experts en la matière tels que Oliver « Buck » Revell, ancien responsable des programmes antiterroristes du FBI, ou Elliott Abrams, ancien conseiller du président George Bush, spécialiste des affaires d'Afrique du Nord et du Proche-Orient. L'institut, dont le fondateur Ygal Carmon est lui-même l'ancien conseiller pour la lutte antiterroriste de deux anciens Premiers ministres israéliens (Yitzhak Rabin et Yitzhak Shamir), bénéficie d'un patronage prestigieux : James Woolsey, ex-chef de la CIA, Ehud Barak, ex-Premier ministre israélien, Norman Podhoretz,

1. Voir Zuhair al-Jezairy, *The Devil You Don't Know : Going Back to Iraq*, traduit de l'arabe en anglais par John West, Londres-San Francisco-Beyrouth, Saqi Books, 2010.
2. Voir le site web du MEMRI (www.memri.org/content/en/about.htm).

tête pensante des intellectuels néoconservateurs, Paul Bremer, ancien ambassadeur et responsable de la reconstruction en Irak, Edgar Bronfman, ancien président du Congrès juif mondial, ou encore le général Hayden, ex-chef de la NSA et de la CIA. Le MEMRI est par ailleurs soutenu par le Hudson Institute (le *think tank* concurrent de la puissante Rand Corp., très influent sous l'ère Reagan), où Meyrav Wurmser (cofondatrice de l'Institut de recherche) côtoie Richard Perle, décidément incontournable. Sur le plan financier, l'Institut MEMRI, qui refuse toute aide gouvernementale, ne manque pas de bienfaiteurs. Il bénéficie de la générosité de dizaines de fondations et de donateurs privés[1].

C'est donc le MEMRI, lié aux milieux du renseignement et des néoconservateurs de la Maison-Blanche, qui donne un rayonnement international à la liste que publie en France le site Proche-Orient Info. Les sociétés et les personnalités qui y figurent sont suspectées d'avoir violé l'embargo et enfreint la résolution 986 du conseil de sécurité, dite « Pétrole contre nourriture » et votée en 1995 face au risque d'aggravation de la situation humanitaire et sanitaire en Irak. Cette résolution fixe le cadre officiel et réglementé qui autorise à commercer avec l'Irak en dépit de l'embargo. Pour chapeauter le système, l'ONU a créé, en octobre 1997, le Bureau du programme irakien[2] et l'OIOS (United Nations Office of Internal Oversight Services) qui chapeaute l'ensemble du système – lequel semble donc étroitement contrôlé et surveillé.

Côté français, un compte bloqué d'abord ouvert à la BNP de

1. Media Transparency cite parmi les fondations les plus généreuses la Lynde & Harry Bradley, la fondation Randolph ou encore la fondation John M. Olin. (MEMRI Media Transparency Profile, 7 octobre 2007.) En août 2011, le MEMRI a reçu une bourse de 200 000 dollars du Bureau international pour la liberté religieuse qui relève du département d'État. Sur le MEMRI, voir « Selective Memri », *The Guardian*, 12 août 2002, et « Désinformation à l'israélienne », *Le Monde diplomatique*, septembre 2005.

2. Benon V. Sevan en est le directeur exécutif, jusqu'à la clôture du programme en 2003.

Paris encaissait les recettes de la vente de produits pétroliers qui servaient ensuite à l'achat de biens alimentaires et de médicaments. Avec l'accord de l'Irak, le compte migrera à l'agence de la BNP de New York. Une fois le contrat d'importation approuvé et les marchandises livrées à l'Irak, la Banque centrale irakienne demandait à la BNP de régler le fournisseur[1].

La liste *Al-Madha* révèle en fait l'existence de deux types d'allocataires de barils de pétrole brut irakien : les *regular requests* et les *special requests*. D'après les archives de la SOMO, ces derniers étaient des « personnes physiques » recevant une commission lors de la revente de produits pétroliers, mais qui ne pouvaient obtenir une allocation de pétrole qu'à la condition expresse d'être associées à une société privée. Elles ne pouvaient donc se la faire attribuer à titre personnel. La liste *Al-Madha* comporte ainsi un certain nombre de noms de « personnes physiques » dont une majorité de Russes mais aussi des Syriens, des Jordaniens, des Libanais ainsi que onze Français. Tous ces noms apparaissent adossés à des sociétés privées, ce qui donne la liste suivante :

– Patrick Maugein (homme d'affaires lié à Jacques Chirac) – Trafigura Beheer BV ;

– Gilles Munier ou l'AFI (Amitiés franco-irakiennes) – Aredio ;

– Serge Boidevaix (ancien président de la chambre de commerce franco-irakienne) – Vitol ;

– Bernard Guillet (conseiller diplomatique de Charles Pasqua) – Aredio ;

– Claude Kaspereit (élu parisien) – European oil Trading Company ;

– Jean-Bernard Mérimée (diplomate) – Aredio et Fenar Petroleum ;

– Charles Pasqua – Addax SARL et Petroline FZC (agréée par les Émirats arabes unis) ;

1. Selon les réquisitions du parquet de Paris, p. 22, document en possession de l'auteur.

– Michel Grimard – Addax SARL et Petroline FZC ;
– Di Souza et le Di Souza Group ;
– Jean-Paul Cayre – Ibex (dont il était le dirigeant) puis Jordan Grain Company Ltd[1].

Tous sont suspectés d'avoir participé à un détournement de l'embargo imposé à l'Irak depuis la première guerre du Golfe et d'avoir par là même violé les règles du programme « Pétrole contre nourriture ».

Sous la pression des Américains, le conseil de sécurité de l'ONU décide d'instituer une commission d'enquête dont elle confie la responsabilité à l'ancien directeur de la Réserve fédérale américaine, Paul Volcker. La commission commence ses travaux en avril 2004. La France semble tout particulièrement dans le collimateur.

Les zones d'ombre de l'enquête de l'ONU

Afin d'interroger la dizaine de Français qui figure sur la liste, l'équipe de Volcker se déplace à Paris où elle dispose pour la circonstance de bureaux sur les Champs-Élysées. Bien qu'ils aient la possibilité de refuser, la plupart acceptent néanmoins de se soumettre à ses interrogatoires. Michel Grimard accueille ainsi deux enquêteurs et une traductrice de la commission Volcker qui l'auditionnent à la bonne franquette, au Café de France, dans le XIIIe arrondissement. Se considérant comme un militant, il assume son engagement et revendique ses liens avec l'Irak qu'il qualifie d'anciens et de transparents. Il narre même dans quelles circonstances cette aide financière lui a été proposée et pourquoi il l'a acceptée.

En 1996, lors du vote de la résolution « Pétrole contre nourriture », Michel Grimard se trouve à Bagdad avec son vieil ami

1. Liste extraite des réquisitions du parquet de Paris dans l'affaire dite « Pétrole contre nourriture », p. 23-24.

Tarek Aziz qui lui demande s'il peut intensifier sa campagne contre l'embargo. Les deux hommes se parlent sans détour. Grimard répond donc avec franchise : « Financièrement, je ne peux pas. [1] » Tarek Aziz lui explique alors le système des allocations et lui suggère de trouver une société avec laquelle s'associer pour en bénéficier. Grimard promet de se renseigner. Un de ses amis lui conseille alors la société Addax, une compagnie canadienne rachetée en août 2009 par le chinois Sinopec. Grimard s'associe donc avec ce courtier en pétrole basé à Genève, signe un contrat avec la SOMO et commence à acheter du pétrole. Les transactions s'effectuent par l'intermédiaire du comité des sanctions, établi par l'ONU qui fixe elle-même le prix du pétrole. Comme le stipule le contrat, Addax reverse à Grimard et à son association 300 dollars par baril. Toutefois, afin que cette somme n'apparaisse pas sur ses comptes personnels, Michel Grimard crée une société en Suisse où Addax dépose les fonds, qui serviront ensuite à régler les dépenses occasionnées par les activités du Mouvement chrétien Vᵉ République. En tout et pour tout, Grimard recevra 60 000 euros en espèces entre 1997 et 2002.

Gilles Munier se soumet lui aussi à l'interrogatoire de la commission. Deux enquêteurs de l'équipe de Volcker, un Américain et un Iranien, le reçoivent dans leurs petits bureaux parisiens. Lui non plus ne nie pas avoir perçu de l'argent pour promouvoir les relations de l'Irak avec la France, mais il réfute les accusations de détournement, il les rejette encore à l'automne 2010 : « Il s'agissait de transactions officielles. Tout était contrôlé de bout en bout par l'ONU. Il fallait transmettre un dossier au ministère des Affaires étrangères français qui le transmettait ensuite à l'ONU afin qu'elle appose son visa. Le prix était fixé par l'ONU et les États-Unis, et l'argent déposé et placé sous séquestre sur un compte bancaire de la BNP. Les commissions [dont ont bénéficié les Amitiés franco-irakiennes de Gilles Munier] n'étaient prélevées que sur les bénéfices réalisés par les sociétés

1. Entretien avec l'auteur.

retenues. En 1999, les cours du pétrole ont changé et les Irakiens ont décidé de majorer de 10 % les contrats qu'ils signaient avec les sociétés étrangères qui achetaient leur pétrole. Ce système de surtaxes ou des "surcharges" liées aux transactions payées par les compagnies pétrolières est mis en place à partir du 9 juin 2000 et appliqué jusqu'au 4 décembre 2002. Cet argent-là ne concerne donc pas le programme "Pétrole contre nourriture", il ne finissait pas sur le compte de la BNP mais était déposé cette fois sur des comptes irakiens ouverts en Jordanie ou au Liban. C'était quasi officiel ou du moins un secret de Polichinelle. Les services français n'ignoraient rien de tout ce qui se passait en Irak où les entreprises nationales qui y commerçaient rendaient compte à la DST. L'atteinte à l'embargo et l'interdiction de commercer avec l'Irak, enfreignant l'interdiction internationale, ne porte en réalité que sur ces 10 % ponctionnés par l'État irakien et non sur le programme "Pétrole contre nourriture" qui, lui, avait l'aval de l'ONU et donc celui des États-Unis.[1] »

L'enquête de l'ONU a établi que les sommes versées indûment et provenant de la majoration de 10 % dont parle Gilles Munier s'élevaient à 228 millions de dollars. Déposées sur un compte de la Banque nationale de Jordanie aux noms de Saddam Zeben Hassan, directeur exécutif de la SOMO et cousin de Saddam Hussein, et de Walid Ahmed, elles ont enrichi une poignée de parents du dictateur irakien, de fidèles du régime et de hauts fonctionnaires. Rien à voir, semble-t-il, avec les lobbyistes de la liste *Al-Madha* et ses *special requests*.

La commission ne paraît pour autant pas convaincue que le système des *special requests* soit si légitime et bien légal. En conséquence, elle réserve un sort particulier à Charles Pasqua, ce gros gibier dont le nom jaillit au milieu de la liste. L'enquêteur en chef, Charles Duelfer, le met publiquement en cause en octobre 2004. Les accusations des enquêteurs de l'ONU reposent sur quelques documents dont une note manuscrite adressée à

1. Entretien avec l'auteur.

l'adjoint de Tarek Aziz[1]. Signée par Saddam Zeben Hassan, directeur de la SOMO, elle porte l'indication « À / S personnalité française ». On y lit : « Le président leader a approuvé l'allocation de trois millions de barils à la personnalité française (Charles Pasqua). La personnalité française Bernard Guillet nous a rencontrés ce matin de la part de Charles Pasqua et a indiqué d'envoyer le contrat pétrole à Genmar, la société suisse qu'il a choisie, afin de le signer. Quand on lui rappelle qu'il est essentiel de choisir une société française afin que la quantité soit allouée à une personnalité française, [Bernard Guillet] dit que cela était impossible pour des raisons politiques et qu'il a expliqué la situation à Tarek Aziz. Nous avons demandé à Bernard Guillet de nous fournir une lettre dans laquelle Pasqua autorisait la société Genmar à recevoir la quantité de pétrole. Il a refusé et expliqué qu'il craignait les scandales politiques. Il est utile de mentionner que Elias Firzli et Hamida Na'ana[2] ont choisi eux aussi la société suisse Genmar pour signer les contrats relatifs aux quantités qui leur étaient allouées, et que Bernard Guillet avait lui aussi choisi, dans un fax envoyé qui indique que le représentant de Genmar ne pouvait se rendre à Bagdad pour signer le contrat. »

Les enquêteurs citent un autre document qui atteste : « Monsieur

1. Traduite de l'arabe en anglais, nous l'avons retraduite en français de la façon la plus littérale possible.

2. Ces deux personnes sont citées dans le cadre du réseau. Directrice et correspondante en France du mensuel tunisien *Al-Wifak Al-Arabi*, Hamida Na'ana a rejoint l'OLP en 1968. Attachée culturelle auprès de la délégation permanente irakienne à l'Unesco, puis attachée de presse à l'ambassade du Yémen du Nord de 1979 à 1981, elle travaille comme traductrice à la Banque arabe internationale d'investissement. Elle a reçu 285 000 dollars de la société Vitol, déposés sur son compte à l'Arab Bank de Genève, pour un travail de lobbying en faveur de la levée de l'embargo. Elle a connu au début des années 90 Elias Firzli, alors conseiller de Total en Irak (p. 77 des réquisitions du parquet) et, à partir de 1996, celui d'ELF en Irak et au Moyen-Orient en général. Elias Firzli est décédé en juillet 2008.

Bernard Guillet est le conseiller diplomatique et politique de Charles Pasqua, politicien français et ancien ministre de l'Intérieur [et] représente M. Pasqua pour la réception de l'allocation de pétrole. » Or l'ex-ministre conteste cette affirmation[1]. Il n'accorde d'ailleurs aucun crédit aux documents transmis au juge Courroye chargé d'enquêter sur un éventuel détournement de l'embargo. Au cours de l'instruction, l'ancien ministre réfute leur authenticité : « Ce que vous me présentez là comme des éléments de preuve n'a, à mes yeux, aucune valeur. Laissez-moi rire ! Tout cela provient des archives saisies par la CIA dont on peut penser ce que l'on veut, je ne veux plus répondre sur ces documents. Tout cela ne vaut rien. »[2] Charles Pasqua ajoute qu'il refuse d'être considéré comme un membre agissant du lobby pro-irakien. Il n'a rien à voir dans cette affaire, affirme-t-il, et aucun document ne prouve qu'il a reçu le moindre baril de pétrole. Dans ses réquisitions, le parquet accorde en effet le bénéfice du doute.

La commission d'enquête s'intéresse également aux indélicatesses qu'auraient commises certains responsables de l'ONU dans la gestion du programme « Pétrole contre nourriture ». Benon Sevan[3], sous-secrétaire général et directeur du programme, aurait touché en liquide 150 000 dollars en tant qu'intermédiaire pour la société AMEP (African Middle East Petroleum), contrôlée par deux proches de l'ancien directeur de l'ONU, Boutros Ghali et Alexander Yakovlev. De nationalité russe et un des responsables des marchés publics de l'ONU, ce dernier aurait perçu une commission occulte d'un million de dollars.

Le pétrole irakien a visiblement suscité bien des convoitises. La commission Volcker n'est d'ailleurs pas au bout de ses surprises. Son enquête l'a conduite aux portes du Pentagone, soupçonné à son tour d'être impliqué dans une violation caractérisée de

1. Ordonnance de renvoi du juge Courroye, p. 65 *sq.*, document en possession de l'auteur.

2. Réquisitions du parquet, p. 54.

3. Ordonnance de renvoi, p. 11.

l'embargo. Mais les investigations tournent court. Le département de la Défense américain refuse de s'expliquer, l'on prie les enquêteurs de ne pas insister. Le Pentagone se dérobe alors qu'il aurait au pire couvert – et au mieux tenu pour négligeable – un marché parallèle de brut irakien où le baril était vendu au prix cassé de 9 dollars au lieu des 24 payés au cours officiel. En tout, 7,7 millions de barils de pétrole ont ainsi frauduleusement quitté l'Irak par le terminal pétrolier de Khor al-Amaya. Évacué par bateaux ou par camions, il a transité par la Jordanie et la Turquie. Les principaux animateurs de cette contrebande, quasi officielle tant elle est ostensible, sont des hommes d'affaires jordaniens, les frères Shaheen. Le *Wall Street Journal* a révélé l'affaire le 21 février 2003, un an avant que ne soit publiée la liste *Al-Madha* et constituée la commission Volcker. Le quotidien relate en détail cette opération de contrebande pétrolière qu'il qualifie d'acte de concurrence déloyale envers les compagnies agréées par le programme onusien, privées ainsi d'un flot de pétrole capté par la société des frères Shaheen. Entre le 18 février et le 9 mars 2003, soit, répétons-le, avant l'invasion de l'Irak, Millenium for Trade of Raw Materials and Minerals Oils a réalisé sept chargements de pétrole en toute impunité, bénéficiant visiblement de la complicité du gouvernement jordanien et de son ministre de l'Énergie. Pour le paiement, la société a effectué ses versements d'avance sur les comptes de la SOMO en Jordanie, soit 53 689 232 dollars transférés ensuite sur le compte de la Banque centrale d'Irak. Ce brut a notamment été revendu à l'Égypte et au Yémen. Au tarif de l'ONU, ces ventes de pétrole auraient rapporté presque quatre fois plus, soit 200 millions de dollars, au compte séquestre. Malgré les révélations du *Wall Street Journal*, les exportations de pétrole de Millenium se sont poursuivies avec la bienveillance de Washington et de Londres. Ce business violait pourtant l'embargo et pénalisait les sociétés travaillant avec l'Irak sous contrôle de l'ONU[1]. Les États-Unis ont agi alors comme une

1. Voir le chapitre IV du rapport de la commission d'enquête indépendante

hyper-puissance n'ayant de comptes à rendre à personne, l'unilatéralisme de Washington est alors à son zénith.

La Francirak démantelée

Peu avant l'invasion de l'Irak, l'un des chefs de file des faucons de la Maison-Blanche, Richard Perle, a préparé les investisseurs américains au festin qui les attendait. Aux hommes d'affaires de Goldman Sachs, il fait miroiter les opportunités de la guerre à venir. Puis, accompagné de l'ancien patron de la CIA, James Woolsey, il fait l'article devant l'American Enterprise Institute. Alors qu'il rameute les indécis, d'autres bénéficient déjà d'un ticket d'entrée sur les futurs marchés irakiens. En mars 2003, le *Wall Street Journal* révèle l'existence d'une enveloppe d'un milliard et demi de dollars de contrats confidentiels réservés à des sociétés privées liées à la Maison-Blanche. Bechtel, Fluor, Louis Berger, Parsons, toutes ces firmes ont contribué, en 1999 et en 2002, pour 1,86 million de dollars au financement du Parti républicain[1]. Leur générosité semble donc avoir été récompensée.

Outre ce carré de privilégiées, les entreprises américaines vont se partager en priorité les contrats de la reconstruction de l'Irak. Les grandes compagnies pétrolières anglo-saxonnes, telles qu'Exxon Mobil et Shell – dont l'ancien directeur général dirige provisoirement l'industrie du pétrole irakienne – font un retour en force.

De son côté, Total mange son pain noir. La compagnie pétrolière française sera la grande perdante des enchères qui se déroulent en décembre 2009 pour l'attribution de sept champs pétrolifères à des compagnies étrangères pour une production de pétrole de 12 millions de barils par jour à l'horizon 2016. Total n'obtient

de l'ONU sur le programme « Pétrole contre nourriture », dit rapport Volcker, p. 215-259.

1. *Wall Street Journal*, 10-17 mars 2003.

que des peccadilles. Elle se fait damer le pion par des compagnies d'origines russe, malaise, chinoise, ainsi que par Exxon Mobil et Shell. Alors que la guerre se profilait, évoquant les « relations extraordinaires » qui liaient la France à l'Irak, Richard Perle l'avait laissé entendre : la compagnie Total devrait bientôt céder son leadership. Désormais, c'est chose faite. Parmi les grandes entreprises françaises, seul le groupe Lafarge a maintenu haut le pavillon français en réalisant, entre 2008 et 2009, 750 millions de dollars d'investissement en Irak.

Paul Wolfowitz, Richard Perle ou encore Dick Cheney l'avaient promis. Ils avaient juré que la France n'obtiendrait au mieux que les miettes des contrats de la reconstruction de l'Irak. En décembre 2002, le numéro deux du Pentagone, Paul Wolfowitz, claironnait même que les sociétés françaises seraient exclues, pour des raisons de « sécurité nationale », des 18,6 milliards de dollars d'appels d'offres.

L'époque où la France tirait les marrons du feu à Bagdad serait bientôt une époque révolue. Quand les faucons promettent de saisir les intérêts français en Irak, ceux-ci sont déjà en fait sur le déclin. De 1996 à 2002, l'Irak a bien signé pour 2,4 milliards d'euros de contrats avec les groupes Alcatel, Renault Trucks ou Peugeot, mais cela ne représente que la moitié des exportations annuelles françaises en Irak avant la première guerre du Golfe de 1991. La France, qui réalisait jusqu'à cette date chaque année 4 milliards de dollars d'exportations vers l'Irak, est restée le premier fournisseur irakien jusqu'en 1999 avant de reculer à la sixième place en 2000 puis de passer en 2001 à la onzième place. Cette année-là, la Jordanie, l'Égypte, la Syrie et les Émirats arabes unis totalisent à eux quatre 40 % du marché irakien. Les Russes, qui ont eux aussi apporté un appui sans faille à Saddam Hussein, représentaient 8 % des importations irakiennes du programme « Pétrole contre nourriture ».

Le recul de la Francirak est si vertigineux que les entreprises françaises n'obtiennent guère que 5 % des contrats de la reconstruction, ce qui évitera à la France d'être associée à la spirale de la corruption qui, en quelques mois d'administration provisoire américaine, a submergé le pays. Washington a visiblement et au moins momentanément mis sous le boisseau son fameux *Foreign Corrupt Practice Act* et entre parenthèses ses grands principes. La croisade pour la démocratie a tourné à l'acte de brigandage – ce qui ressort de façon frappante et spectaculaire d'une série d'affaires impliquant soixante-dix entreprises américaines accusées d'avoir surfacturé leurs prestations au gouvernement américain. Parmi elles, Halliburton, la compagnie pétrolière et de BTP qu'a présidée Dick Cheney de 1995 à 2000 avant qu'il ne devienne le colistier de George Bush fils. Nommé vice-président, il a continué au moins jusqu'en 2003 à percevoir à titre de compensation une rémunération d'un million de dollars d'Halliburton, société qui, sans le moindre appel d'offres, a obtenu le plus important contrat de reconstruction[1].

Un audit de l'inspection générale de la Défense réalisé sur les contrats commerciaux a permis d'estimer à 8,2 milliards de dollars les montants indûment versés à des contractants. Il montre crûment que l'administration ne s'est pas montrée très regardante. Une entreprise américaine a pu se faire verser 320,8 millions de dollars sans fournir le moindre document ou la moindre facture, se contentant de mentionner sur une feuille de papier ces quelques mots : « Paiement de salaires irakiens »[2]. La corruption s'est répandue comme une traînée de poudre en dépit de la mise en place en 2003 d'une commission dite « pour l'intégrité », qui fermera boutique en 2007. Son bilan est confondant : trente-trois ministres ou hauts fonctionnaires

1. Un rapport du comité d'enquête spécial de la Chambre des représentants daté du 21 juillet 2004 détaille également de quelle façon Halliburton a surfacturé à l'armée américaine le carburant qu'elle lui fournissait. Le rapport révèle également qu'Halliburton a réalisé de juteux bénéfices en participant à la logistique de l'armée américaine à hauteur de 5,6 milliards de dollars.

2. *Le Monde*, 18 juin 2008.

irakiens soupçonnés de corruption, des dizaines d'enquêtes interrompues et enterrées par le Premier ministre Maliki et trente et un enquêteurs de la commission assassinés. En 2008, le montant des détournements de fonds publics irakiens s'élevait à 18 milliards de dollars.

Après avoir vaincu Saddam Hussein, les États-Unis mettent en place un réseau de médias qu'ils contrôlent financièrement et dont ils se servent comme relais pour leur propagande. La presse issue de la chute du régime baassiste ne se montre guère favorable aux libérateurs. N'ayant pas accompagné le mouvement d'une « politique rigoureuse de contrôle des médias », comme l'écrit un expert militaire, les autorités américaines constatent avec surprise l'émergence et le développement d'une presse en partie hostile à la coalition[1].

Pour reprendre la main sur l'opinion publique irakienne, le Pentagone utilise des spécialistes des opérations de guerre psychologique. Il exploite le savoir-faire des éléments de la Division des opérations spéciales et des conflits de basse intensité qui conclut en 2003 avec la SAIC (Sciences Application International Corp.) un contrat de 82,3 millions de dollars. L'enjeu : déployer un réseau de communication favorable à la coalition et qui devra impérativement avoir les apparences de l'indépendance et de la neutralité. Ce réseau baptisé l'IMN, l'Iraq Media Network, lance pour commencer un quotidien du matin, *Al-Sabah*, puis le réseau de télévision Al-Iraqiya. Malgré les sommes injectées, l'opération est un échec à la fois politique et financier. Le réseau créé par la SAIC n'obtient qu'une faible part d'audience : 12 %. On a sans doute négligé le fait que 63 % des Irakiens avaient accès à la télévision satellite. La SAIC est remerciée, mais le Pentagone ne s'avoue pas vaincu. En janvier 2004, il fait appel à la société Harris Corp. N'ayant qu'une expérience limitée dans le domaine de la guerre psychologique, celle-ci s'en remet pour les aspects télévisuels à des sociétés arabes, une compagnie

1. *Military Review*, mars-avril 2008.

libanaise et une autre de télécommunications koweïtienne qu'elle utilise comme sous-traitants.

Afin d'éviter un nouveau fiasco, le Pentagone ne lésine pas sur les moyens financiers et s'offre les services d'une firme réputée dans le domaine des relations publiques et de la publicité et spécialisée dans les opérations psychologiques, Lincoln Group. Fondée en 1999, cette agence de communication très particulière emploie 250 collaborateurs répartis aux quatre coins du monde. Elle doit vendre aux Irakiens la nouvelle chaîne de télévision Al-Hurra, destinée à concurrencer Al-Jazeera et à combattre son influence au Moyen-Orient, ainsi qu'une nouvelle radio et un magazine papier au titre bref, *Hi*.

Cette opération n'aura guère plus de succès que la précédente. L'opinion publique irakienne reste allergique aux vues de la coalition qu'une partie de la presse écrite continue de critiquer, tout comme les grandes chaînes de télévision régionales arabophones.

En juillet 2005, le représentant permanent de Washington en Irak, Paul Bremer, affirme que les États-Unis ne cherchent d'aucune façon à limiter la liberté d'expression de la presse. Dans les faits, plusieurs médias sont muselés ou interdits. Plutôt que recourir à une censure grossière et du plus mauvais effet, on fournit aux autres, gratuitement, des articles avec photos. La plupart proviennent de l'agence de communication de l'armée américaine AR-News alimentée en textes par l'ensemble des unités de l'armée opérant sur le sol irakien : chacune compte dans ses rangs un soldat ou un officier assigné à la communication qui écrit et prend des photos [1]. En novembre 2005, le *Los Angeles Times* révèle que l'armée américaine ne se contente pas d'offrir gratuitement ses services. Elle paie des journaux irakiens pour qu'ils publient des papiers favorables à la coalition. Très positifs, ces articles font les louanges de la politique américaine dans la région. Ils fabriquent une fausse opinion qui laisserait croire qu'une majorité d'Irakiens serait favorable à l'occupation

1. *Le Monde*, 15-16 janvier 2006.

américaine et hostile aux insurgés. Cette littérature de propagande provient là encore de Lincoln Group. Sous le nom d'Iraqex, Lincoln Group a perçu en octobre 2004 pour son travail de « relations publiques » 6 millions de dollars.

Lincoln Group fera des émules au ministère britannique des Affaires étrangères. En 2007, ce dernier crée la Research Information and Communication Unit, une unité clandestine chargée d'effectuer le même genre de travail de « relations publiques ». Les experts en communication d'État britanniques s'engagent sur cette nouvelle ligne de front que constituent les médias d'Internet, qu'il s'agisse de sites web ou de forums. Ils y mènent des opérations d'intoxication et de propagande destinées à contrer celles d'al-Qaïda, un travail de persuasion anonyme et clandestin. La nouvelle unité multiplie les « contre-mesures ». Elle fait notamment circuler un dossier contenant des éléments plus ou moins falsifiés attribués à un ancien chef égyptien du Jihad islamique. Dans une lettre fabriquée, ce dernier s'en prenait à Ben Laden en prétendant que le Hamas et le Hezbollah avaient pris leurs distances avec al-Qaïda.

Ces contre-mesures ne servent pas seulement à saper le moral de l'adversaire. Forme clandestine et non officielle de propagande, elles s'adressent aussi aux médias classiques, comme les sites de la BBC qu'elles cherchent à instrumentaliser en leur faisant relayer des opérations de désinformation. Afin de leur donner plus de crédibilité, les services recourent à des plumes connues et respectées. Un éditorialiste du *Spectator* passé au *Sunday Times* sera ainsi accusé par l'ex-agent du MI6 Richard Tomlinson d'avoir été rétribué par son ancien service pour diffuser des informations à caractère propagandiste et manipulées. L'histoire bégaie. Les opérations clandestines et de « propagande noire » qui avaient connu leur heure de gloire pendant la guerre froide font un retour en force[1]. Le budget 2006 du département de la

1. Selon Steven Kosiak du Center for Strategic and Budgetary Assessments, cité dans *Intelligence Online*, 15-28 avril 2005.

Défense américain accorde ainsi une place inégalée depuis 1988 aux *black programs*: 28 milliards de dollars, pour l'essentiel versés à l'armée de l'air, en charge de la plupart des programmes classifiés des satellites de reconnaissance et qui en redistribue comme il se doit une partie à la CIA, la NSA et le NRO, l'Office national de reconnaissance.

Alors qu'une partie de la population irakienne tarde à manifester sa joie d'avoir été libérée, les Américains découvrent avec stupeur que leur vieil ami Chalabi joue double jeu et n'est peut-être qu'une « taupe » iranienne.

Le 20 mai 2004, appuyée par des soldats américains, la police irakienne perquisitionne les bureaux et la maison de l'ancien homme lige des néoconservateurs et ami personnel de Richard Perle. Chalabi est suspecté d'avoir transmis des documents classifiés aux services iraniens. Selon le *New York Times*, il aurait également révélé « au chef de la station du renseignement et sécurité militaire iranien en poste à Bagdad que les États-Unis pouvaient lire le trafic des communications de son service d'espionnage, considéré comme un des plus sophistiqués du Moyen-Orient ». Le chef de poste aurait expédié à Téhéran un câble relatant cet entretien, ce qui aurait permis aux services américains d'avoir connaissance de la trahison de Chalabi[1]. À défaut d'avoir installé en Irak une démocratie irréprochable, les Américains semblent y avoir favorisé le développement de l'influence iranienne. Selon les Moudjahidines du Peuple qui informent les services américains sur l'Iran, le Hezbollah libanais pro-iranien disposerait même, en Irak, de huit cents agents opérationnels, dont des équipes de tueurs aguerris. En octobre 2003, le Mossad avait déjà fait savoir que le Hezbollah préparait en Irak des attentats meurtriers. Selon l'Iraq Survey Group, chargé après l'invasion de dénicher les armes de destruction massive de Saddam Hussein, l'Iran formerait des petits

1. *New York Times*, 2 juin 2004.

groupes de combattants pour mener des attaques dans la plupart des villes d'Irak. Afin de motiver leur ardeur, diverses primes leur seraient distribuées : 2 000 dollars pour un hélicoptère abattu, 1 000 pour un tank détruit et 500 pour un soldat de la coalition tué. Pour fêter le deuxième anniversaire du 11-Septembre, les services iraniens avaient même envisagé un attentat contre Paul Bremer, téléguidant un commando du groupe terroriste Ansar al-Islam[1].

Les néoconservateurs ont au moins atteint leur but en ce qui concerne l'appropriation des richesses pétrolières irakiennes, avec comme conséquence la remise en cause des intérêts français.

La France et la reconstruction de l'Irak

Face au démantèlement de la Francirak, Nicolas Sarkozy et son ancien conseiller diplomatique au ministère de l'Intérieur, Boris Boillon, qu'il a nommé ambassadeur à Bagdad, font flèche de tout bois. Ils croient pouvoir s'appuyer sur un Irakien, Adel Abdel-Mahdi et en faire leur homme lige. Cependant, les éléments épars de sa biographie suscitent la perplexité.

Abdel-Mahdi a laissé derrière lui quelques notes des services secrets français qui se sont intéressés à sa personne dès qu'il a mis les pieds en France à la fin des années 60. Ancien élève du Collège des jésuites à Bagdad, emprisonné pour ses opinions nationalistes, Adel Abdel-Mahdi retrouve la liberté lors du renversement du président Kassem et de « la Révolution baasiste » de février 1963. Élu vice-président de l'Union nationale des étudiants irakiens, il rallie le nouveau régime avec lequel il se brouille en 1969. Il parvient alors à se faire envoyer en France où il poursuit ses études avant de s'y installer, d'abord comme imprimeur à Saint-Étienne. Sa trajectoire politique prend ensuite un tour sinueux : il adhère au Parti communiste puis devient

1. US News & World Report, 22 novembre 2004.

maoïste avant de rallier en 1982, en Iran, le Conseil suprême de la révolution islamique en Irak (CSRII). Cette organisation d'opposition au régime de Saddam Hussein a été fabriquée par les services de sécurité de l'ayatollah Khomeiny afin de renforcer en Irak la tendance chiite et son bras armé, la Brigade Badr.

Une fois le régime de Saddam Hussein renversé par la force, Abdel-Mahdi revient en Irak et y poursuit sa carrière. Avec l'appui de la tendance chiite irakienne, il se fait élire en 2005 à la vice-présidence de l'Irak. Deux ans plus tard, en août 2007, Paris le désigne publiquement comme son poulain tout en réclamant le départ du Premier ministre Maliki qui symbolise, à juste titre, l'affairisme ambiant et contrôle les circuits du *big business* dont la France ne reçoit que la portion congrue. Bernard Kouchner, alors ministre des Affaires étrangères, confie au magazine *Newsweek* qu'Abdel-Mahdi est devenu « l'homme de la France en Irak », ajoutant : « De tous les gens disponibles, il est celui qui devrait être désigné comme Premier ministre. »[1] Mais le pion français n'a pas suffisamment d'envergure et son image se retrouve même écornée par une extravagante affaire de droits communs.

Le nom d'Abdel-Mahdi est en effet associé au hold-up de la succursale de la banque Rafidaïn. Ce braquage s'est déroulé dans le quartier de Karrada le 28 juillet 2009, alors que le secrétaire à la Défense américain, Robert Gates, arrivait incognito en Irak[2]. Ce jour-là, des membres de la garde personnelle d'Abdel-Mahdi sont filmés par les caméras de surveillance pendant qu'ils s'emparent de près de 4,3 millions de dollars destinés à la paie mensuelle des fonctionnaires des forces de sécurité. Les huit policiers qui protégeaient la banque Rafidaïn ont été froidement exécutés d'une balle dans la nuque, les yeux bandés, dans le sous-sol de la banque. Bien qu'il ait nié avoir un lien avec l'affaire,

1. Édition en ligne de l'hebdomadaire *Newsweek* du 24 août 2007.

2. « In Bank Killings, Highs and Lows of Iraq Justice », *New York Times*, 3 septembre 2009.

Abdel-Mahdi reste depuis suspecté, d'autant que l'argent volé a été retrouvé dans un local dépendant de son journal *Al-Adala*. L'Élysée n'avait peut-être pas d'autre choix que cet homme-là. Mais ce choix, en tout cas, ne suffira pas à réanimer le business français.

Nicolas Sarkozy et Boris Boillon décident donc de créer à Bagdad un centre d'affaires susceptible d'aider et de rassurer d'éventuels investisseurs. Ils en confient le projet à l'Agence pour la diffusion de l'information technologique (Adit) dont l'histoire se conjugue avec les débuts de la guerre économique et lui vaut une réputation de discrétion et d'efficacité[1]. Le directeur général de l'Adit, Philippe Caduc, appartient en 1993 au groupe d'experts qui, deux ans plus tard, participeront à la création du Comité pour la compétitivité et la sécurité économique. Avant cela, cet ancien chercheur au Centre de recherches en gestion (CRG) de Polytechnique et chargé de cours à l'université d'Oxford a assisté à l'instauration du Haut Conseil pour l'information scientifique et technique. En 2010, Philippe Caduc dirige encore cette société publique, rattachée au ministère des Finances, qui réalise même un chiffre d'affaires de 15 millions d'euros.

L'Adit fournit divers services qu'elle facture aux entreprises françaises, comme des enquêtes d'honorabilité sur des entreprises étrangères avec lesquelles ces sociétés françaises envisagent de travailler. Exploitant des bases de données payantes, l'Adit réalise deux types d'enquêtes, celles qu'elle effectue en vingt-quatre heures, qu'elle facture entre 5 000 et 6 000 euros, et les études de veille plus approfondies qui nécessitent du temps, entre trente

1. L'Adit a succédé à l'Aditech dont le secteur « entreprises » a été longtemps dirigé par Christian Harbulot qui se fera une réputation de stratège de la guerre économique en fondant l'École de guerre économique. En 1991, l'Aditech avait pour mission de publier les rapports des attachés scientifiques des ambassades françaises et de les mettre à disposition des entreprises. Cette initiative sera promue et développée par le Premier ministre Édith Cresson et les réseaux de son conseiller Abel Farnoux, très introduit dans les milieux de l'industrie.

et soixante jours, qu'elle facture à ses clients entre 50 000 et 100 000 euros. Quelques journalistes spécialisés dans les questions de Défense trouvent ainsi un confortable complément de salaire.

L'Adit propose également à ses clients des services de veille sur Internet, conçus pour prévenir un de ces nouveaux risques industriels qu'on nomme « pollution d'image » ou atteinte à l'« e-réputation ». L'un de ces services repose sur un système de capteurs intelligents et ciblés qui balaient la toile 24 heures sur 24. Grâce à lui, l'Adit a pu déceler, par exemple, une opération de déstabilisation dirigée contre l'Airbus A350 et qui prétendait que l'appareil était fabriqué avec des matériaux composites.

Le contrôle des flux d'informations a toujours constitué un objectif de sécurité. Alors qu'Internet n'existait pas encore, le Secrétariat général de la défense nationale, le SGDN, employait 600 personnes pour dépouiller quotidiennement 6 000 documents écrits. Afin d'analyser cette masse et d'y détecter les informations manipulées, le SGDN a même créé, en 1986, un observatoire de la désinformation qui emploie une soixantaine d'appelés du contingent. Des années plus tard, alors que des flots de données submergent les réseaux de communication, la société Datops[1], spécialisée dans la veille et l'analyse sur le web, traite avec le même nombre de personnes 300 000 documents par jour afin de dégager de cette masse les 400 informations stratégiques utiles qui s'y trouvent. De nouveaux logiciels permettent aujourd'hui des traitements encore plus fins et plus rapides. L'on peut ainsi démêler dans ce déferlement souvent anonyme ce qui relève de l'information et de la désinformation, du bienveillant et du malveillant.

L'Adit ne se contente pas de réaliser des enquêtes ou d'ausculter les coulisses obscures du web. L'Élysée l'a choisie, nous

1. Présidée par le général Jean-Bernard Pinatel, ex-patron du Service d'information et de relations publiques de l'armée de terre (Sirpa) et directeur de la communication de Bull, nommé en 2007 président de la Fédération des professionnels de l'intelligence économique.

l'avons vu, pour mettre sur pied un centre d'affaires à Bagdad, entreprise aussi ambitieuse que délicate que Philippe Caduc confie à Jean-Pierre Vuillerme, chimiste de formation et ancien responsable du groupe Michelin. En 1983, François Michelin avait demandé à ce dernier de forger un service communication digne du groupe, avant de lui confier, en 1996, le soin d'installer à Bruxelles la délégation Michelin chargée du lobbying européen. Le service protection sûreté de Michelin qu'il dirige alors par ailleurs possède un effectif de 2000 personnes. Homme expérimenté, Jean-Pierre Vuillerme appartient au très fermé Club des directeurs de sécurité d'entreprises (CDSE) que préside l'ancien patron du SGDN et ex-président d'EDF, François Roussely. Six mois avant son départ de Michelin, il a choisi lui-même son successeur qu'il a recruté dans le vivier des généraux de la DGSE avant de rejoindre l'Adit le 4 janvier 2010. Trois jours plus tard, Jean-Pierre Vuillerme atterrit à Amman en Jordanie. Et après deux heures de route, il atteint Bagdad où la mission qu'il vient remplir agace déjà le MEDEF qui reproche à l'Adit de piétiner ses plates-bandes.

Vuillerme débarque à Bagdad avec une idée préconçue. Il connaît déjà les grandes lignes du centre d'affaires qu'il compte créer. Son objectif est d'offrir aux chefs d'entreprise des conditions d'accueil très confortables et ultra-sécurisées. Sans perdre de temps, il engage des travaux dans les locaux qui ont été loués en face de l'ambassade de France et y installe chambres et bureaux. Côté sécurité, il veille à ce que le centre bénéficie d'une protection renforcée, d'autant qu'il ne se situe pas dans la zone verte très protégée mais dans la zone rouge, ce qui le rend toutefois plus accessible aux Irakiens qui constituent les cibles commerciales des entreprises françaises. Côté sécurité, donc, tout a été envisagé, de l'attentat à la voiture piégée et du terroriste kamikaze jusqu'au tir de roquette. Les façades ont été doublées par une protection spéciale qui dévie le souffle d'une explosion. Le centre bénéficie également de la protection des gardes de l'ambassade de France et de celle du GIGN au cadre de réserve duquel Vuillerme appartient. Les membres du groupe d'élite supervisent les transferts des clients de l'aéroport en ville et les accompagnent dans leurs déplacements qui s'effectuent en voitures blindées selon des itinéraires soigneusement étudiés d'avance et souvent modifiés. Quatre sociétés agréées assurent l'escorte armée afin d'éviter de recourir à des chauffeurs irakiens liés à des groupes de sécurité étrangers souvent chargés, aussi, d'espionner. Afin de conserver la confidentialité et le secret des affaires, les clients du centre bénéficient d'un système de communication ultra-protégé avec code source appartenant à la France et e-mails cryptés. Le centre fournit également une aide technique appropriée aux affaires. Rien que pour le domaine de l'industrie, il traduit chaque jour trente à quarante appels d'offres rédigés en arabe et autant d'appels d'offres liés au pétrole. Pour les petites entreprises qui n'ont pas les moyens de louer un bureau ou de se déplacer, le centre suit les appels d'offres. Seules neuf entreprises françaises ayant une réelle stature comme Alstom, Technip ou Renault Trucks louent des bureaux à l'année.

À la fin septembre 2010, l'Adit avait investi dans le centre d'affaires 1,2 million de dollars, une somme amortissable en trois ans quel que soit le scénario retenu : l'Irak s'embrase et tout s'effondre, l'Adit plie bagage et ferme le centre ; l'Irak se sécurise, la paix s'y installe durablement ; les grands groupes n'ont plus besoin du centre et installent leurs propres bureaux.

En attendant, l'insécurité reste omniprésente. Elle génère néanmoins un business plutôt lucratif auquel les Français vont se frotter dans le sillage de l'Adit. Créée en 2007, codirigée par un ancien patron du GIGN et un ancien chef des opérations du service action de la DGSE[1], Gallice Security s'illustre dans

1. Travaillent également en Irak GEOS, le numéro un français de la sécurité privée, créé en 1997, dont le chiffre d'affaires oscille entre 40 et 50 millions d'euros, et la société Anticip, qui offre ses services de protection aux chefs d'entreprise qui séjournent à Bagdad et facture ses prestations 6000 dollars par jour.

les registres de la lutte contre la fraude et la contrefaçon ainsi que de l'antiterrorisme. Début septembre 2010, elle obtenait pour sa filiale Gallice Iraq Services un contrat de sécurisation de l'entrée du ministère des Affaires étrangères irakien d'un montant de 500 000 dollars, qu'elle souffle à la barbe de ses concurrents anglo-saxons[1]. Elle doit ce geste de bonne volonté au ministre kurde Hoshyar Zebari, un ami de longue date du ministre des Affaires étrangères français Bernard Kouchner[2]. En réalité, les Anglo-Saxons dominent cette activité, depuis les années 90, quasiment sans partage.

Déjà en croissance continue, le chiffre d'affaires du marché dit de la « sécurité nationale » a littéralement explosé après les attentats du 11 septembre 2001. De la guerre d'Afghanistan à la lutte antiterroriste, de la traque de Ben Laden jusqu'à la guerre d'Irak, la manne est devenue presque intarissable[3].

Irak : sécurité nationale et guerre privée

Le Stockholm International Peace Research Institute (SIPRI) indique qu'en l'espace de dix ans, de 2001 à 2011, la guerre contre le terrorisme aura coûté aux États-Unis près de 800 milliards de dollars. Pour le paiement des salaires et des contrats en Irak, le gouvernement américain a déboursé, chaque mois, 9,9 milliards de dollars et 2,4 milliards de dollars supplémentaires pour financer la présence américaine en Afghanistan[4]. Le nombre des bénéficiaires de cette manne se retrouve naturellement galvanisé par les budgets colossaux du Pentagone qui trône au cœur de ce faramineux

1. *Le Figaro*, 29 septembre 2010.

2. *Afrique Asie*, décembre 2010.

3. En 2003, la communauté du renseignement américain employait 100 000 personnes et recevait 30 milliards de dollars de budget.

4. Un rapport de l'OCDE de 2004 avait estimé le chiffre d'affaires annuel de la sécurité de 100 à 120 milliards de dollars, soit de 82 à 99 milliards d'euros.

business[1]. À lui seul, il contrôle les deux tiers des programmes de renseignement développés après le 11 septembre 2001. D'après une enquête du *Washington Post*, il emploierait à titres divers 854 000 personnes. Le même quotidien a estimé à 265 000 le nombre des contractants travaillant pour l'industrie de la sécurité nationale[2]. Parmi les 1 931 sociétés qu'il a dénombrées, 533 ont été créées après le 11-Septembre. 1 814 sont de taille petite ou moyenne, et la plupart sont dirigées par d'anciens agents de renseignement. Ces entreprises puisent en effet leurs effectifs dans le vivier des anciens agents des services secrets. Leurs compétences et leur savoir-faire sont à ce point convoités qu'il existe désormais des cabinets de chasseurs de têtes spécialisés. Baptisés « Body Shops », ils touchent jusqu'à 50 000 dollars par recrue, le plus souvent bichonnée afin de s'assurer de ses services. Certains éléments au profil avantageux peuvent ainsi recevoir en guise de bienvenue des primes de 15 000 dollars ou se faire offrir des BMW.

Depuis 2008, la plupart de ces sociétés se concentrent dans le quartier de McLean, en lisière de Washington. Elles se sont rapprochées du centre névralgique du renseignement américain et de la lutte antiterroriste qui s'y est installée cette année-là dans un complexe à l'architecture aussi imposante que sinistre. Baptisée « Liberty Crossing », cette ruche en béton emploie presque autant d'agents fédéraux (1 700) que de contractants privés (1 200). Le quartier abrite également la plupart des sièges sociaux des géants de l'industrie de la sécurité nationale, ceux qui se taillent la part du lion des budgets fédéraux comme Northrop Grumman ou Lockheed Martin, l'Agence nationale du renseignement

1. Depuis le 11-Septembre, le FBI a vu son budget exploser, passant à 3,3 milliards de dollars pour la lutte antiterroriste et à 2,6 pour le crime organisé. Depuis, il a infiltré ou contrôle 15 000 indics dans la communauté musulmane des États-Unis. (*Mother Jones*, septembre-octobre 2011.)

2. Voir le site web du *Washington Post* (projects. washingtonpost.com/ top-secret-america).

géospatial, l'agence de renseignement privé Carahsoft, spécialisée dans la cartographie et la collecte de données, ou encore General Dynamics. Cette dernière a particulièrement bien assuré le virage du 11 septembre 2001.

De 2001 à 2010, cette valeur sûre du complexe militaro-industriel a acheté onze sociétés spécialisées dans les satellites, l'imagerie, le renseignement géospatial ou encore les technologies de reconnaissance. Au 11 septembre 2001, General Dynamics, « GD », comme disent les initiés, travaillait déjà étroitement avec neuf agences de renseignement. En 2010, elle collabore avec seize d'entre elles, c'est-à-dire avec la totalité. En 2000, la société réalisait un chiffre d'affaires de 10,4 milliards de dollars ; en 2009, il atteint presque les 32 milliards tandis que les effectifs de la société ont quasiment doublé. Dans les secteurs les plus secrets pour lesquels elle travaille, GD a réalisé, en 2009, 11 milliards de dollars de chiffre d'affaires alors que celui-ci plafonnait à 2 milliards en 2000. Une formidable progression due à la multiplication des contrats passés avec le gouvernement. À titre d'exemples, GD a obtenu un contrat de 600 millions de dollars avec l'US Air Force pour la fourniture d'un système d'interception des communications ; en 2009, elle a remporté un contrat de 10 millions de dollars émanant de l'Unité des opérations psychologiques du commandement des opérations spéciales des États-Unis afin de créer des sites web destinés à influencer l'opinion publique européenne[1] ; en 2010, General Dynamics a reçu 25 millions de dollars de l'armée américaine pour produire le MK47 Weapon Systems ou encore 24,9 millions pour la fabrication du lance-grenades ultra-léger MK47, et ainsi de suite.

Le 11-Septembre a également fait prospérer le nombre de sociétés militaires privées dont les bénéfices n'ont cessé de croître depuis la fin de la guerre froide pour cause de contraction budgétaire

1. Voir notamment, sur le web, SETimes.com, nouvelles et opinions de l'Europe du Sud-Est.

des armées. De 1989 à 1999, le nombre des fonctionnaires affectés à la défense des États-Unis est passé de 2,2 à 1,4 million tandis qu'entre 1994 et 2002 le Pentagone signait 3000 contrats de sous-traitance pour un montant global de 300 milliards de dollars.

Les guerres d'Afghanistan et d'Irak ont été une bénédiction pour les sociétés militaires privées. AEGIS Defense, dirigé par d'anciens généraux et un ex-secrétaire à la Défense, Robert Macfarlane, obtient du Pentagone en 2002 un contrat de 293 millions de dollars afin d'assurer en Irak la sécurité des compagnies et des opérations de renseignement. Incontestablement, celle qui a toutefois le plus profité de la situation est Blackwater, dont le fondateur, Erik Prince, a été l'un des plus généreux donateurs de la campagne de Bush fils. Ceci expliquant sans doute cela. Erik Prince a récupéré sa mise au centuple à l'instar des grosses sociétés américaines inféodées aux milieux néoconservateurs qui ont littéralement dépecé l'Irak après la chute de Saddam Hussein.

Depuis la fin de la guerre froide, jamais autant de mercenaires n'auront été engagés sur un champ de bataille. En Irak, les États-Unis ont utilisé, toutes missions comprises, jusqu'à 137000 contractuels, des privés ou mercenaires, des spécialistes de la protection qu'on a baptisés «*personal security details*», les PSD. Ils représentent un peu moins que les effectifs officiels de l'armée américaine qui s'élèvent eux à 168000 personnes. 7800 militaires privés travaillent directement pour le Pentagone alors que Blackwater a été en particulier chargée de la sécurité de l'ambassade américaine à Bagdad[1]. Située le long du Tigre, baptisée « La petite Amérique », elle emploie 3700 personnes dont 2500 sont affectées à la sécurité. La CIA, qui entretient sur place 500 agents, recourt également aux privés de Blackwater qui espionnent pour elle ou versent à sa place les pots-de-vin afin d'obtenir des informations, quand ils ne remplissent pas simplement le rôle de gardes du corps

1. Sur les contrats de Blackwater et son rôle en Irak, voir « Hearing Before the Committee on Oversight and Government Reform House of Representatives, 2 octobre 2007, n° 110-89 », democrats. oversight. house. gov.

auprès des officiels de la centrale qui effectuent des voyages en Irak ou en Afghanistan. D'autres contractuels seront utilisés, par exemple en Italie, pour enlever des suspects ou pour cuisiner des détenus dans les prisons spéciales de la CIA.

Durant les périodes de pic, plus de 180 sociétés militaires privées ont été à pied d'œuvre en Irak, dont les plus importantes, hormis Blackwater, sont les firmes DynCorp et Triple Canopy. En moyenne, les recrues sont payées entre 10 000 et 15 000 dollars par mois et viennent d'à peu près tous les coins du monde.

Au Chili, l'homme de Blackwater se nomme José Miguel Pizarro. À son avis et selon ses propres termes, le général Pinochet aurait en septembre 1973 organisé un coup d'État « dans le but de restaurer la démocratie au Chili »[1]. Avant de collaborer avec Blackwater, « Mike » Pizarro a parfait sa formation militaire aux États-Unis avant de travailler pour General Dynamics, qui lui a confié le département Amérique latine. Pizarro a alors vendu aux gouvernements sud-américains des lance-grenades et des mitrailleuses pour hélicoptères avant de créer sa propre société, Red Tactica, dont l'objet était d'établir des liens entre les gouvernements sud-américains et les fabricants d'armes nord-américains. Il doit sa rencontre avec Blackwater à CNN. En février 2003, à la veille de l'invasion de l'Irak, la chaîne de télévision lui propose un poste de consultant pour son réseau hispanophone. Pizarro accepte sans hésiter, d'autant que sa société, comme il l'admet lui-même, « marche toute seule ». Alors qu'il attend les événements à Atlanta où est basé CNN, il croise une des responsables de Blackwater. Le courant passe et, quelques mois plus tard, Pizarro débarque à Santiago du Chili où l'a envoyé Erik Prince, le patron de Blackwater. Sa mission consiste à recruter quelques mercenaires pour l'Irak. En octobre 2003, il publie une petite annonce dans le grand

1. Sur Pizarro, nous empruntons à Jeremy Scahill, *Blackwater, The Rise of the World's Most Powerful Mercenary Army*, New York, Nation Books, 2007.

quotidien chilien *El Mercurio* (abondamment financé par la CIA avant le coup d'État contre Allende). À 3000 dollars par mois quand la solde d'un soldat chilien plafonne à 400 dollars, l'offre ne laisse pas indifférent. À la recherche de soldats et d'officiers expérimentés, de préférence issus des forces spéciales, Pizarro fait le plein de candidatures. Un premier groupe se rend en Caroline du Nord pour y compléter son instruction et, dès le 14 avril 2004, il s'envole pour Bagdad où les mercenaires chiliens seront affectés à des postes statiques.

En 2006, on dénombrait en Irak 3000 mercenaires chiliens, y compris des pilotes et des mécaniciens, toujours recrutés via les petites annonces du *Mercurio*. Dès qu'elle découvre les activités de Pizarro au Chili, la presse lui colle aussitôt l'étiquette d'agent de la CIA. Puis un quotidien brésilien révèle qu'il a été, dans le passé, chargé par le gouvernement chilien de recruter une petite armée pour combattre les Farc en Colombie sous le pavillon de l'ONU. En 2010, les Nations unies consacraient aux opérations de maintien de la paix 8 milliards de dollars, un pactole susceptible en effet de susciter bien des convoitises.

Les supplétifs de Blackwater, mais aussi de l'ensemble des sociétés militaires privées, ont bénéficié en Irak d'une totale immunité que leur a accordée par décret, en juin 2004, avant de quitter l'Irak, l'ambassadeur Paul Bremer. Sans doute est-il conscient qu'il laisse derrière lui un pays à feu et à sang, sans foi ni loi, où en toute impunité plus de 1200 personnes disparaissent en moyenne chaque mois et où les bavures sont devenues monnaie courante. Après le départ de Bremer, la situation s'aggrave, d'autant que celui qui lui succède possède une réputation sulfureuse. En apprenant que c'est John Negroponte qui doit remplacer Paul Bremer, le gouvernement hondurien prévient aussitôt, en avril 2004, qu'il retire de la coalition ses 370 soldats.

Les Honduriens ont en effet gardé de John Negroponte d'exécrables souvenirs. Alors qu'il était en poste au Honduras, le diplomate a au mieux fermé les yeux sur les atrocités des escadrons de la mort, au pire couvert leurs agissements. Mais la réaction hondurienne n'impressionne pas Washington et reste sans effet. Le 6 mai 2004, le Congrès valide la nomination de Negroponte. Jusque-là, ce dernier occupait le poste de directeur du Renseignement national créé après le 11-Septembre afin de coordonner les activités des seize agences de renseignement américaines.

Sitôt à Bagdad, Negroponte s'entoure de quelques experts en lutte anti-insurrection dont quelques anciens du Salvador. Six mois plus tard, plusieurs organes de presse laissent déjà entendre qu'il aurait choisi de recourir en Irak à « l'option salvadorienne », c'est-à-dire d'apporter son soutien à la formation d'escadrons de la mort[1]. Ils rapportent l'apparition d'unités spéciales dont les effectifs ont été puisés dans ceux de l'armée irakienne et dont le fonctionnement s'apparente d'avantage à celui de milices que d'unités militaires conventionnelles. Ils évoquent enfin une somme de 3 milliards de dollars officieusement affectée au soutien et à la formation de ces milices, escadrons de la mort nouvelle génération, qui opèrent dans le no man's land que constitue tout ce qui se trouve en dehors de la zone verte ultra-protégée de Bagdad.

Ce déchaînement de violences et de tueries conjugué à l'impunité garantie aux mercenaires causera finalement la perte de Blackwater. Le 16 septembre 2007, quelques-uns de ses contractuels, qui escortent un convoi diplomatique américain, ont ouvert le feu sur des civils désarmés, faisant dix-sept morts. Ce sera la bavure de trop. Exit la première armée privée du monde à avoir été employée sur un champ de bataille du XXIe siècle. Blackwater se retire alors qu'il avait passé en Irak pour 800 000 dollars de contrats avec Washington, déployé 20 000 soldats sur le terrain et une vingtaine d'avions et d'hélicoptères prêts au combat[2].

Dix ans après le 11-Septembre, Blackwater passe la main. Il perd en 2011 son statut de leader et se débaptise. Depuis

1. *Newsweek*, 8 janvier 2005 ; et *Times* de Londres, 10 janvier 2005.
2. *Le Monde*, 23-24 septembre 2007.

février 2009, sous le nom de Xe, il se classe désormais dans son secteur d'activités au dixième rang. Le numéro un est le groupe britannique G4S qui réalise un chiffre d'affaires de 5,9 milliards de livres. Il affirme employer 600 000 personnes à travers le monde, dont une partie en Afghanistan où pullulent également les sociétés militaires privées. On en dénombre cinquante-deux étrangères ou afghanes qui emploient 40 000 personnes. Tout comme en Irak, cette omniprésence déplaît aux autorités légales du pays plutôt échaudées. En mai 2010, deux d'entre elles, Compass et Watan Risk Management, ont ainsi vu leur agrément retiré après la mort de civils innocents. Une autre, Paravant, se trouve également sur la sellette – il s'agit d'une filiale de Xe et son patron n'est autre qu'Erik Prince, l'ancien fondateur de Blackwater. Aussi, le président Hamid Karzaï a annoncé leur dissolution en août 2010. Or, si la plupart ont bien été dans les mois qui ont suivi la promesse écartées d'Afghanistan, quelques-unes continuent d'avoir pignon sur rue à Kaboul.

La Françafrique et les convoitises sino-américaines

Alors que ses intérêts ont été sérieusement mis à mal en Irak, la France refuse de se laisser dépouiller en Afrique où ses positions suscitent la convoitise parfois sournoise de ses concurrents. Durant la guerre froide, l'Afrique occidentale était une sorte de domaine qui lui était concédé au nom de l'alliance occidentale antisoviétique. La parenthèse de la guerre froide refermée, ce domaine réservé si riche en matières premières, en pétrole et en minerais, en diamants, bois précieux et autre cacao, ne pouvait durablement échapper à des grandes puissances en quête de ressources telles que la Chine ou les États-Unis.

Un câble du département d'État daté du 1er août 2008 semble même se réjouir du recul de la «Françafrique». Le diplomate américain qui en est l'auteur prétend que la France aurait cessé d'être un modèle… Il se réjouit, écrit-il, que la Françafrique ait perdu de son importance, victime de certains effets de la globalisation. Signe des temps, la langue anglaise s'apprêterait même à supplanter la française au Burundi. Le diplomate cite quelques affaires embarrassantes pour la France, comme l'enlèvement d'un journaliste en Côte d'Ivoire, le rôle du marchand d'armes Pierre Falcone en Angola, la présence au Togo de deux conseillers français influents et controversés ou encore l'affaire Borrel à Djibouti, un ancien confetti de l'empire français.

Plus encore qu'en Irak, la France aurait beaucoup à perdre en se laissant chasser de son ancien pré carré. Elle en pâtirait dans des domaines aussi variés que le commerce, l'énergie, les matières premières ou encore sur le plan militaire. Aussi paraît-elle bien décidée à défendre pied à pied ses intérêts.

L'imbroglio djiboutien

Depuis le 11 septembre 2001, « l'allié américain » renforce sa présence dans ce petit pays hautement stratégique qu'est Djibouti. Situé face au Yémen, à l'entrée de la mer Rouge et du golfe d'Aden, ce minuscule territoire, indépendant depuis 1977, héberge une des deux principales bases opérationnelles de l'armée française sur le continent africain (l'autre se situe au Gabon sur sa façade atlantique).

Par-delà les salamalecs officiels et les déclarations d'amitié, les États-Unis y disputent discrètement à la France son influence et son leadership, n'hésitant pas à profiter des aléas d'une affaire qui, depuis la fin des années 90, pollue et envenime les relations entre la France et Djibouti : l'affaire Borrel – du nom de ce coopérant français, en poste au titre de conseiller technique auprès du ministre de la Justice djiboutien, dont le corps a été retrouvé en partie calciné le 19 octobre 1995.

Après avoir tout d'abord accepté la thèse du suicide, la famille du magistrat s'est convaincue qu'il s'agissait d'un crime, plus précisément d'un meurtre, qu'elle imputera directement au chef de l'État djiboutien, Omar Guelleh, à partir du début des années 2000. Elle l'accuse d'être le commanditaire de cet assassinat supposé (jusqu'à présent, il n'a jamais été démontré qu'il s'agissait bien d'un assassinat). Le magistrat français aurait détenu les preuves de l'implication d'Omar Guelleh dans un attentat meurtrier perpétré à Djibouti, le 27 septembre 1990, contre le Café de Paris[1]. Avec lui, on aurait ainsi supprimé une menace.

1. Dans son rapport de septembre 1999, la brigade criminelle avait énuméré dans un court paragraphe les différentes théories associées à cette thèse de

Fondée ou imaginaire, cette mise en cause confère inévitablement une dimension explosive au dossier judiciaire, catalogué désormais comme sensible par les autorités politiques. L'affaire Borrel devient une affaire d'État qui s'envenime à mesure que la pression médiatique s'intensifie.

Fin mars 2004, Radio France Internationale (RFI) fait état de documents de la DGSE déclassifiés dans le cadre de l'instruction de l'affaire. D'après le commentaire du journaliste, leur contenu laisserait supposer une implication de l'entourage du président djiboutien dans la mort du juge Borrel. Peu après, en avril 2004, TF1 diffuse un reportage qui implique clairement le président djiboutien dans la mort du juge français. Le 17 avril, la chaîne reçoit, cette fois sur le plateau du journal de 20 heures, l'avocat de la veuve Borrel. De quoi indisposer le président djiboutien.

En coulisse, les autorités françaises s'emploient à contrecarrer l'offensive médiatique des partisans de la thèse de l'assassinat. Le 10 mai 2004, l'ambassadeur de France à Djibouti, Philippe Selz, rédige un courriel qu'il adresse à Michel de Bonnecorse, le monsieur Afrique de l'Élysée[1], dans lequel il l'informe qu'il a contacté Jean-Paul Cluzel, le président de RFI, à propos du commentaire du reportage prétendant que les documents de la DGSE déclassifiés fin mars 2004 impliqueraient Guelleh[2].

---

l'assassinat. « Le juge Borrel aurait été tué en raison de ce qu'il aurait pu savoir, dans l'ordre, à propos de l'attentat du Café de Paris, des liens entre le Casino de Djibouti et la mafia corse, sur [un] trafic de faux dollars ou l'agression d'un légionnaire français, ou encore sur [un] trafic d'uranium ou le vol d'un stock d'ivoire perpétré par le ministre de la Justice ou enfin sur le détournement et la revente d'une aide humanitaire au profit des membres du gouvernement djiboutien. » (Rapport en possession de l'auteur.)

1. Conseiller technique aux cabinets de Jacques Chirac et de Raymond Barre, Michel de Bonnecorse a été directeur général adjoint de l'Unesco, ambassadeur de France au Kenya en 1990, puis auprès de l'ONU à Genève avant d'être nommé en 1995 au Maroc puis, en 2001, en Suisse.

2. Câble diplomatique, TD Djibouti, 17 avril 2004, en possession de l'auteur tout comme l'ensemble des notes et des câbles diplomatiques cités dans ce chapitre.

Selon lui, en effet, rien de tel ne ressort des documents. Dans son câble, le diplomate se plaint aussi du traitement à son avis partial de l'affaire par RFI. Cluzel lui aurait répondu que « si la présentation de l'affaire était déséquilibrée, il fallait qu'elle soit rééquilibrée ». Philippe Selz le fait savoir au ministre djiboutien des Affaires étrangères. Puis, le 23 mai 2004, il écrit au ministre des Affaires étrangères Michel Barnier et lui transcrit la teneur des entretiens qu'il a eus à Paris avec le procureur de Djibouti, Djama Souleiman, qui a rencontré le directeur de cabinet du ministre de la Justice Dominique Perben ainsi que Michel de Bonnecorse. La note du diplomate comporte également une courte liste de journalistes qualifiés de favorables aux thèses de la veuve Borrel ; parmi les noms cités figurent ceux de Sophie Coignard du magazine *Le Point*, de Bernard Nicolas de Canal + et de David Servenay de RFI.

L'affaire rentre alors provisoirement dans l'ordre. Dans un courriel qu'il adresse le 29 juillet 2004 au conseiller de l'Élysée Jacques Champagne de Labriolle, Pierre Vimont, directeur de cabinet du ministre des Affaires étrangères, ironise sur le changement de ton de TF1 dans l'affaire Borrel : « Il me revient que TF1, dûment chapitré par MB [Michel Barnier] a reconnu que sa présentation de l'affaire Borrel avait été un peu unilatérale. La chaîne se propose de faire parler Francis Szpiner en tant qu'avocat de Djibouti, au 20 heures... » Il ajoute : « Un tout petit détail, minuscule, a fait une très imperceptible différence : Bouygues est sur le coup du nouveau port de Djibouti, pour un nombre assez respectable de dollars ! Ça contribue à redonner le sens de ce que peut être une approche équilibrée. »

Loin d'être jugulée, la crise couve en fait sous la cendre. Début janvier 2005, le climat se détériore à nouveau. RFI annonce que le président Omar Guelleh pourrait faire l'objet d'un mandat d'arrêt international. Il s'agit d'un papier très court d'une minute diffusé un samedi. Concise et ramassée, la nouvelle met le feu aux poudres, d'autant que la radio d'opposition des Mille collines a relayé à Djibouti les déclarations de l'avocat de la partie civile, qui évoquait lui aussi un éventuel mandat d'amener.

La présidence djiboutienne semble cette fois avoir perdu patience. Le 12 janvier 2005, le gouvernement suspend les émissions de RFI et ferme ses émetteurs à Djibouti. RFI a déjà subi de telles représailles en Côte d'Ivoire ou en Guinée-Bissau, d'où le correspondant de la radio a même été expulsé après avoir accusé le chef d'État guinéen d'être impliqué dans un trafic de cocaïne. Le 17 janvier 2005, l'ambassadeur de France à Djibouti reçoit une note (datée du 16) qui l'avertit de l'expulsion imminente de six coopérants français officiellement qualifiés d'« assistants techniques ». Sera également expulsé dans la foulée encore au titre des représailles le directeur de la succursale djiboutienne de BNP-Paribas.

La crise qui se noue semble cette fois sérieuse. L'expulsion de coopérants augure mal en effet de l'avenir de l'entente quasi cordiale qui prévalait jusque-là dans les relations franco-djiboutiennes. Elle suscite une réelle tension du fil diplomatique et les télégrammes confidentiels se succèdent plus que jamais à un rythme effréné entre Djibouti et le Quai d'Orsay.

La France réalise brusquement que son rayonnement et son influence à Djibouti n'ont peut-être rien d'éternels. Du moins, c'est ce que laisse craindre une série de câbles diplomatiques alarmistes, tel que celui du 24 janvier 2005, classifié « confidentiel défense », qui relate notamment l'entretien que l'ambassadeur de France a eu avec des officiels djiboutiens : Le président Omar Guelleh serait convaincu que la France cherche à le déstabiliser et, faute d'une explication, il envisagerait d'autres mesures pour la « punir ». Un des officiels aurait martelé : « Tant que l'affaire Borrel ne sera pas gérée autrement par le gouvernement français, elle nuira à nos relations. » Dans une lettre adressée quelques jours plus tôt, le 21 janvier, à l'ambassadeur de Djibouti en France par un conseiller du président de RFI, ce dernier reconnaissait qu'une « maladresse » avait bien été « commise à l'antenne », ce à quoi on lui rétorquait : « Vous savez que ce journaliste de RFI, toujours le même, prend systématiquement fait et cause pour la veuve Borrel. Ne pouvez-vous pas demander à RFI et obtenir qu'il ne s'occupe plus de Djibouti ? » En clair, Djibouti réclame la mise à l'écart du journaliste David Servenay.

L'expulsion de six coopérants français a fait monter la tension à tel point que la cellule africaine de l'Élysée songe un instant à faire appel à des intermédiaires pour plaider la modération auprès d'Omar Guelleh ; on pense ainsi à solliciter le président gabonais Omar Bongo[1]. Le gouvernement djiboutien ne se contente pas de ruminer. Il passe également à l'offensive à Paris. Un courriel du 23 février 2005, adressé par l'ambassadeur Philippe Selz à un responsable du Quai d'Orsay, rend compte des activités de Rachad Farah, son homologue djiboutien en France, et des discussions qu'il a eues : « Farah organise avec Szpiner des dîners de presse pour faire entendre leur version des faits. » Selon Farah, « le gros dossier actuel [qui ne serait pas l'affaire Borrel] est la négociation avec les États-Unis des conditions [financières, je suppose] de stationnement des troupes américaines à Djibouti. » « Négociations dont vous êtes bien sûr au courant », lui a précisé Farah. Selz qui rapporte ces propos ajoute : « Nous n'avons pas relevé cette allusion insistante probablement destinée à agiter l'aiguillon de la concurrence américaine. » Le risque d'une réelle perte d'influence commence à hanter certains esprits. Guelleh joue même habilement de la menace qu'il n'agite pas de façon trop ostentatoire. Djibouti ne suscite pas d'ailleurs que les convoitises américaines. L'ambassadeur du Japon à l'Unesco aurait laissé entendre aux Djiboutiens que, sur les 12 millions de dollars que son pays consacre aux objectifs de l'Unesco, 700 000 pourraient financer des projets à Djibouti. Le Japon envisage de se rapprocher de Djibouti qui occupe une position stratégique pour la sécurité de l'acheminement de son pétrole et autres matières premières[2].

1. Voir TD Djibouti, 45, 26 janvier 2005, diffusion restreinte.

2. Djibouti fait également l'objet d'autres attentions, comme celles de certains réseaux d'affaires saoudiens et iraniens. Dans un échange daté du

Soucieux de ne pas compromettre la position française à Djibouti, l'Élysée et le Quai d'Orsay décident d'être désormais encore plus vigilants afin d'éviter de se laisser surprendre, comme cela a été le cas avec le reportage de RFI ayant entraîné l'expulsion de six coopérants français. Le Quai d'Orsay réagit donc sans attendre quand, le mercredi 30 mars 2005, dans une courte bande-annonce, RFI signale qu'elle s'apprête à diffuser un sujet d'environ vingt minutes consacré à Élisabeth Borrel et qui devrait se limiter aux seuls aspects franco-français de l'affaire. David Servenay, qui l'a rédigée, est un des journalistes que Djibouti accuse de partialité, celui qui suit depuis le début pour RFI l'affaire Borrel et dont le gouvernement djiboutien aimerait bien se débarrasser.

Le Quai d'Orsay contacte aussitôt la rédaction Afrique de RFI. Peu avant l'heure à laquelle son reportage doit être diffusé, Servenay est convoqué dans le bureau de la directrice de la rédaction de RFI, Dominique Burg, ancienne journaliste du quotidien de gauche *Le Matin de Paris*. Assistent également à cette réunion de crise le directeur de l'information Bernard Brigouleix, un ancien du quotidien *Le Monde*, et Jean-Pierre Boris, le chef du service auquel appartient Servenay. On reproche en substance au journaliste d'avoir réalisé un reportage déséquilibré et de ne pas avoir envisagé « la version du suicide »[1]. Embarrassé, Bernard Brigouleix marmonne : « De toute façon, nous avons reçu des coups de fil », sans explicitement préciser qu'ils provenaient du Quai d'Orsay. Le bruit court même à RFI sans que cela ne soit concrètement établi, que l'avocat de l'État djiboutien, Francis Szpiner, aurait rencontré le conseiller personnel du PDG de RFI, Antoine Schwartz. Seule certitude, une heure avant son passage

27 février 2006 qu'elle a avec Pierre Vimont, Nathalie Delapalme, conseillère Afrique du ministre des Affaires étrangères, considère que « le dossier de fond, au-delà de l'affaire Borrel, c'est la montée, non pas tant de nos amis américains, mais des circuits saoudiens et iraniens en tout genre ».

1. Entretien avec David Servenay, 17 novembre 2010.

à l'antenne, le reportage de Servenay est déprogrammé, ce qui provoque aussitôt des remous au sein de la rédaction où cette affaire est considérée comme un acte de censure caractérisé, peut-être même le premier de toute l'histoire de RFI.

Peu après, Jacques Chirac reçoit son homologue djiboutien à l'Élysée. Réélu quelques semaines plus tôt, le président Omar Guelleh fait escale à Paris le 17 mai 2005. Il revient du Brésil où il a assisté au sommet Amérique latine-Ligue arabe et rencontré un représentant de la Banque mondiale et la secrétaire d'État américaine, Condoleezza Rice. L'entretien que lui accorde Chirac marque un changement radical d'attitude dans l'approche élyséenne du dossier. Dorénavant, la France apportera un soutien résolu au président djiboutien[1] afin d'éviter à tout prix que cette brouille ne s'envenime, d'autant que l'administration américaine est aux aguets et surtout sans scrupule depuis que la France s'est opposée à la guerre d'Irak.

En guise d'entrée en matière, Jacques Chirac félicite Omar Guelleh pour sa réélection, puis il en vient à l'essentiel en insistant sur les liens qui unissent les deux pays. Il évoque ainsi les retombées économiques liées à la base militaire française de Djibouti, forte de trois mille hommes, dont la France se sert pour la formation de ses pilotes de chasse et l'entraînement de ses forces spéciales. Pour cet hébergement, l'État djiboutien perçoit une contribution forfaitaire annuelle de 30 millions d'euros. Chirac rappelle que la France est le premier partenaire au développement de Djibouti et son premier partenaire commercial, bien que la tendance des échanges soit tout de même à la baisse[2]. Puis il aborde la véritable raison de la rencontre :

1. Nous empruntons au compte rendu de cet entretien réalisé par les services de l'Élysée, document en possession de l'auteur.

2. Dans une note du 5 janvier 2004, le directeur Afrique et océan Indien du ministère des Affaires étrangères indique que la coopération entre la France et Djibouti se contracte : « Elle passe en 2005 à 7,5 millions d'euros alors qu'elle était en 2004 de 9 millions et de 11 millions en 2003. » Évoquant le futur terminal pétrolier qui doit être construit dans le port de Doraleh, il

le parasitage des relations franco-djiboutiennes par l'affaire Borrel. À son visiteur qui semble en douter, Chirac confirme qu'il lui est impossible d'obliger la justice française à traiter l'affaire plus vite ou différemment. Il admet en revanche la lenteur incompréhensible de l'instruction qui s'éternise maintenant depuis huit ans. Il observe qu'aucune mise en examen n'ayant eu lieu, seule la partie civile a accès au dossier. Elle en fait donc une exploitation médiatique à sens unique. Puis il ajoute que les magistrats qui instruisent l'affaire, depuis que les premiers juges ont été dessaisis pour une erreur procédurale, ont une approche plus « idéologique » du dossier. Évoquant enfin le dernier rebondissement dû aux déclarations de deux Djiboutiens réfugiés en Belgique qui accusent Omar Guelleh d'avoir fait assassiner Borrel et qui ont servi à la relance de l'enquête, il les accable. Il souligne leur mauvaise réputation.

Il soulève ensuite la question épineuse de la transmission du dossier à la justice djiboutienne – qu'il avait promise en s'avançant un peu vite [1]. Jacques Chirac reconnaît que cette transmission se heurte à des difficultés juridiques et judiciaires que les services de la chancellerie ayant suivi le dossier ont mal appréciées. Omar Guelleh croyait qu'il obtiendrait le dossier en quinze jours, ce ne sera pas le cas. Ses espérances sont donc déçues mais, prudence étant mère de sûreté, Jacques Chirac explique que, si l'on n'y prenait garde, existeraient des risques de poursuites pour forfaiture que la veuve Borrel ne se priverait pas

---

indique que Total pourrait participer à l'entreprise à hauteur de 10 %. (Note en possession de l'auteur.)

1. La justice djiboutienne avait réclamé une copie du dossier de l'affaire Borrel en juin 2004, le procureur général de Djibouti avait écrit à l'époque à son homologue parisien, Yves Bot, et le 10 août au ministre de la Justice, Dominique Perben. Le 1er octobre 2004, la chancellerie lui répondait qu'en l'état sa demande ne pouvait être satisfaite mais qu'elle le serait dès que la chancellerie recevrait une commission rogatoire internationale réclamant la transmission du dossier. Celle-ci est établie le 3 novembre et envoyée à Paris le 22 décembre.

d'exploiter. Ce serait la porte ouverte à une nouvelle polémique où tout le monde aurait à perdre.

De plus en plus empathique et conciliant, Jacques Chirac endosse l'habit de l'expert en situation de crise. Abandonnant toute neutralité, il dispense ses conseils à son visiteur. Il lui suggère de traiter l'affaire par le mépris afin de lui donner un moindre écho. Il lui conseille de répliquer de façon plus ciblée en soulignant « les failles de l'accusation de Mme Borrel ». Proposant d'unir ses efforts à ceux d'Omar Guelleh, il ajoute : « Cette affaire nous déplaît autant qu'à vous, alors cantonnons-la sur le plan judiciaire et ne la laissons pas polluer le domaine politique et nos relations d'amitié. » C'est ce qui s'appelle faire front commun, si ce n'est cause commune, avec Omar Guelleh.

Sur la suspension des émissions de RFI, Jacques Chirac admet que le traitement de l'affaire y a été très discutable et que des journalistes ont pris fait et cause pour Élisabeth Borrel. Cependant, roublard, il conseille là encore son visiteur : « N'hésitez pas à user de votre droit de réponse par le biais de vos avocats plutôt que d'interdire la diffusion de RFI. »[1] Voilà qui est clair. L'Élysée épaulera Djibouti sans réserve dans sa querelle avec la justice française. Le soir même, le conseiller élyséen Jacques Champagne de Labriolle rédige une note à propos de l'intention de la juge Sophie Clément de convoquer dans son cabinet d'instruction le président de Djibouti. Il écrit : « Nous sommes d'avis que Szpiner doit communiquer activement, y compris sur un ton vengeur,

1. Bien qu'il appuie Omar Guelleh, le gouvernement français regrette toujours la suspension des émissions à destination de Djibouti. Une note rédigée à l'occasion de la réception à Matignon du Premier ministre de Djibouti, Dileita Mohamed Dileita, qui doit avoir lieu le 28 juillet 2005, précise, au cas où ce sujet serait abordé, comment il conviendrait d'y répondre : « Même si le traitement de l'affaire Borrel a pu déplaire, il serait souhaitable que vous rétablissiez les émissions de RFI interrompues depuis le 12 janvier [2005]. La direction de la chaîne sait quelles en sont les conditions [*sic*]. » David Servenay, qui n'a pas encore été écarté des dossiers africains, en fera bientôt les frais.

s'il y a matière à cela. L'une des choses que le PR [président de la République] a dites ce matin à Guelleh, c'est précisément qu'il faut que Djibouti soit plus présent et combatif sur le plan médiatique et judiciaire. » Un peu plus loin il ajoute : « Il faut souligner – si c'est bien le cas – que la démarche de la juge viole le code de procédure pénale. C'est quand même à nous de rappeler le droit, sinon qui le fera ? »

Alors que l'Élysée prodigue désormais ses conseils éclairés à Guelleh sur l'art et la manière de croiser le fer avec la partie civile, l'affaire va peu à peu se tasser. Toutefois, l'instruction, qui n'a toujours pas abouti à la moindre mise en examen, continue au printemps 2012 de peser sur les relations franco-djiboutiennes. En dépit de l'attitude bienveillante du gouvernement français, l'influence de la France n'est plus à Djibouti tout à fait ce qu'elle était autrefois. En quittant l'Élysée où il a dirigé la cellule africaine de 2000 à mai 2007, Michel de Bonnecorse reconnaît ce recul d'une phrase : « On paie quatre fois plus cher le bail de notre base à Djibouti et on a perdu des contrats. »[1]

Dans un câble confidentiel évoquant l'expulsion du commandant de police affecté à la sûreté aéroportuaire de Djibouti, un diplomate français écrivait, le 17 janvier 2005 : « L'absence totale d'assistant technique auprès de la police nationale [djiboutienne] pourrait être mise à profit par d'autres intervenants internationaux déjà présents et actifs – notamment les Américains – pour poursuivre le développement de leurs actions de coopération. »[2] Quelques années plus tard, les faits lui donnent raison. L'Agence internationale pour le développement, l'USAID, a accru son aide et sa présence à Djibouti. Le 30 septembre 2010, elle conclut quatre accords bilatéraux pour 7 millions de dollars, auxquels s'ajoutent une aide alimentaire et un soutien à l'éducation des jeunes filles, soit une contribution totale de 11 millions de dollars.

1. *Jeune Afrique*, 2 avril-5 mai 2007.

2. TD Djibouti, confidentiel diplomatique, 21 janvier 2005, en possession de l'auteur.

Cette aide « humanitaire » accrue s'accompagne du renforcement de la base militaire américaine construite à Djibouti après le 11-Septembre. Si la CIA l'utilisait déjà en 2001 pour lancer ses drones contre des membres d'al-Qaïda opérant au Yémen, cette fois l'US Air Force y déploie une flottille aérienne. Le Pentagone a même décidé d'agrandir la base. En mars 2011, il a confié cette tâche à Pacific Architects and Engineers (PAE), une filiale de Lockheed Martin, le pilier du lobby militaro-industriel américain, spécialisée dans la logistique. L'entreprise débarque à Djibouti précédée de sa réputation de maître d'œuvre de plusieurs ambassades américaines à travers le monde et de spécialiste du « génie militaire privé ». Rares sont ceux toutefois qui savent qu'elle a travaillé en étroite collaboration avec la CIA et le Pentagone au Vietnam, où elle s'était installée dès 1963. Cinq ans plus tard, ses effectifs étaient passés de 274 à 24000[1].

Signe de cette présence américaine renforcée, un des contractants privilégiés du Pentagone s'installait en février 2009 à Djibouti[2]. La société militaire privée Blackwater – que nous avons vue à l'œuvre en Irak notamment – pourra utiliser le port de Djibouti comme point d'ancrage pour un navire armé destiné à la protection des transports commerciaux menacés par les pirates des côtes de Somalie. Côté djiboutien, le contrat a été négocié par Hassan Saïd Khaireh, à la fois conseiller pour la Sécurité nationale de Djibouti, chef des services de renseignement et de sécurité et directeur du bureau militaire d'Omar Guelleh. Dans le cadre de l'affaire Borrel, la partie civile l'avait fait poursuivre « pour subornation de témoins », une accusation dont la cour d'appel de Versailles l'a relaxé en mai 2009. L'influence des

1. DA Publications-Vietnam Studies, *Base Development in South Vietnam, 1965-1970*, par le lieutenant général Carroll H. Dunn, Government Printing Office, 1986.

2. Câble Djibouti, département d'État, 12 février 2009 (source WikiLeaks) ; et « Blackwater Aimed to Hunt Pirates », *Washington Post*, 30 novembre 2010.

Américains est accrue également, non loin de Djibouti, dans la capitale somalienne, Mogadiscio, où la CIA a fait construire près de l'aéroport une base qui hébergera désormais l'Agence nationale de sécurité somalienne (SNSA), les services spéciaux somaliens, qu'elle forme, encadre et finance. La Somalie accueille par ailleurs une quarantaine d'anciens militaires sud-africains, scandinaves et français officiellement payés par la société Bancroft Global Development et qui entraînent des soldats africains de l'AMISOM, force de l'Union africaine en Somalie. Bancroft est indirectement financée par le département d'État qui rembourse les avances effectuées par les pays hébergeant les soldats de l'AMISOM comme l'Ouganda et le Burundi. Depuis 2010, Bancroft a ainsi reçu 7 millions de dollars[1].

Défendre un pré carré que la France doit désormais partager avec d'autres n'empêche ni n'interdit de saisir les opportunités surtout s'il s'agit, après le fiasco irakien, d'assurer la pérennité de son approvisionnement en matières premières. Sans doute est-ce là une des clés de la percée française en Mauritanie.

Coup d'État à Nouakchott

À l'ouest du Sahel, la Mauritanie, pays discret que peu de gens situent aisément sur la carte et dont la population de près de trois millions d'habitants dispose d'un territoire deux fois plus étendu que le nôtre, fait rarement les manchettes de la presse. La France y est pourtant de plus en plus impliquée depuis le coup d'État du 6 août 2008, qui a renversé le président démocratiquement élu Sidi Mohamed Ould Cheikh Abdallahi. Dès 2007, la DGSE s'est montrée très active à Nouakchott, la capitale, où elle dispose

1. Parmi les instructeurs de Bancroft, on trouve le Français Richard Rouget, dit Colonel Sanders (voir *New York Times*, 10 août 2011). Ancien des équipes Denard, il a commandé un groupe de combattants en Côte d'Ivoire en 2003, a servi aux Comores et en Afrique du Sud.

de plusieurs agents depuis l'assassinat, le 24 décembre 2007, de trois touristes français.

À l'époque, un commando du service action épaulé par des fonctionnaires de la DST a mené dans la région une véritable chasse à l'homme. Durant une cavale de dix-sept jours, en taxi-brousse pour une bonne part, le commando traque les tueurs d'AQMI (al-Qaïda au Maghreb islamique) qu'il pourchasse en Gambie puis en Casamance au Sénégal et enfin en Guinée-Bissau. Les terroristes sont finalement arrêtés au Bissau Palace Hotel, où ils étaient descendus en se faisant passer pour des hommes d'affaires, avant d'être expulsés vers la Mauritanie. Une fois cette traque éclair victorieusement conclue, la DGSE ne plie pas bagage. Elle maintient sur place des agents qui commencent à jouer, en coulisse, un rôle discret. Ils servent ainsi de conseiller au chef d'état-major du président et à celui de la garde présidentielle, lequel se trouve être le futur auteur du putsch, Mohamed Ould Abdel Aziz.

La présence des services français en si haut lieu ne passe pas inaperçue. Après la prise du pouvoir par la junte militaire, l'opposition mauritanienne les accuse d'être impliqués dans le coup d'État. Elle prétend que les agents de la DGSE auraient installé un système d'écoute à l'intérieur du palais présidentiel. Des tracts diffusés dans les rues de Nouakchott désignent un diplomate de l'ambassade de France comme l'officier de la DGSE qui aurait tiré les ficelles du coup d'État[1]. En tout cas, la question du soutien aux putschistes ne reste pas longtemps en suspens. En novembre 2008, le débat est tranché. L'Élysée fait la sourde oreille à la demande formulée par le président de l'Assemblée nationale mauritanienne Messaoud Ould Boulkheir à son homologue Bernard Accoyer, lors d'une visite à Paris. Le messager des démocrates mauritaniens souhaite notamment la réintégration du président élu dans ses fonctions constitutionnelles et le retrait définitif de l'armée de la scène politique. Mais il ne

1. Tracts en possession de l'auteur. Voir aussi le site web de l'Union des forces du progrès, ufpweb.org.

frappe pas à la bonne porte. La promotion de la démocratie en Mauritanie ne semble visiblement pas la priorité de l'Élysée, qui préfère légitimer et valider le coup d'État.

Deux raisons sont données pour justifier ce choix. La première est celle de la lutte antiterroriste. La Mauritanie sert en effet à la fois de base arrière et de fer de lance aux opérations spéciales françaises contre AQMI. Or la Mauritanie du président renversé passait pour un maillon faible du dispositif. Une note diplomatique du département d'État américain, révélée par WikiLeaks, cite le directeur du renseignement militaire marocain, le général de brigade Abdellah Hamdoun, qui explique notamment que la Mauritanie et le Mali ne sont pas capables de contrer les terroristes d'AQMI. Ce haut militaire marocain qui prétend bien connaître la géographie et la topographie du pays affirme que les responsables mauritaniens n'ont pas les moyens de contrôler un si vaste territoire. Il ajoute que le Mali manque lui aussi de moyens pour lutter contre AQMI.

À défaut de justification judiciaire officielle, ces jugements expliquent sans doute la présence en Mauritanie de forces de sécurité marocaines actives, en particulier dans les centres de détention de Nouakchott où elles assistent les unités de renseignement locales accusées de pratiquer couramment la torture : brûlures de cigarettes, décharges électriques (la gégène d'autrefois), privation de sommeil, violences sexuelles, poils et barbes arrachés, autant de sévices infligés de préférence la nuit d'après un rapport d'Amnesty International publié en décembre 2008, peu après le coup d'État.

La seconde raison invoquée par la France concerne l'impérieuse nécessité de sécuriser les intérêts pétroliers de Total qui se concentrent dans le nord-est du pays sillonné, dit-on, par les forces d'AQMI. La compagnie française y exploite des « blocs » (ou gisements) qui lui ont été attribués en 2004. À l'époque du coup d'État, elle procède à des études géologiques dans le bassin mauritanien de Taoudenni, situé au nord-est de Ouadane, que l'on dit prometteur. Le site recèlerait d'immenses gisements pétroliers ainsi que de l'uranium et du minerai de fer. Total, qui a décidé d'investir 100 millions d'euros dans des opérations de forage, commencera sa prospection le 25 septembre 2009.

La position de l'Élysée s'explique donc ainsi : il s'agit à la fois de lutter contre AQMI et de protéger les intérêts pétroliers français. Voilà pourquoi, semble-t-il, l'Élysée avalise le putsch dont tout laisse d'ailleurs à penser que les services français ont dû suivre les préparatifs de plus ou moins près, voire avec bienveillance et sollicitude.

Sans états d'âme, Paris se fait alors le défenseur d'un coup d'État unanimement condamné et réprouvé par la communauté internationale. En février 2009, lors du sommet de l'OUA (Organisation de l'unité africaine) qui se tient en Éthiopie, la délégation mauritanienne est exclue de l'assemblée et refoulée d'Addis-Abeba. L'Union africaine ne s'en tient pas à cette seule mesure afin de signifier sa réprobation. Elle impose à la Mauritanie des sanctions contre les membres civils et militaires de la junte comme l'interdiction de voyager et le gel de leurs avoirs bancaires. Le même mois, les États-Unis suspendent leur coopération militaire et leur aide au développement, soit l'équivalent de 22 millions de dollars d'aides diverses désormais gelés. Lors de cette mise en quarantaine, le soutien de l'Élysée ne faiblit pas, Paris s'emploie de toutes ses forces à redorer le blason de son poulain.

L'opération débute en avril 2009 : Mohamed Ould Abdel Aziz démissionne de son poste de chef de la junte. Il lui faut en effet prendre ses distances, symboliquement, avec le pronunciamiento, dissocier son image personnelle du coup d'État. Dans la foulée, il effectue une visite privée à Paris en empruntant l'avion personnel de Robert Bourgi, qui a prévu et organisé à son intention une série de visites et de rencontres.

Depuis l'élection de Nicolas Sarkozy, Robert Bourgi anime avec quelques autres une partie de la diplomatie parallèle de la France, celle des réseaux africains. Cet avocat d'origine libanaise peut être considéré alors comme un des derniers survivants de la Françafrique encore opérationnels.

Petit-fils de l'ancien gouverneur de France au Gabon et fils d'un ancien proche conseiller de l'ancien président ivoirien, Félix Houphouët-Boigny, Robert Bourgi se présente volontiers comme un lobbyiste ayant eu comme clients plusieurs chefs d'État africains tels que le Congolais Pascal Lissouba, pour lequel il faisait office de conseil juridique. Un contrat signé entre les deux hommes fixait la rémunération de Bourgi de façon forfaitaire sur la période de 1997 à 1998 à 125 000 francs[1]. En 1995, il s'est également mis au service du dictateur centrafricain Mobutu, s'efforçant de contribuer à sa réhabilitation auprès de la communauté internationale qui, depuis la fin de la guerre froide, refuse de fermer les yeux sur ses crimes et sur l'étendue de la corruption en Centrafrique[2].

Durant de longues années, Robert Bourgi a, surtout, été l'avocat du chef d'État gabonais Omar Bongo, qui l'a engagé comme consultant pour ses rapports avec le FMI. Bien sûr, il était plus que cela. Bourgi a été ainsi chargé de recruter des observateurs afin de certifier du bon déroulement de l'élection présidentielle du 6 décembre 1998 au Gabon. Il en a transmis la liste à l'ambassadeur de France à Libreville. Constituée dans le cadre de l'Association internationale pour la démocratie pour les élections présidentielles gabonaises, cette liste comprenait treize observateurs dont six magistrats parmi lesquels Georges Fenech, alors substitut général à Lyon, Jean-Louis Voirain, procureur

1. Contrat en possession de l'auteur.

2. Une note blanche d'un service français prétend que Robert Bourgi travaillait avec l'ex-conseiller de Mobutu chargé de la sécurité et de sa diplomatie secrète, Honoré Ngbanda, ex-administrateur général des services de renseignement zaïrois, l'AND. Ce dernier aurait constitué sa propre filière de sortie de diamants et des circuits légaux de commercialisation. Autrefois baptisé Terminator, Honoré Ngbanda a été jusqu'en 2007 le conseiller militaire de Laurent Gbagbo. Cette année-là il retourne au Congo-Kinshasa. (Note en possession de l'auteur.)

adjoint à Bobigny, ainsi que sept avocats dont William Goldnadel et Francis Szpiner. Robert Bourgi écrivait : « Nous serons tous à l'hôtel Méridien… Bien entendu nous apprécierions beaucoup que tu puisses nous recevoir […] Ton bien amicalement dévoué, Robert Bourgi. »[1]

Bien que, depuis 2007, les organigrammes de l'Élysée aient été modifiés afin de donner au staff présidentiel des airs de Maison-Blanche, le toilettage reste superficiel et n'affecte donc pas en profondeur le changement de mœurs qu'avait annoncé Nicolas Sarkozy lors de la campagne présidentielle. Il prônait alors des relations plus transparentes et des liens moins personnels entre dirigeants français et africains[2]. La présence de Robert Bourgi dans les allées du pouvoir contredit manifestement l'affichage présidentiel. D'autant que ce dernier exerce une réelle et indiscutable influence. Sans l'exagérer, on lui attribue la mise à l'écart du secrétaire d'État à la Coopération, Jean-Marie Bockel, qui avait pris au pied de la lettre les déclarations du candidat Sarkozy sur la Françafrique. En mai 2010, Robert Bourgi appuie la nomination de Dov Zerah à la direction générale de l'Agence française de développement[3]. Ancien du bureau Afrique du Trésor et ex-directeur de cabinet de Michel Roussin, Zerah est, tout comme Bourgi, un ancien proche de Jacques Foccart. En septembre 2011, alors que son étoile commence à pâlir et que son influence décroît, Bourgi passe aux aveux et révèle les dessous crapoteux de la Françafrique[4].

1. Lettre en possession de l'auteur.

2. Le sous-comité d'enquête de la commission des affaires intérieures du Sénat américain a rendu un volumineux rapport daté du 4 février 2010 et consacré à la corruption, dans lequel sont largement abordés les cas d'Omar Bongo et de Teodoro Nguema Obiang Mangue, le fils du chef d'État guinéen, accusé d'avoir frauduleusement introduit aux États-Unis 110 millions de dollars.

3. Le budget de l'agence était en 2009 de 6,2 milliards d'euros dont 2,6 destinés à l'Afrique. (*Jeune Afrique*, 23 mai 2010.)

4. *Le Journal du Dimanche*, 11 septembre 2011.

Le 12 juin 2009, l'ex-chef de la junte Ould Abdel Aziz emprunte donc l'avion personnel de Bourgi pour se rendre à Paris où il doit discuter à l'Élysée des questions de terrorisme. Nicolas Sarkozy projette à cette époque de réunir un sommet consacré à l'état de la menace dans la région du Sahel. Robert Bourgi profite du séjour à Paris d'Ould Abdel Aziz pour peaufiner l'image de l'ancien putschiste et futur président mauritanien qu'il présente à quelques journalistes, veillant à ce que des échos favorables paraissent. Les élections ont été programmées pour juillet 2009. Sans surprise, Ould Abdel Aziz est élu le 18 et investi le 5 août suivant. En raison du boycott international infligé au putschiste, Alain Joyandet, le ministre français de la Coopération, sera le seul représentant officiel étranger à assister à la cérémonie.

Un an plus tard, après avoir cautionné un coup d'État, la France valide donc cette farce électorale qui participe à la réhabilitation d'Ould Abdel Aziz. Son candidat est élu dès le premier tour de la présidentielle « à l'africaine », comme le note *Billets d'Afrique et d'ailleurs* en novembre. Ce bulletin spécialisé dans les péripéties et les turpitudes de la Françafrique rapporte que l'élection du 18 juillet 2009 a donné lieu à « une fraude sophistiquée d'une rare ampleur ». Pêle-mêle, il évoque des listes truquées par des experts marocains et sénégalais, des tribus achetées, des entorses à la Constitution, la présence de militaires dans les bureaux de vote, des camions de gendarmes et de militaires votant dans plusieurs endroits. Plus de 4 millions de bulletins fabriqués pour 1,2 million d'inscrits et des bourrages d'urnes lors des transports par les gendarmes. Le superviseur des observateurs internationaux était l'Organisation internationale de la francophonie dont la délégation était dirigée par un « expert en démocratie », le Burundais Pierre Buyoya, saint-cyrien, lui-même porté au pouvoir par un coup d'État militaire.

La France n'a plus qu'à mouiller la chemise pour que la communauté internationale valide ce ripolinage de façade et accepte l'élection apparemment arrangée de son poulain Ould

Abdel Aziz. La diplomatie élyséenne se transforme en cercle VRP. Elle se mobilise dans les instances internationales et européennes comme le groupe de contact international sur la Mauritanie, afin de parachever l'œuvre de blanchiment qui se poursuit le 17 septembre 2009. Ce jour-là, le Fonds monétaire international apporte sa bénédiction. À son tour, il cautionne ce scrutin douteux et consacre la légitimité des ex-putschistes. Le FMI renoue sa coopération avec la Mauritanie « après le rétablissement de l'ordre constitutionnel » (*sic !*)[1]. Peu après débarquent les grosses pointures de l'armée française. D'abord, le chef d'état-major de l'armée de terre Éric Irastorza, puis le chef d'état-major des armées, le général Jean-Louis Georgelin. La Mauritanie recevra bientôt d'Arabie saoudite 50 millions de dollars pour moderniser son armée, dont d'ailleurs une partie, estimée à 28 milliards de francs CFA, sera dépensée sans avoir été préalablement inscrite au budget, c'est-à-dire sans laisser la moindre trace[2].

Le FMI ayant accordé sa bénédiction, le climat redevient plus propice pour les investisseurs. Le sous-sol mauritanien et les richesses qu'il contient donnent à Nouakchott des airs de petit eldorado de plus en plus attractif, qui attire les hommes d'affaires. Quelques Français donnent l'exemple. L'ancien ministre de la Défense François Léotard effectue une mission de lobbying auprès d'Ould Abdel Aziz pour le compte de la société Pizzorno Environnement tandis que Patrick Balkany, vieil ami de Nicolas Sarkozy et personnage officieux de la cellule diplomatique de l'Élysée, négocie du fer mauritanien pour le compte d'un oligarque kazakh. Pour l'occasion, le maire de Levallois-Perret s'est associé avec l'homme d'affaires kazakh Patokh Chodiev et un jeune intermédiaire d'origine tunisienne, Lyès Ben Chedli[3],

1. *Billets d'Afrique et d'ailleurs*, 1er octobre 2009.

2. Note de l'Agence de presse africaine, 12 août 2010.

3. *Jeune Afrique*, 1er juin 2009, écrit que Patrick Balkany « attendu à Nouakchott » serait accompagné de Lyès Ben Chedli au titre de la « promotion de l'Union de la Méditerranée ».

lobbyiste et ancien chargé de mission pour l'Afrique du Nord et le Moyen-Orient de la CGEA-Onyx, une filiale du groupe Veolia[1].

En moins d'un an, la Mauritanie a retrouvé sa place dans la communauté internationale. Le 27 octobre 2009, un dîner célèbre l'événement à Paris avec Claude Guéant, Robert Bourgi, Alain Joyandet ainsi qu'avec le patron de la DGSE Erard Corbin de Mangoux, ou encore l'ambassadeur de France en Mauritanie, Michel Vandepoorter. Ould Abdel Aziz est persona grata dans la capitale française tout comme son second, le général Ghazouani, qui paraît désormais inséparable du directeur de la DGSE, Mangoux, lequel séjourne régulièrement à Nouakchott.

Début 2010, la Mauritanie renforce sa coopération économique avec la France. Elle signe avec le groupe Alcatel un accord de partenariat qui permettra la connexion de la Mauritanie au réseau Internet via un câble optique reliant l'Europe à l'Afrique.

L'étrange partenaire libyen

Dans le sillage du coup d'État et de l'entreprise de réhabilitation du chef de la junte surgit soudain aux côtés de la France un curieux et inattendu partenaire. Sur fond de putsch et d'odeur de pétrole se découpe la silhouette carnavalesque du guide libyen. Après la France et la Chine, qui vont consacrer 280 millions de dollars à l'agrandissement du port de Nouakchott, le colonel Mouammar Kadhafi promet à son tour, en février 2010, d'importants investissements en Mauritanie. Peu après la visite qu'y effectue son Premier ministre, signe du brusque rapprochement entre les deux pays, une ligne aérienne directe est mise en place pour relier Nouakchott à Tripoli.

1. Selon *Maghreb Confidentiel* du 24 septembre 2009, Lyès Ben Chedli, qualifié de « lobbyiste tunisien travaillant à Paris », aurait participé aux préparatifs de la venue en France en octobre 2009 du président Ould Abdel Aziz. Lyès Ben Chedli a rencontré pour la première fois Nicolas Sarkozy alors que ce dernier était encore maire de Neuilly.

Cette irruption de Kadhafi sur la scène politique officielle mauritanienne n'est pas sans conséquence pour le chef de la junte. Elle comprend évidemment une contrepartie : la Mauritanie annonce le gel de ses relations diplomatiques avec Israël. Jusque-là, elle faisait partie, aux côtés de l'Égypte et la Jordanie, des trois seuls pays membres de la Ligue arabe à entretenir des relations diplomatiques avec Tel-Aviv. L'accord entre la Mauritanie et Israël datait de 1999, le président de l'époque s'était alors rapproché d'Israël afin d'obtenir l'aide économique américaine. Ould Abdel Aziz interrompt ses relations avec Tel-Aviv le 6 mars 2009. Il accorde à l'État hébreu quarante-huit heures pour fermer son ambassade. Dans la foulée de la quasi-expulsion de l'ambassadeur israélien, Kadhafi débarque à Nouakchott en grande pompe tandis que, le 15 juin 2010, Libya Oil esquisse un projet de partenariat avec la Société mauritanienne des hydrocarbures. On incite cordialement le président mauritanien renversé par le coup d'État à s'installer en Libye. L'offre lui est transmise par l'intermédiaire du groupe de contact international sur la crise mauritanienne au sein duquel la France s'agite pour défendre son poulain Ould Abdel Aziz.

Les émissaires libyens et français se croisent alors sur les marchés publics mauritaniens. À l'occasion, ils empruntent les mêmes Falcon 900, comme le font par exemple Robert Bourgi et Béchir Saleh, l'ex-directeur de cabinet de Kadhafi. Président jusqu'en avril 2009 du Libyan African Investment Portfolio, ce personnage clé du système Kadhafi est un des rares privilégiés à avoir participé au déjeuner de réconciliation entre le chef libyen et le roi Abdallah d'Arabie saoudite organisé le 30 mars 2009 par l'émir du Qatar. L'heure semble à l'entente cordiale entre la France et la Libye, réintégrée depuis peu dans le giron de la communauté internationale. Purgée de ses crimes passés, elle n'est plus considérée comme un État terroriste. Pour se faire absoudre de ses péchés, la Libye a dû mettre le prix. La fondation Kadhafi, que dirige un des fils du guide dictateur, Saïf al-Islam, a déboursé près de 3 milliards de dollars d'indemnités qui ont servi à panser les paies des familles des victimes des attentats de Lockerbie en Écosse et du Ténéré au Niger dans lesquels ont trempé les services secrets libyens[1]. Tel est le prix de sa « rédemption », selon le mot de Jean-David Levitte, le chef de la cellule diplomatique de l'Élysée, justifiant alors le retour en grâce du chef d'État libyen.

Béchir Saleh a joué un rôle important dans la phase secrète des retrouvailles initiée au cours de l'été 2003 par Tamara Acyl, la fille de l'ancien ministre des Affaires étrangères du Tchad Ahmat Acyl, décédé le 19 juillet 1982 dans des « circonstances mystérieuses[2] ». Adoptée par le guide libyen, Tamara, qui parle couramment le français, se rend à Paris en août 2003 afin de jeter les jalons d'une filière qui devrait aider à établir des contacts directs. Au début, elle s'articule autour d'un trio hétéroclite composé d'un journaliste, d'un responsable d'une chambre de commerce implantée dans les pays arabes et du directeur du renseignement de la DGSE. Alors qu'ils s'emploient à préparer la voie aux futures négociations entrent en scène côté libyen de nouveaux interlocuteurs. Par ordre d'apparition, Moussa Koussa, l'ex-ministre adjoint des Affaires étrangères et chef des services de sécurité extérieurs libyens, l'ESO, formé aux États-Unis par la CIA. Ce dernier a longtemps dirigé la Mathaba (le « centre »), une organisation internationale créée en 1982 qui a suscité et soutenu de nombreux groupes de guérilla dans le tiers-monde. Puis apparaît l'influent Béchir Saleh, qui à l'époque dirige encore le cabinet de Kadhafi. À l'automne 2003, le réseau qui a permis de nouer les premiers contacts aussi bien à Paris qu'en Libye est prié de s'effacer au bénéfice d'officiels d'un rang plus élevé. Désormais, les négociations seront pilotées par le ministre des Affaires étrangères Dominique de Villepin et à

1. *Le Monde*, 3 mars 2004.
2. Pour ce qui est des émissaires, l'auteur a utilisé des notes rédigées par divers protagonistes de la réconciliation.

distance, à l'Élysée, par le conseiller diplomatique de Jacques Chirac, Maurice Gourdault-Montagne, et le conseiller spécial du président, Jérôme Monod[1].

Le 7 novembre 2003, Béchir Saleh débarque à Paris à bord d'un jet privé de la compagnie TransAfrica accompagné de Moftah Missouri, le médecin officiel et attitré du guide libyen. Les deux hommes séjournent à l'hôtel Meurice où ils rencontrent à plusieurs reprises Maurice Gourdault-Montagne. Les négociations ne s'éternisent pas. Elles débouchent d'autant plus vite qu'en décembre les Américains ont déjà conclu un accord avec Kadhafi. Or, le premier qui lève l'embargo a le plus de chance d'obtenir les contrats commerciaux les plus alléchants. L'accord entre Paris et Tripoli sera ratifié peu après, le 10 janvier 2004.

La Libye réhabilitée, les intermédiaires entrent alors en scène. Un vrai ballet ! À l'automne 2005, Roger Tamraz, fondateur de la compagnie Tamoil, partenaire des Libyens dans l'exploitation de leurs gisements, offre ses services à la société française d'exportation d'armement, la Sofema, dans le cadre d'un contrat de remise en état des douze Mirage de l'armée de l'air libyenne. Prélude, confie-t-on à Tripoli, à des contrats plus juteux comme l'achat possible de Rafale[2]. Puis le Franco-Libanais Ziad Takieddine négocie discrètement pour la compagnie pétrolière Total. À partir de 2007, le nouveau secrétaire général de l'Élysée, Claude Guéant, reçoit le renfort d'un autre intermédiaire, Alexandre Djouhri, lui aussi persona grata en Libye et qui l'accompagne dans certains de ses déplacements. Discrètement, il l'a suivi

1. D'autres intercesseurs viendront à l'Élysée plaider la cause de Kadhafi, dont Ahmed Kaddaf Eddam, cousin du guide, chargé à une époque des relations entre Paris et Tripoli, et aujourd'hui réfugié au Caire, mais aussi le Premier ministre libanais et homme d'affaires Rafic Hariri, ou encore Khali Ya Khali, chanteuse, une amie de Claude Chirac, présidente de l'Union nationale des femmes musulmanes de France, et plus largement le réseau parallèle féminin très actif.

2. *Le Point*, 20 mars 2008.

en Arabie saoudite où le secrétaire général de l'Élysée est allé négocier le contrat du TGV français ou encore en Chine où, à plusieurs reprises, il a servi d'intermédiaire à EADS.

Enfin, Claude Guéant profite des bons offices de Philippe Bohn, que les initiés surnomment le « Monsieur Afrique » d'EADS. Cet homme plutôt discret n'est pas dépourvu d'une certaine trempe. Il a baroudé en Afrique avec les équipes d'Elf au côté de l'aventureux Alfred Sirven et servi au sein de la Direction des applications militaires, la DAM, le plus discret et méconnu des services secrets français. Philippe Bohn dispose de solides réseaux politiques en Afrique qu'il met généreusement au service de Claude Guéant, lui ouvrant son carnet d'adresses en Libye où il a ses entrées dans l'entourage immédiat de Kadhafi. Il entretient des liens étroits avec le chef des forces spéciales libyennes qui, en dépit de son jeune âge – il a 34 ans en 2010 – peut faciliter la vente de missiles et autres bijoux de l'industrie française de l'armement. Ce qui explique que cet homme précieux soit toujours le bienvenu à Paris où, jusqu'à l'élimination de Kadhafi, il avait comme point de chute la suite 70 de l'hôtel Meurice. Philippe Bohn ouvrira aussi pour Claude Guéant quelques portes précieuses au Rwanda, où une amitié le lie de longue date au président Kagame, ainsi qu'en Afrique du Sud où, cette fois, il est l'ami écouté du président Thabo Mbeki.

Philippe Bohn appartient à cette catégorie d'hommes influents devenus indispensables dans le monde actuel des affaires. Eu égard à l'âpreté de la compétition, ces hommes de réseau dont l'intervention peut s'avérer quelquefois décisive sont plus que jamais devenus indispensables dans les grands marchés sensibles comme ceux de l'énergie, de l'armement ou encore de l'aéronautique.

Le colonel Kadhafi redevenu fréquentable, la France s'empresse d'accueillir le chef libyen en très grande pompe. Après avoir dressé sa tente dans le jardin de l'hôtel Marigny, à trente mètres à vol d'oiseau de l'Élysée, Kadhafi dîne, le 11 décembre 2007, à l'hôtel Ritz avec l'ancien chef de la diplomatie française Roland Dumas et une poignée d'intellectuels. Ceux qui prônent l'oubli et la réhabilitation convoitent sans doute plus cyniquement la manne des pétrodollars libyens. La visite de Kadhafi s'apparente assez à une foire commerciale où l'on discute Mirage, Rafale, hélicoptères, systèmes radar et de télécommunications, projets de manufacture d'armes ainsi que production d'équipements militaires, modernisation de la marine libyenne ou encore installations nucléaires civiles[1]. À Paris, beaucoup se frottent les mains, prenant pour argent comptant les promesses de Kadhafi. Hélas pour eux, le marché libyen ne devient pas l'eldorado tant espéré par la France. Il se transforme même plutôt en mirage. Et la plupart des promesses font long feu.

À défaut de tenir ses engagements, la Libye consent simplement à servir de rempart à l'Occident dans la lutte antiterroriste, au prix de quelques sévères entorses aux droits de l'homme. Elle participe aussi aux côtés de la France à des missions de formation qu'elle cofinance, telle celle qui devait aboutir en 2009 à la création d'une garde présidentielle en Somalie. « Devait », car l'opération s'interrompt brutalement le 14 juillet 2009. Deux instructeurs de la DGSE chargés de sélectionner cinq cents Somaliens se sont installés imprudemment dans un hôtel pouilleux du centre de Mogadiscio où ils avaient prévu de faire le tri parmi les postulants à la future garde présidentielle. Ce 14 juillet, les deux agents sont kidnappés. L'un retrouvera la liberté après le paiement d'une rançon, l'autre demeurait en mars 2012 entre les mains de ses ravisseurs.

Quant à la Libye, n'ayant aucun intérêt industriel ou financier

1. Devant la conférence des ambassadeurs, le 27 août 2007, Nicolas Sarkozy déclarait qu'afin d'éviter une confrontation avec le monde musulman il fallait l'aider à « accéder à l'énergie du futur », autrement dit à « l'électricité nucléaire », ajoutant qu'il serait difficile de faire admettre à « un milliard de musulmans à travers le monde qu'ils n'ont pas droit eux à l'électricité civile nucléaire quand ils n'auront plus ni pétrole ni gaz... ».

d'importance à y défendre, la France s'emploie et parvient au printemps 2011 à renverser le régime en place au nom de la démocratie et de la défense des droits de l'homme. Deux ans plus tôt, en Mauritanie, elle avait validé le renversement d'un État constitutionnellement démocratique.

Plan Sahel, néocolonialisme et business

Assurer la sécurisation des richesses stratégiques et protéger les investissements des grandes sociétés minières et pétrolières constituent désormais des tâches prioritaires pour les États concernés. Les pays occidentaux les plus puissants ont ainsi opté en Afrique pour l'installation durable de troupes sur des territoires officiellement indépendants. Ces implantations militaires s'effectuent de façon collective sous pavillon américain et le couvert de la lutte antiterroriste.

Alors que les forages de Total ont débuté dans le nord-est de la Mauritanie, des spécialistes français de la formation militaire débarquent en octobre 2009 à Nouakchott. Ils viennent renforcer les instructeurs déjà cantonnés à proximité de la palmeraie d'Atar où ils entraînent les forces spéciales mauritaniennes ainsi qu'une brigade nigérienne. À l'abri des regards, les Français côtoient aussi les forces spéciales américaines affectées au Special Operations Command pour l'Europe qui interviennent dans la région dans le cadre de l'Initiative Pan-Sahel (IPS), instaurée après le 11 septembre 2001. Destiné à lutter contre les 400 membres d'AQMI (selon les estimations officielles de la DCRI en mai 2011), ce plan a été conçu afin de sécuriser à long terme ces zones du Sahel et du Maghreb riches en minerais, en pétrole et en gaz, sachant qu'à partir de 2015 les États-Unis importeront 25 % de leur pétrole d'Afrique[1].

1. Selon une étude de l'African Oil Policy Initiative Group (AOPIG) qui prévoit, dans la prochaine décennie, qu'entre 65 et 75 % des investissements

La région sahélienne se singularise depuis toujours par son caractère inhospitalier, un territoire traditionnellement instable, pour ne pas dire incontrôlable. Les frontières y sont d'authentiques passoires qui ont depuis toujours favorisé les trafics les plus variés comme la traite humaine, le trafic d'armes, celui des voitures volées ou de drogue, ou encore l'expansion des filières clandestines d'immigration. Autant d'activités criminelles qui constituent des ressources inépuisables pour les groupes terroristes locaux. Le trafic le plus exemplaire et le plus lucratif est sans doute celui des cigarettes qui cheminent de Zérouate en Mauritanie à Kidal au Mali avant d'être introduites en plus petites quantités en Algérie dans des pick-up Toyota Land Cruiser. Un paquet de Marlboro vendu 205 francs CFA au Burkina Faso en atteint 650 au Mali et l'équivalent de 850 en Algérie, d'où les cigarettes traversent la Méditerranée pour pénétrer en Europe par l'Italie. Ce trafic prospère depuis des décennies. Il date de l'embargo commercial imposé en avril 1992 par l'ONU à la Libye après l'attentat de Lockerbie. Société de droit nigérien mais à capitaux libanais, la Sobimex contrôle alors le trafic de cigarettes lorsque la firme Marlboro lui concède le monopole de la distribution de sa marque dans la région. Peu après, Agadès devient la plaque tournante du trafic tandis que l'armée nigérienne entreprend de protéger les colonnes de camions qui livrent en Libye les cartons de cigarettes débarqués à des milliers de kilomètres dans le golfe de Guinée. De 1991 à 1995, le chiffre d'affaires global de la Sobimex a approché les 50 milliards de francs CFA.

Au fil du temps, ces trafics ont généré une corruption endémique qui favorise les opérations des réseaux terroristes. Pour quelques billets seulement, ces derniers monnayent la complicité d'agents de sécurité locaux et de l'immigration. Si la pauvreté ne crée pas le terrorisme, chacun sait qu'elle lui sert de terreau.

L'Initiative Pan-Sahel se fixe donc comme objectif de

---

américains directs en Afrique s'effectueront dans le secteur de l'énergie. (Stephen Ellis, « Briefing West Africa and its Oil », *African Affairs*, 2003.)

développer et de renforcer les capacités régionales antiterroristes des neuf nations[1] qu'elle fédère, de former et d'entraîner des compagnies très réactives composées d'environ 150 hommes originaires du Niger, du Tchad, du Mali et de la Mauritanie. Au tout début, en 2001, ce programme disposait d'un budget annuel de 7,75 millions de dollars par an qui, bien que relativement modeste, a permis d'entamer la sécurisation d'une région où les investissements se chiffrent, eux, en milliards de dollars. Les États-Unis ont ensuite complété l'IPS par un autre programme baptisé celui-là Trans Sahara Counterterrorism Initiative (TSCI).

Plus explicite, le TSCI relève de l'EuCom, l'European Command, créé en août 1952 dans le but d'unifier le commandement des forces alliées en Europe[2]. Doté initialement de 500 millions de dollars, le programme est censé croître annuellement de 100 millions de dollars. Plus ambitieux que l'IPS, il ne se contente pas de protéger les frontières et se veut plus offensif. Il a comme objectif de détecter et de détruire les terroristes. Dans ce but, depuis 2005, le bureau des affaires africaines du Pentagone procède à des manœuvres conjointes baptisées Flintlock[3]. Ainsi associées aux armées du plan antiterroriste transsaharien, les forces américaines ont peu à peu pris pied dans les zones sahéliennes. Les anciennes routes qui traversent le Sahara sont désormais jalonnées de bases militaires. Les États-Unis disposent d'une base au Niger, à 260 kilomètres au nord-ouest d'Agadès, où ils entraînent des troupes nigériennes dont certaines iront parfaire leur formation à Bâton-Rouge, en Louisiane[4]. À l'automne 2004, en accord avec le président algérien Bouteflika, une autre base permanente a été construite

1. Burkina Faso, Cap Vert, Tchad, Gambie, Guinée-Bissau, Mali, Mauritanie, Niger et Sénégal.

2. Voir le rapport du lieutenant-colonel Mary Jo Choate, US Army War College, « Trans Sahara Counterterrorism Initiative Balance of Power », 30 mars 2007.

3. *Le Quotidien d'Oran*, 2 juillet 2005 ; et *Al-Watan*, 7 juin 2005.

4. *Africa Confidential*, 23 janvier 2006.

à 200 kilomètres de Tamanrasset où se concentrent 400 militaires des forces spéciales. Les Américains y disposent également d'une station d'écoute qui intercepte les communications de l'ensemble de la région sahélienne.

Cette coopération antiterroriste ne va pas sans poser des problèmes, comme en atteste le compte rendu d'une réunion qui s'est tenue à Paris le 10 septembre 2009. Des représentants des États-Unis, de la France, de la Grande-Bretagne et des responsables de l'Union européenne y ont débattu de la menace terroriste dans le Sahel et le Maghreb (al-Qaïda et AQMI)[1]. La discussion aborde d'abord les divisions au sein d'AQMI et la possibilité de les exploiter. Puis, après avoir rappelé que ce groupe terroriste ne représente que 150 combattants profitant de divers trafics très rentables pour s'équiper en armes, radios et véhicules, plusieurs intervenants s'attardent sur la fragilité des alliés locaux. Ainsi, le Mali s'inquiéterait, paraît-il, davantage d'une nouvelle rébellion touarègue que des activités d'AQMI, inquiétude apparemment légitime eu égard aux événements d'avril 2012 qui ont vu le Mouvement national de libération touareg de l'Azawad (MNLA) et des groupes liés à Al-Qaïda scinder le pays en deux. Tout en admettant qu'il n'a pas les moyens de contrôler son vaste territoire, le Mali est suspecté de ne pas avoir non plus la volonté de s'engager militairement contre les terroristes dans leurs sanctuaires du Nord. Son attitude est qualifiée d'« ambiguë » et d'« énigmatique ». L'Algérie n'échappe pas non plus aux critiques. Elle partagerait peu ses renseignements et serait réticente à l'idée de s'impliquer dans une réelle coopération avec des partenaires occidentaux. Les participants à la réunion évoquent aussi le défaut de capacité militaire et policière des pays du Sahel ainsi que la complexité des relations des divers États avec les populations touarègues et berbères. Devant tant d'inefficacité, Gilles de Kerchove, le coordinateur contre le terrorisme du conseil de l'Union européenne, insiste sur la gravité

1. Source WikiLeaks.

de la situation. Il redoute un risque d'expansion d'AQMI vers les deux Guinée (Bissau et équatoriale) ou le Sénégal, ce qui selon lui ferait du groupe terroriste le plus grand pourvoyeur de drogue de tout l'Ouest africain. Un autre participant souligne de son côté l'importance des trafics liés aux réseaux de kidnappeurs.

L'abondance des critiques est telle qu'elle laisse penser que les partenaires occidentaux se sentiraient mieux protégés s'ils agissaient eux-mêmes. Tout le monde semble vouloir en effet se substituer aux autorités locales afin d'assurer la sécurité des pays du Sahel et les intérêts régionaux des firmes occidentales. Mais, bien entendu, il n'en est pas question, officiellement du moins. « Le rôle des acteurs externes à la région ne doit pas passer pour de l'ingérence et servir d'argument pour les recruteurs d'AQMI », observe le chef de la délégation américaine, avant d'ajouter qu'il lui paraît vital que l'effort de la lutte antiterroriste conserve un « aspect local ». La délégation américaine conduite par Johnnie Carson, secrétaire adjoint aux Affaires africaines, suggère alors la création dans l'Ouest africain d'un centre régional d'entraînement à la sécurité, tandis que le représentant de l'USAID, l'agence gouvernementale américaine, confirme le caractère alarmant de la situation. Selon lui, « les indicateurs de développement du Sahel sont les pires du monde ».

L'étendue de la pauvreté et du chômage rend les populations plus sensibles aux sirènes du terrorisme, ce qui explique que les programmes militaires et antiterroristes soient complétés par des programmes de l'USAID, l'agence dédiée à l'aide civile internationale. Durant la guerre froide, l'USAID a servi d'instrument de propagation de l'*American way of life*, notamment dans les pays en voie de développement. Pour ne pas déroger à cette fonction historique, l'USAID dispose de bureaux dans quatre des nations du programme de l'IPS : le Sénégal, le Nigeria, le Maroc et le Mali, également associés au programme du Millenium Challenge Corp. créé en 2004 dans le but d'impulser le développement économique, une autre fonction historique de l'USAID.

L'accroissement de la présence américaine dans les zones

sahéliennes et la prolifération des bases états-uniennes sur un arc de cercle qui s'étire de la Guinée à Djibouti suscitent bien des interrogations. Dès 2006, la députée PRG (radical de gauche) Chantal Robin-Rodrigo dénonce à l'Assemblée nationale la « politique expansionniste américaine en Guinée » menée, dit-elle, « sous couvert de lutte antiterroriste », mais qui serait en réalité motivée par le pétrole[1]. L'ancien directeur du renseignement de la DGSE, Alain Juillet, partage ce sentiment. Cette expansion trouverait même selon lui son origine dans un rapport de l'ancien secrétaire d'État James Baker, publié dans les années 1990 et évoquant la nécessité d'une installation durable des États-Unis dans le golfe de Guinée, en raison de l'abondance d'hydrocarbures[2]. Certains émettent aussi l'hypothèse que le dispositif antiterroriste pourrait n'être qu'un prétexte, comme semblent en effet le confirmer les déclarations d'Alain Chouet, autre expert français de la lutte antiterroriste[3]. Cet ancien chef du service de renseignement de sécurité de la DGSE considère qu'al-Qaïda n'existe plus depuis 2004. Les actions des troupes résiduelles, qui opèrent notamment dans la région du Maghreb, s'apparentent davantage à des activités criminelles classiques qu'à des interventions à portée idéologique. AQMI serait donc une organisation criminelle à vocation régionale plutôt qu'un groupe religieux extrémiste[4].

1. *Lettre du continent*, 6 février 2006.

2. Entretien avec l'auteur. Le 18 septembre 2009, le James Baker III Institute organisait à la Rice University un forum sur les questions de l'énergie sur le thème « Guinée équatoriale : une vision du futur ».

3. Alain Chouet a détaillé son point de vue sur Al-Qaïda dans l'intervention qu'il a faite le 29 janvier 2010 à l'occasion d'une table ronde organisée au Sénat par l'Association d'information sur le 11 septembre 2001.

4. Selon Richard Barrett, ancien responsable du MI6 britannique, qui chapeaute pour l'ONU un groupe d'experts de l'antiterrorisme, la menace terroriste aurait plutôt tendance à être surévaluée. Les alertes lancées à l'automne 2010 par les services de sécurité européens auraient ainsi manqué de « fiabilité ». (*Le Monde*, 10-11 octobre 2010.)

Le concurrent israélien

Israël est un compétiteur méconnu en Afrique. Son implantation sur le continent noir date de 1957, quand le jeune État hébreu ouvre une représentation diplomatique au Ghana. La fibre anticolonialiste le soude aux pays d'Afrique qui accèdent eux aussi à l'indépendance. Farouche opposant à l'apartheid, Israël entretient, au milieu des années 60, des liens étroits avec trente pays africains et apporte, en 1966, une aide militaire directe à dix d'entre eux tandis que les autres bénéficient, à la même époque, de l'aide de conseillers israéliens dans les domaines économique, militaire et technique. Plus de 1 500 experts israéliens sont ainsi affectés en Afrique. C'est le début d'une présence qui place aujourd'hui Israël dans la position d'un concurrent sérieux et déterminé sur le continent.

L'État hébreu occupe également une position de premier ordre dans les technologies de pointe, l'informatique, les drones de combat ou encore l'espionnage industriel et technologique.

La France a croisé à plusieurs reprises ce compétiteur audacieux aussi résolu que décomplexé.

La diplomatie africaine du Mossad

Le 11 avril 2011, l'ex-président ivoirien Laurent Gbagbo est capturé à Abidjan dans son bunker de Cocody par les forces spéciales françaises puis assigné à résidence. Depuis près de dix ans, une faction politique tentait à Paris d'obtenir son départ et son élimination. Laurent Gbagbo n'était pas et n'a jamais été le candidat espéré et voulu par la France, ou plutôt il n'a jamais été le candidat de la Françafrique. Quelques semaines après sa destitution, Nicolas Sarkozy assiste en Côte d'Ivoire à l'intronisation d'Alassane Ouattara, un proche dont il a lui-même célébré, en 1993, alors qu'il était encore simple maire de Neuilly, le mariage avec une Française qui gérait alors le patrimoine immobilier d'Houphouët-Boigny. Il est le seul chef d'État occidental à participer à la cérémonie officielle qui, d'une certaine façon, consacre des retrouvailles à caractère « familial ». La Côte d'Ivoire réintègre pleinement l'orbite française. En juillet 2011, le Premier ministre français y effectue à son tour un voyage officiel. L'euphorie est telle qu'aussitôt des rumeurs annoncent que les groupes français Total et Alstom pourraient incessamment récupérer quelques contrats accordés à des concurrents non français, paraît-il avantagés sous « l'ère Gbagbo ».

Était-ce là le péché originel de Gbagbo ? Avoir trop excessivement ouvert le marché de la Côte d'Ivoire à des entreprises chinoises, israéliennes ou encore américaines ? Si Laurent Gbagbo n'a jamais été le candidat de la Françafrique, le pays, sous sa présidence, est resté un partenaire privilégié de la France. Le chef d'État ivoirien aura été plus accommodant que sectaire. Par éclectisme ou souci de plaire au plus grand nombre, il s'est entouré d'un aréopage panaché de plus de soixante-cinq conseillers de nationalités diverses, dont un certain nombre de Français.

En 2005, au nombre des « conseillers extérieurs de la France » figurent Jean-François Chauveau, un spécialiste de la filière cacao, Martine Coffi-Studer, de l'agence de publicité Ogilvy en Côte d'Ivoire, par ailleurs épouse de Christian Studer, ex-patron du groupe Bolloré à Abidjan, directeur de l'antenne de la chaîne Direct 8, et Yves Lambelin, de la Société immobilière et financière de la côte africaine (Sifca)[1]. Bien qu'elles doivent

1. *Lettre du Continent*, 15 décembre 2005.

désormais faire de la place à la concurrence étrangère, les grandes entreprises françaises se partagent toujours la part du lion. Parmi les plus influentes, on note la Cossanex, grand distributeur de matériels électriques, liée au groupe Bolloré, la Compagnie fruitière du groupe Fabre, Bivac (Bureau of Inspection, Valuation, Assesment and Control), une filiale de Bureau Veritas, société internationale de conseil et d'audit, IPS, une société de sécurité, ou encore Gras Savoye. Premier courtier d'assurances en France, dixième au plan mondial, Gras Savoye est aussi l'assureur du groupe Bolloré.

Sous l'ère Gbagbo, la Françafrique dispose aussi d'un petit groupe de pression animé par l'ancien sénateur-maire UMP d'Arles, Jean-Pierre Camoin, que Jacques Chirac a nommé en septembre 1999 au titre des « personnalités qualifiées » au Conseil économique et social. Camoin a conseillé le groupe Fabre pour son développement en Afrique à partir de 1998, avant d'offrir ses services à Bivac puis au groupe Orange. Le 4 février 2004, Camoin crée le Cercle d'amitié et de soutien au renouveau franco-ivoirien, le Carfi. Son but : rapprocher les intérêts français et ivoiriens. Le conseiller Afrique de l'Élysée, Michel de Bonnecorse, et la conseillère Afrique du ministre des Affaires étrangères, Nathalie Delapalme, auraient apporté leur soutien à cette initiative tout comme Moïse Koré, un des conseillers longtemps considéré comme le plus influent dans le premier cercle de Laurent Gbagbo. L'homme exerçait, paraît-il, de l'ascendant sur le couple auprès duquel il faisait figure de Raspoutine africain. Tout comme Gbagbo, Koré appartient à l'ethnie Bété et tirait semble-t-il son influence de l'église Shekinah Glory Ministries, liée aux pentecôtistes américains, qu'il a fondée en 1998.

Globalement très présents en Côte d'Ivoire, certains intérêts français y affichent même d'excellents résultats. En 2009, le groupe Bolloré a réalisé sur le port d'Abidjan un chiffre d'affaires de 50 milliards de francs CFA[1]. L'ex-délégué national à

1. Sur le désengagement des entreprises françaises, voir « L'Afrique

l'Afrique du Parti socialiste et vieil ami de Laurent Gbagbo, Guy Labertit, confirme la bonne santé des investissements français et rappelle que sous l'ère Gbagbo étaient présentes en Côte d'Ivoire 143 filiales de grands groupes et 450 PME françaises qui représentent 30 % du PIB ivoirien[1].

Si le business français n'a pas pâti du régime de Gbagbo, celui-ci a toutefois accordé une place plus importante à un compétiteur particulièrement pugnace sur les marchés africains.

En septembre 2002, Abidjan devient une plaque tournante du milieu des affaires israélien. Les relations économiques entre Israël et la Côte d'Ivoire ont pris de l'ampleur dès les débuts de la crise politico-militaire qui oppose alors la France et la Côte d'Ivoire. Lors de la tentative de coup d'État de septembre 2002, que la France est soupçonnée d'avoir orchestrée, Israël appuie le président Laurent Gbagbo. Il lui livre du matériel de transmission et des drones, fournit une cinquantaine de conseillers spécialisés dans les écoutes téléphoniques qui vont former les Ivoiriens aux techniques d'espionnage. En novembre 2004, alors que l'armée française est à nouveau en première ligne et la ville en proie à la guerre civile, le général Poncé découvrira quelques-uns de ces experts au vingt-troisième étage de l'hôtel Ivoire. Ce jour-là, en liaison avec les forces de Laurent Gbagbo, ils sont en train d'intercepter les communications de l'armée française. Israël assure également, pour une période de vingt-cinq ans, la sécurité de l'aéroport d'Abidjan confiée à la société israélo-canadienne Avisecure, filiale du puissant groupe Visual Defense.

Hormis ce qui relève de la sécurité et des contrats militaires, les sociétés israéliennes ont réalisé, en 2009, 760 millions

n'est plus l'Eldorado des entreprises françaises », *Le Monde diplomatique*, mars 2006 ; et *Le Billet d'Afrique*, mars 2006, sur ce point en totale opposition.

1. Entretien avec l'auteur.

d'euros de bénéfice en Côte d'Ivoire[1]. À un rythme effréné, elles se concentrent et prolifèrent dans la banlieue d'Abidjan et sa zone franche de Grand-Bassam. Si les liens économiques se sont considérablement renforcés entre les deux pays depuis septembre 2002, ils préexistaient depuis longtemps. Ils remontent aux accords diplomatiques signés en février 1961.

En matière de BTP, les sociétés israéliennes sont parmi les plus actives en Côte d'Ivoire. En plus de quarante ans d'activité, la Société nationale ivoirienne de travaux a ainsi raflé quatre cents marchés de travaux publics. Depuis septembre 2002, le groupe Ebony, présent en Afrique depuis vingt-cinq ans dans le secteur minier, celui de l'énergie ou encore dans le secteur des télécommunications, a fait de son côté une percée remarquée. En mars 2009, Laurent Gbagbo consacre cette présence accrue. Il fait d'un ex-ambassadeur, Daniel Kedem, qui représente à Abidjan la société Éco-Solutions Israël, un consultant économique de la Côte d'Ivoire. Des relations aussi étroites entre l'État hébreu et un pays africain n'ont en fait rien d'exceptionnel, elles constituent un trait singulier de la géopolitique africaine. Elles ont même survécu aux aléas du conflit israélo-arabe.

Après la guerre des Six-Jours en 1967, puis celle du Kippour en 1973, les pays africains, de plus en plus dépendants des États pétroliers, seront en effet priés de rompre leurs relations diplomatiques avec Israël. La Côte d'Ivoire et le Centrafrique figurent parmi les rares à s'opposer en 1975 à la résolution 3379 de l'ONU qui assimile le sionisme au racisme et ne sera abrogée qu'en 1991. Cette mise à l'index n'empêche pas Israël de développer ses activités commerciales avec le Nigeria, le Kenya et le Zaïre de Mobutu, ni ses services d'intensifier leur présence et de redoubler d'influence.

Dans un rapport de mars 1979, *Israel : Foreign Intelligence and Security Services*, la CIA indique qu'après la guerre des Six-Jours, Israël conserve des liens avec les services de sécurité

1. *Jeune Afrique*, 15-21 novembre 2009.

du Kenya et du Zaïre[1]. L'État hébreu continue d'entraîner les services de sécurité du Libéria et maintient des liens avec ceux d'Afrique du Sud et du Ghana. Par ailleurs, Israël forme les services spéciaux de la Chine communiste, déjà très présente en Afrique, et dispose d'une base importante en Asie, à Singapour. Toujours selon ce rapport de la CIA, le Mossad cultive des liens discrets avec les services indonésiens. L'Indonésie étant un pays musulman, le correspondant israélien opère à Djakarta sous couverture commerciale et non diplomatique. Depuis 1954, le Mossad possède aussi une base clandestine au Maroc, où ses instructeurs ont formé des officiers et des aviateurs marocains et organisé les services secrets de Rabat. Joseph Alpher, un ancien officier du Mossad et directeur du bureau israélien du comité juif américain, explique qu'à cette époque le Maroc constituait pour Israël « une fenêtre sur le monde arabe[2] ». Le resserrement des liens entre le Mossad et le Maroc date de janvier 1960 quand les services israéliens avertissent le roi Hassan II de l'existence d'un complot qui se trame contre lui[3].

Officiellement créé en 1951, le Mossad correspond en hébreu à l'acronyme d'« Institut central pour la sécurité et le renseignement ». Durant la période où Israël se retrouve au ban de la plupart des pays du tiers-monde, à défaut de reconnaissance officielle, les hommes de l'Institut servent d'ambassadeurs à sa diplomatie parallèle, ce qui explique la montée en puissance du service.

Ses membres et ceux d'autres services secrets israéliens utilisent notamment comme couverture les missions commerciales rattachées au Mashav, centre de coopération internationale dépendant du ministère des Affaires étrangères. Ces missions

1. *Israel : Foreign Intelligence and Security Services*, étude rendue publique lors de la prise d'otages à l'ambassade américaine de Téhéran en 1979, document téléchargeable sur Internet.

2. *Maroc Hebdo International*, 4-10 avril 2008.

3. Agnès Bensimon, *Hassan II et les Juifs*, Seuil, 1991.

constituent souvent les ambassades officieuses, comme cela sera le cas en Iran jusqu'à la chute du shah, en 1979. À cette époque, la mission commerciale du Mashav à Téhéran est dirigée par un ancien de l'Haganah, Uriel Uri Lubrani. Cet ex-conseiller pour les affaires arabes du Premier ministre Ben Gourion a occupé le poste d'ambassadeur en Ouganda, où il a tant infiltré de conseillers au sein de la police, de l'armée de terre et de l'air qu'il passe pour l'homme le mieux informé du pays. À la fin de la guerre des Six-Jours, par esprit de vengeance, le chef d'État ougandais Idi Amin Dada place l'ambassade israélienne à Kampala sous séquestre et y installe les bureaux de l'OLP. De 1971 à 1973, Uriel Uri Lubrani appartient au groupe dirigeant des industries d'armement Koor, où il lui incombe plus spécialement de suivre les projets industriels à l'étranger. À ses côtés, au sein de la mission économique de Téhéran, Arieh Levin, né en Iran en 1927. Dans un mémo, la CIA esquisse une brève biographie de ce polyglotte éduqué dans les missions protestantes, qu'elle considère comme un officier de renseignement israélien, bien que l'auteur du mémo ait quelque difficulté à reconstituer sa carrière avec précision. Levin, qui a été en poste à Paris de 1969 à 1970, passe en tout cas pour un spécialiste des affaires iraniennes. Autre membre en vue de la mission commerciale, Abraham Lunz, attaché militaire à Téhéran depuis 1975. Avant cela, Lunz avait commandé un sous-marin de chasse et servi comme directeur du renseignement naval en 1971. Il a une réputation de spécialiste des communications et de l'électronique. La mission comprend encore le colonel Moshe Levi, affecté près de Téhéran en 1974 comme officier de liaison au QG des Forces de défense israéliennes, l'IDF. Lui aussi polyglotte, il sert en tant qu'assistant instructeur à l'école de renseignement de Téhéran[1]. Ces hommes ne constituaient en fait que la partie

1. Mémorandum du département d'État de l'ambassade des États-Unis de Téhéran du 21 juin 1977, ainsi que diverses notes biographiques du Central Reference Service de la CIA.

la plus visible de la présence des services de sécurité israéliens en Iran.

Encore plus profondément tapi dans les abysses du Mossad, Israël dispose à Téhéran d'un maître espion, Jackob Nimrodi.

Né à Badgad, Yaacov (Jackob) Nimrodi fait figure de légende dans le monde des services de renseignement israéliens. Dans les années 1950, alors qu'Israël n'entretient pas encore de relations diplomatiques officielles avec le pays, il débarque en Iran où, avec le grade de colonel, il fera office d'attaché militaire secret d'Israël[1]. Il reste vingt-quatre ans à Téhéran où il collabore à la mise en place des services de renseignement iraniens. Après le renversement du shah, en 1979, Nimrodi quitte l'Iran. Du Maroc, il se lance dans un complot pour renverser l'ayatollah Khomeiny. Financée par l'Arabie saoudite, armée par Israël et soutenue par le Soudan de Nimeiry, l'entreprise fera long feu. Dans les années 1980, Nimrodi se retrouve impliqué dans l'Irangate, ce scandale sans précédent où, à l'insu du Congrès américain, l'administration Reagan a composé en secret avec les ayatollahs iraniens afin de vendre des armes à la Contra, une guérilla d'Amérique centrale qu'encadrent, forment et financent alors les États-Unis dans le but de renverser le régime pro-castriste en place au Nicaragua. Nimrodi apporte alors son soutien à Adnan Khashoggi, homme d'affaires et marchand d'armes saoudien, qu'il a rencontré à Paris en 1975 et qui sert de pivot au trafic d'armes[2].

Cellule africaine de l'Élysée contre Mossad

Après une longue éclipse, Yaacov Nimrodi réapparaît en février 1995 à Madagascar, où il débarque à la tête d'une importante délégation commerciale israélienne. Il préside désormais la société ILDC, Israel Land Development Company[3].

1. *Haaretz*, 20 mai 2004.
2. *International Herald Tribune*, 26 janvier 1987.
3. *Washington Post*, 4 février 1994. La délégation comprend notamment

Officiellement, Nimrodi vient signer un contrat prévoyant notamment la vente à Madagascar de vedettes garde-côtes et la formation de cinq cents agents de sécurité spéciale, le tout pour un montant de 10 millions de dollars, dont un million payable d'entrée. Si un tel contrat était signé, les Israéliens supplanteraient la France à Madagascar dans le domaine de la coopération militaire. Ils l'évinceraient notamment de la formation de la garde présidentielle que dirige à cette époque Gilbert Lecavelier, un ancien du service action du Sdece (Service de documentation extérieure et de contre-espionnage), lié aux services de renseignement français et au milieu mercenaire d'extrême droite[1]. Le Mossad possède en matière de sécurité une réelle expérience. Il s'est fait de longue date une spécialité des missions de sécurité présidentielle, intervenant au Soudan, où Israël a également vendu des pièces d'artillerie et fourni des conseillers techniques, en Côte d'Ivoire, au Liberia, au Togo ainsi qu'au Gabon.

Les ambitions de Nimrodi et de sa délégation suscitent du côté français une légitime crispation. Empiétant dans le pré carré de la France, l'initiative israélienne s'apprête à remettre en cause des contrats déjà signés avec l'Union européenne et, au-delà, les traditionnelles relations franco-malgaches en matière de coopération. Depuis 1993, la garde présidentielle du président malgache est dirigée par un colonel et un lieutenant ainsi que cinq sous-officiers issus des Commandos de recherche et d'action en profondeur (CRAP), cantonnés à la base de Tarbes. Le projet de Nimrodi crée tout d'abord des tensions puis engendre une crise gouvernementale et politique qui connaît son pic en 1996

---

le PDG d'un groupe hôtelier, un coordinateur de la Banque mondiale, le PDG de la société pétrolière Nafta-Moskva, le chef de la santé publique au ministère de la Santé d'Israël et un proche collaborateur de son ami Adnan Khashoggi.

1. Son passage à Madagascar est relaté par Gilbert Lecavelier, dans *La Grande Magouille*, cd-rom, en possession de l'auteur.

lors de la destitution du président Albert Zafy, qui le soutenait. Il se conclura en février 1997 par l'élection à Madagascar d'un président pro-français. La France a habilement retourné la situation à son avantage et fait capoter l'initiative israélienne.

Les services français, ayant détecté l'intrusion hostile des Israéliens à Madagascar, réagissent en effet aussitôt. Tandis qu'à Tananarive ils renforcent leurs capacités de renseignement électronique, notamment en faisant venir de France plusieurs spécialistes en radio et communication, à Paris les experts politiques de la Françafrique échafaudent un plan d'avenir. La cellule africaine de l'Élysée, que dirige alors Fernand Wibaux, s'attelle à l'« opération Ramsès », dont l'objectif consiste à faire élire comme président de la République malgache le poulain de la Françafrique, Didier Ratsiraka. Alors exilé en France, ce dernier loge provisoirement à Paris dans un appartement HLM de la rue Guillemot, que lui a fait attribuer un élu de La Réunion proche de Charles Pasqua. D'avril à septembre 1996, les experts de la Françafrique peaufinent sa future campagne. Rien n'est laissé au hasard, les meilleures compétences sont mises à contribution. Le programme de Ratsiraka est élaboré par deux polytechniciens tandis que sa communication est confiée à l'ancien délégué à la formation du RPR, un spécialiste de l'Afrique expert en techniques électorales. Au registre communication, Ratsiraka reçoit également l'aide d'un ancien capitaine de vaisseau ayant fait ses preuves aux côtés du président congolais Sassou-Nguesso. Deux cent mille affiches du candidat Ratsiraka sont fournies par l'imprimeur officiel du RPR avant d'être acheminées et collées sur les murs de Madagascar où, en février 1997, Ratsiraka est élu de justesse avec 50,71 % des voix. Huit mois plus tard, l'ancien locataire de l'Office HLM de la ville de Paris achetait un hôtel particulier, 22, avenue de Madrid, à Neuilly.

Nimrodi, qui a échoué dans son entreprise, s'éclipse à nouveau. Son successeur, Shafir Shlomo, est un homme plutôt discret qui s'installe à l'hôtel Hilton de Tananarive, où il loue à l'année trois chambres qui lui servent de bureaux pour promouvoir le business israélien. Pour ne pas déroger aux habitudes, lui aussi est un ancien du Mossad et y a le grade de colonel.

L'une des terres de prédilection des Israéliens reste cependant le Zaïre. Jusqu'au début 1988, l'homme clé du Mossad y aura été le colonel Meir Mehoukas. D'origine égyptienne, on l'a expédié au Zaïre pour y nouer des relations étroites avec Mobutu qui règne alors en maître sur ce pays dont les sous-sols recèlent tant de richesses[1]. De Kinshasa où on l'appelle le « colonel Meyer », Mehoukas va contribuer en 1986 au rétablissement des relations diplomatiques entre Israël et le Cameroun où il se réfugie en 1989 après avoir rompu avec Mobutu. Meyer devient le conseiller du président Biya qui lui offre l'hospitalité dans une suite du huitième étage de l'hôtel Sofitel de Yaoundé réservée habituellement à la présidence de la République camerounaise. Meyer s'est surtout illustré au Zaïre où il a accompli de véritables miracles. Avant sa brouille avec Mobutu, le pays héberge tant d'agents du Mossad que Tel-Aviv leur confie la gestion de l'aide officielle israélienne. La lune de miel dure des années. Mobutu envoie ses meilleurs officiers suivre des stages commandos en Israël[2]. Mobutu lui-même se soumettra à l'épreuve. Tout en s'occupant de la sécurité personnelle du chef zaïrois, les Israéliens créent la Ditrac, une division aéroportée d'élite, et forment la division spéciale présidentielle. Ils collaborent avec les Français au sein de l'école des troupes blindées et participent activement au Ceforec (centre de formation des agents de sécurité) aux côtés des agents de la CIA et du Sdece mais aussi des Chinois

1. Sur Mobutu, voir Jules Chomé, *L'Ascension de Mobutu*, Maspero, 1979 ; Larry Delvin, *Chief of Station. Congo*, New York, Public Affairs-Perseus Books Group, 2007 ; John Stockwell, *In Search of Ennemies. A Cia Story*, Bridgewater, N. J., Replica Book-Baker & Taylor, 1997 ; Emmanuel Dungia, *Mobutu et l'argent du Zaïre*, L'Harmattan, 1992 ; « Zaire. The Military Under Mobutu », rapport de la CIA de novembre 1988, déclassifié.

2. Colette Braeckman, *Le Dinosaure*, Fayard, 1992, p. 60.

qui s'occupent, eux, du matériel[1]. À l'époque, l'État hébreu sert de faux nez à la CIA qui distribue des dizaines de millions de dollars au Mossad afin qu'il lui serve de relais dans les zones comme l'Afrique noire où la centrale américaine ne peut exercer directement son influence[2]. Ces fonds transitent alors par le canal de l'Histadrout, la centrale syndicale israélienne, l'Institut israélien afro-asiatique et le ministère des Affaires étrangères[3].

Les Israéliens ne se contentent pas de former les troupes spéciales et les agents de Mobutu pour le compte de la CIA, ils contrôlent également le commerce du diamant. Le général Gonen s'impose dans cette activité, jusqu'à devenir le principal exploitant de diamants du Zaïre. Mobutu entretient par ailleurs des liens amicaux et commerciaux avec Larry Delvin, l'ancien chef de poste de la CIA à Brazzaville. Une fois à la retraite, ce dernier se lance à son tour dans le commerce du diamant. Il dirige une société liée au diamantaire Lazare Kapaln et à la société d'investissement Leon Tempelsman & Son, en relation d'affaires avec le géant sud-africain du secteur, De Beers. Les connexions entre les gens du Mossad et les diamantaires sont historiquement étroites et très imbriquées, à l'image des liens qui ont uni dans les années 80 et 90 le général Ariel Sharon et Jonas Savimbi, chef du mouvement de guérilla antimarxiste l'Unita. Afin de financer ses activités, entre 1992 et début 1998, ce dernier avait mis sur pied un vaste réseau de trafiquants de diamants[4] grâce auquel, selon l'ONG Global Witness, l'Unita contrôlait les ventes de pierres dans les bureaux d'achat du Rwanda, de l'Ouganda et de la Zambie. Soit entre 60 et 70 % de la production angolaise de diamants qui, écoulée sur les marchés libres d'Anvers et de Tel-Aviv, atterrissait immanquablement en bout de course chez

1. *Ibid.*, p. 61.
2. *Washington Post*, 24 février 1977.
3. *Témoignage chrétien*, 21 avril 1977.
4. *Africa Confidential*, 19 avril 1999.

De Beers. Savimbi n'a pas été le seul à s'autofinancer grâce au commerce des diamants dont la contrebande reste encore aujourd'hui très vivace en Afrique, en particulier dans les zones de guerre.

En octobre 2009, évoquant le conflit en Côte d'Ivoire, l'ONU met en garde contre l'extraction sauvage du diamant et les risques que pourrait engendrer un trafic dont les recettes serviraient « à financer l'achat illicite de matériels militaires en violation de l'embargo sur les armes[1] ». Selon ce rapport, Israël serait le point de passage obligé et clandestin de la revente des diamants produits dans le nord de la Côte d'Ivoire. Des hommes d'affaires israéliens et des sociétés libanaises et israéliennes seraient impliqués dans l'exportation de diamants bruts ivoiriens et soupçonnés de violer l'embargo, tout comme quelques autres acteurs de la filière tels que la Guinée, les Émirats arabes unis ou encore le Liban.

Parmi les sociétés mises en cause dans le rapport de l'ONU, l'une d'elles, spécialisée dans le BTP, attire particulièrement l'attention car elle apparaît déjà dans la coulisse d'un trafic de diamants évoqué, en 2007, dans un rapport de Global Witness. Inscrite depuis 2004 au registre du commerce ivoirien, la société Lev-Ci est liée au Lev Mendel Group immatriculé, lui, aux Pays-Bas de mai 2003 à janvier 2004 et décrit dans ce rapport comme « une structure opaque » dont l'un des dirigeants, Moshe Rothschild Chassin, est présenté comme un négociant d'armes. Au Pérou, où un quotidien l'a surnommé le « roi du pot-de-vin » (« Lord of Bribes »), Moshe Rothschild Chassin a été accusé de vente illicite de matériels d'écoutes téléphoniques et de MIG-29, pour un montant estimé à 500 millions de dollars, et d'avoir corrompu le ministre de l'Intérieur Vladimiro Montesinos. Ancien chef de la direction de l'antiterrorisme dénoncé comme tortionnaire, ce dernier est unanimement considéré comme un agent de la CIA et qualifié de gros bonnet du trafic de drogue.

1. Rapport daté du 9 octobre 2009.

Selon le quotidien israélien *Haaretz*, Moshe Rothschild Chassin utiliserait la société Mobetek et une cascade d'autres sociétés basées aux îles Vierges et aux Bahamas afin de blanchir de l'argent destiné à constituer ultérieurement des pots-de-vin[1]. Une méthode parfaitement décrite dans l'étude du cabinet de stratégie proche des services français évoquant les techniques de contournement de la convention anti-corruption de l'OCDE[2].

Les missions commerciales dont les agents du Mossad ont été les VRP efficaces ont permis à l'économie israélienne de s'implanter durablement et solidement sur le continent noir où ses investissements sont passés de 430 millions de dollars en 1990 à 2 milliards en 2008. Israël possède même en Afrique de véritables fiefs. Ainsi, l'Afrique du Sud est le premier partenaire commercial d'Israël sur le continent, avec huit cents entreprises, ce qu'explique en grande partie l'histoire, une fois encore. En 1961, les échanges entre les deux pays s'élevaient à 3 millions de dollars, ils atteignent 7 millions en 1965 et ils explosent à partir de 1975 pour se situer entre 90 et 100 millions de dollars (desquels sont exclus les ventes de diamants et le hardware militaire). L'exploitation du fer et l'industrie sidérurgique ont constitué un des principaux secteurs de coopération entre les deux États[3].

Membre de la mission commerciale israélienne en Afrique du Sud, Tamir Agmom confiait en 1977 au *Financial Times* que les industries métallurgiques israéliennes Koor et la société

1. Début juin 2011, quelques semaines après la chute de Laurent Gbagbo, le nord de la Côte d'Ivoire, zone des ex-rebelles, serait encore sous la coupe des trafiquants de diamants qui, selon la CIA, pourraient être liés au groupe AQMI. (*Africa Mining Intelligence*, 1er juin 2011.)

2. Voir p. 80. Lire aussi avec profit l'édifiant rapport de l'ONG Global Witness, « Indue Diligence How Banks do Business with Corrupt Regimes », publié en mars 2009, qui, de façon implacable et documentée, établit la complicité active des banques avec les régimes corrompus.

3. Voir « Edging Closer Israel and South-Africa », *South-Africa Bulletin*, avril 1978.

sidérurgique d'État sud-africaine Iscor s'étaient associées au sein de l'Iskoor pour produire des équipements électroniques réexportés ensuite en Europe et aux États-Unis. Dans le cadre de cette coopération militaire, six destroyers Reshef équipés de missiles Gabriel seront ainsi construits en Israël et exportés en Afrique du Sud qui, de son côté, importe également d'Israël du matériel électronique. Trois sociétés israéliennes (Tadirau, Elvit et Israel Aircraft Industries, société israélienne d'État créée en 1968), ont ainsi vendu à l'Afrique du Sud, au moment où les produits sud-africains sont soumis à l'embargo en raison de la politique d'apartheid, des stations radar complètes, des clôtures électriques, des dispositifs de vision nocturne. En novembre 1988, un rapport révélait qu'Israël avait aussi fourni à l'Afrique du Sud des techniciens pour qu'elle puisse produire et fabriquer elle-même des avions. En échange d'un coin de désert pour y procéder à des essais nucléaires, Israël apporte son soutien à l'Afrique du Sud en lui servant de tête de pont pour le marché commun et l'Occident en général, toujours en pleine période d'embargo.

L'État hébreu devient un des principaux vendeurs d'armes non seulement en Afrique du Sud mais aussi sur l'ensemble du continent africain où, à la fin des années 1970, Israël représente 35 % des ventes d'armes. En 1989, le directeur général du ministère de la Défense israélien chiffrait à plus d'1,4 milliard de dollars les exportations d'armes à destination de l'ensemble des pays africains. L'État hébreu fournit des armes au prosoviétique chef d'État éthiopien Mengistu afin de favoriser le retour en Israël des juifs noirs d'Afrique, les Falashas.

Pour autant, la montée en puissance et le développement du complexe militaro-industriel israélien ne peuvent être attribués qu'aux seules relations d'Israël avec l'Afrique du Sud. Le pillage technologique des firmes américaines, dont l'impact financier n'a fait que s'ajouter aux 140 milliards de dollars d'aide versés par les Américains à Israël depuis la fondation de l'État hébreu en 1948, y a également contribué puissamment[1]. Ce pillage, confié à l'une des unités les plus secrètes des services secrets israéliens, l'unité Lakam, s'est effectué quasiment en toute impunité durant des décennies.

Les as de l'espionnage technologique israélien

Shimon Peres crée l'unité Lakam en 1957[2]. Il lui fixe comme objectif de réunir toutes les informations techniques et scientifiques nécessaires à un projet d'espionnage industriel de haut niveau. Cette unité sera longtemps dirigée par un ancien responsable du Shin Bet, le service de contre-espionnage israélien, Benyamin Blumberg. Entièrement dévolue, à ses débuts, à la recherche de renseignement nucléaire, elle prend le nom de Lakam au milieu des années 1960 alors qu'elle quitte le ministère de la Défense pour installer son quartier général rue Carlebach à Tel-Aviv. Lakam possède alors des bureaux à Washington, New York et Los Angeles, et entretient aux États-Unis une trentaine d'agents à plein temps.

Après la guerre des Six-Jours, en 1967, qui lui fait perdre l'aide française en matière d'armement de haute technologie, l'État hébreu décide de créer sa propre industrie d'armement. La plupart des firmes de ce nouveau complexe seront dirigées par d'anciens militaires et serviront de couverture aux agents de Lakam, qui dans leurs missions bénéficieront également de l'appui des autres services israéliens : Mossad, Shin Bet et Renseignement militaire.

Lakam ne limite pas longtemps ses opérations d'espionnage au seul domaine nucléaire. Peu à peu, le gouvernement l'encourage à diversifier sa collecte illégale d'informations et à s'ouvrir à d'autres secteurs comme la balistique, l'électronique et

1. *Hustler Magazine*, avril 2009.
2. « Ha-Lishka le-Kishrei Mada », bureau d'échanges scientifiques.

l'avionique. Il ne cible pas non plus exclusivement des firmes américaines. Ainsi s'intéresse-t-il à une usine de moteurs qui, en Suisse, travaille sous licence pour le Mirage, l'avion de combat français de la société Dassault. En 1969, l'unité israélienne recrute là un ingénieur, du nom d'Alfred Frauenknecht, qui éprouve de plus en plus de difficultés à entretenir financièrement sa maîtresse. Lakam profite de l'opportunité. Elle l'exploite d'autant plus aisément que la cible a apporté son appui moral à Israël lors de la guerre des Six-Jours. Bien qu'il ne soit pas juif, l'homme se dit même partisan des thèses sionistes. Après une brève rencontre à Paris avec Dov Sion, l'attaché militaire israélien de l'ambassade d'Israël, lui-même membre de Lakam, Alfred Frauenknecht se laisse convaincre. Il accepte la mission qu'on lui confie et dans laquelle il se fera aider par un neveu que cette tâche paraît enthousiasmer. L'ingénieur commence à collecter une masse gigantesque de documents et de renseignements utiles sur le Mirage : 200 000 photocopies de documents qu'il transmet au Lakam. Mais son activisme finit par attirer l'attention. Repéré, Frauenknecht est arrêté, jugé et condamné, le 23 avril 1971, à quatre ans et demi de prison pour espionnage, une peine relativement clémente, son neveu étant par ailleurs épargné.

Les informations transmises par Frauenknecht à l'industrie de l'armement israélienne ont fait économiser à cette dernière des centaines de millions de dollars en matière de recherche et développement. À la fin de l'année 1971, Israël teste en vol un nouvel appareil, le Nesher, conçu en grande partie grâce aux documents subtilisés et qui sera engagé quelques mois plus tard dans la guerre du Kippour[1]. Fondée en 1953 en liaison avec le ministère de la Défense israélien, Israel Aerospace Industries constituera longtemps la clé de voûte du complexe militaro-industriel israélien. Elle a de ce fait indiscutablement bénéficié des opérations d'espionnage de Lakam.

1. Ian Blackl et Benny Morris, *Israel's Secret Wars*, New York, NY, Grove Press, 1991.

Espionner les firmes américaines aux États-Unis ne fait pas l'unanimité au sein du renseignement israélien. Le Mossad s'y montre plutôt opposé en raison de la collaboration étroite qui le lie à la CIA depuis 1951, date à laquelle les deux services ont passé un accord instaurant un échange d'informations qui s'est avéré extrêmement profitable pour les Israéliens. Les chefs du Mossad redoutent qu'en cas de bévue leur service soit privé en retour d'informations précieuses. Les agences américaines transmettent sur leurs voisins arabes d'innombrables informations comme de nombreuses photographies satellitaires de reconnaissance et autant d'interceptions de communications. Les activités de Lakam apparaissent donc au Mossad à double tranchant et périlleuses.

Richard Walker, conseiller du directeur de la CIA Robert Gates, considérait dans les années 1990 qu'Israël posait aux services américains « un des problèmes de contre-espionnage les plus difficiles[1] ». Un sujet si sensible que, plutôt de s'y confronter, les États-Unis préféreraient l'esquiver, fermant les yeux sur un pillage de secrets industriels estimé à des centaines de millions, voire des milliards de dollars. En pleine guerre froide, le Mossad a constitué un atout précieux que la CIA devait ménager. Il l'informait sur l'Union soviétique, notamment grâce aux débriefings des juifs russes émigrés. Il servait aussi de base d'assistance aux opérations clandestines de la CIA dans les pays alliés en Afrique. Les agents de plusieurs services secrets africains, et pas seulement ceux de Mobutu, ont ainsi été formés en Israël par des agents de la CIA. Depuis 1971, avec le développement des mouvements armés palestiniens, Israël et les États-Unis échangent également des renseignements sur le terrorisme.

Néanmoins, si Washington ferme les yeux, il ne laisse pas pour autant les services de renseignement israéliens agir impunément. Entre 1968 et 1969, le FBI place sous surveillance un réseau d'espions israéliens et met sur écoute l'ambassade d'Israël.

1. Cité dans Peter Schweizer, *Friendly Spies*, *op. cit.*, p. 213.

L'agence fédérale suspecte ce réseau d'être à l'origine de la disparition de cent kilos d'uranium enrichi. Au terme de son enquête, le FBI expulse neuf agents israéliens dont un certain Raphael Eitan, chimiste de formation, qui a participé à la traque d'Eichmann, le fugitif nazi capturé en Argentine, jugé et pendu en Israël. Cette affaire n'aura cependant aucune suite fâcheuse pour les services israéliens, ni de conséquence sur la carrière d'Eitan. En avril 1981, Ariel Sharon devient ministre de la Défense. Il remercie Blumberg, le patron jusque-là inamovible de Lakam, et le remplace par un proche et un confident, Rafi Eitan justement. Avec ce dernier, le Lakam se professionnalise davantage encore. Pourvu de nouveaux agents, il intensifie ses activités. Eitan contrôle désormais un des meilleurs espions israéliens agissant aux États-Unis, l'expert en informatique installé en Californie, Richard K. Smyth.

Père de cinq enfants, dont l'un sera médaillé d'argent à la voile aux Jeux olympiques de 1984, membre du Yacht Club, Richard Smyth dirige une société de consulting et entretient, depuis la fin des années 70, des relations aussi étroites que dissimulées avec Israël. Smyth travaille alors pour la Rockwell Corp., un important fournisseur du département de la Défense américain. En 1980, il rejoint le conseil scientifique de l'US Air Force qui s'occupe des systèmes de technologies avancées. Ainsi, il a désormais accès à tous les programmes de recherche secrets du Pentagone. En avril 1985, le département de la Défense lui délivre la médaille du mérite du travail civil, peu de temps avant qu'une enquête du FBI n'interrompe ses activités d'espion. Le 16 mai 1985, après avoir durant dix-sept ans subtilisé une masse phénoménale d'informations technologiques, Richard Smyth et son épouse se réfugient précipitamment en Israël. Parmi les agents traitants que le Lakam lui a attribués au cours de ces longues années d'espionnage figure un étrange et romanesque personnage aux vies multiples, Arnon Milchan. Ancien joueur de football, ami de Rafi Eitan et de Shimon Peres, Milchan est l'un des hommes clés du complexe militaro-industriel israélien. Expert en ventes d'armes, il a notamment opéré en Afrique du Sud mais aussi en Amérique latine, un marché habituellement difficile pour Israël. Après avoir traité Smyth pour le Mossad et le Lakam, l'encore jeune espion s'inscrit à la London School of Economics. Puis il étudie à l'université de Genève avant d'entamer, en 1991, une carrière de producteur. Hollywood lui doit quelques films à succès comme *Brazil*, *Pretty Woman*, *L'Homme qui en savait trop* ou encore *JFK*. En 2010, le magazine *Forbes* classait Milchan parmi les plus grosses fortunes israéliennes.

En 1985, alors que Smyth s'enfuit, talonné par les limiers du FBI, une autre recrue de Lakam, Jonathan Jay Pollard, trébuche à son tour. Lui n'a pas le temps de s'échapper. Arrêté par le FBI, il est condamné en 1987 à la prison à perpétuité. Il a livré aux Israéliens 800 000 documents classifiés ultra-sensibles, l'équivalent de 100 mètres cubes de papier, selon le calcul d'un journaliste du *Washington Post*[1].

Les autorités américaines finissent par s'émouvoir de ces affaires d'espionnage à répétition. En 1992, un sous-comité des affaires judiciaires de la Chambre des représentants, qui enquête sur la menace que fait peser l'espionnage économique sur l'industrie américaine, éreinte les services israéliens. Un rapport du comité évoque l'affaire Recon Optical, une société sollicitée pour équiper les avions israéliens de reconnaissance aérienne. Les Israéliens n'ont formulé qu'une seule exigence : ils veulent suivre sur place l'évolution du travail. Le principe accepté, trois agents de Lakam entrent en scène. Mais ils ne vont pas se contenter de « suivre l'évolution du travail », ils s'emparent de tous les secrets de fabrication de Recon Optical dans le but de les rétrocéder gracieusement à la société israélienne Electronics Optics Industries. Pris sur le fait, ils sont instamment priés de retourner en Israël[2].

1. *Washington Post*, juillet-août 1993.

2. Témoignage de Milton Socolar, l'assistant du contrôleur général du General Accounting Office, effectué le 29 avril 1992 devant le sous-comité

Bien que confronté à ces échecs répétés, Israël ne tempère pas pour autant l'audace de ses services qui continuent de défrayer la chronique. En octobre 2009, le FBI met fin à la carrière d'espion de Stewart David Nozette[1]. Ce scientifique, qui a occupé des responsabilités au département de l'Énergie et de la Défense, avait appartenu à la NASA et au Conseil national de l'espace de la Maison-Blanche. À l'automne 2009, il tombe dans le piège tendu par un agent du FBI qui s'est fait passer pour un membre du Mossad. Nozette accepte, moyennant quelques liquidités, de lui fournir des renseignements à caractère scientifique. Il n'a pas été appâté par hasard. Depuis des mois, les services de contre-espionnage sont intrigués par cet homme qu'ils soupçonnent de fournir depuis longtemps aux Israéliens des renseignements en utilisant comme couverture l'Alliance for Competitive Technology (ACT), une association à but non lucratif, qu'il dirige depuis 1990. Durant toutes ces années, l'ACT a en effet profité des contrats qui la liaient au laboratoire de recherche de la Marine américaine, à l'Agence de projets de recherche avancée de la Défense (DARPA) ainsi qu'au Centre de vol spatial Goddard de la NASA pour aspirer les informations que Nozette transmettait ensuite à une société aérospatiale entièrement détenue par le gouvernement israélien qui lui versait 250 000 dollars d'honoraires au titre de « consultant technique », rétribuant ainsi son travail d'informateur. Commentant cette affaire dans un de ses rapports, le General Accounting Office, la cour des comptes américaine, affirme qu'elle peut être considérée comme l'une des

des affaires économiques et commerciales de la Chambre des représentants. L'affaire Redcon Optical qui s'était déroulée en 1991 avait été jusque-là tenue secrète.

1. Sur l'affaire Nozette, nous empruntons à divers documents dont le communiqué de presse du département de la Justice américain du 26 octobre 2009, « The Court Report » du Third Police District d'octobre 2009, rédigé par le Bureau du District Attorney de Columbia, et la déposition de Stewart David Nozette, Criminal Complaint 09-0565M, datée du 16 octobre 2009.

« opérations d'espionnage les plus agressives » jamais menées à l'encontre des États-Unis « par l'un de leurs alliés ».

En dépit des relations conflictuelles qu'ils entretiennent, Israël et les États-Unis n'en ont pas moins conclu des alliances dans le secteur des hautes technologies. En particulier, elles se sont scellées dans le cadre discret d'un fonds d'investissement, Apax Partners[1], créé en 1969 par un homme d'affaires versé dans les nouvelles technologies, Alan Patricof. En 1985, ce dernier entre dans le capital d'AOL avant de compter parmi les premiers investisseurs d'Apple Computer. Trente ans plus tard, en 2001, Patricof crée Apax Europe dont 60 % des fonds sont d'origine américaine. En 2005, Apax Partners gère 12 milliards de dollars et se subdivise en neuf « sous-fonds d'investissement », dont la plupart des structures sont localisées dans des paradis fiscaux comme Guernesey, Jersey, les îles Caïmans, Luxembourg ou encore les Bahamas. Les secteurs qu'il cible en priorité sont ceux des télécoms, des technologies de l'information, de la santé et des biotechnologies, des services financiers, des médias ou encore de la grande distribution. Très éclectique dans ses investissements, au début des années 2000, Apax investit dans les vêtements, les chaussures Aigle, les sociétés de gestion de patrimoine (Azimut SpA), Radio BFM, les machines de l'industrie papetière et des solutions cryptographiques. Il rachète également d'importantes banques de données, investit dans les technologies biométriques et les nanotechnologies.

En 1999, il devient actionnaire, aux États-Unis, de Milcom Technologies, incubateur spécialisé dans la commercialisation sur le marché civil de technologies d'origine militaire qui

1. Parmi les responsables d'Apax, on relève la présence de Thomas Reeve Pickering, responsable des relations internationales de Boeing présenté dans le rapport de la Délégation aux affaires stratégiques comme membre de la CIA et ancien ambassadeur des États-Unis au Salvador. Pickering est aussi associé à l'Export-Import Bank of the United States, qualifiée dans le même rapport de proche de la CIA.

compte au sein de sa direction plusieurs représentants du lobby militaro-scientifique américain. Parmi eux, Winn Schwartau, dit « l'architecte civil de la guerre de l'information ». Apax se retrouve ainsi lié à diverses sociétés travaillant directement pour les services secrets et le département de la Défense américain. En 2000, le groupe entre par exemple dans le capital de Webraska, solutions et applications de géolocalisation, aux côtés de la SAIC Venture Capital Corp., très proche de la NSA. En avril 2003, Apax rend public un projet d'investissement de 600 millions de dollars dans la haute technologie israélienne. Israël offre dans ce domaine de sérieux arguments. Elle possède au mont Carmel, dans la baie d'Haïfa, sa propre « Silicon Valley »[1] : le centre universitaire Technion fabrique à la chaîne des inventeurs et des chercheurs, et sert de vivier à l'armée israélienne qui y recrute ses spécialistes depuis des décennies. Financé à 70,6 % par l'État, Technion reçoit aussi des dons privés importants. Rien d'étonnant donc à ce qu'il attire les investissements étrangers. En particulier ceux du groupe Apax, qui a noué des liens étroits avec Israël depuis 1994.

Cette année-là, le fonds d'investissement prend contact avec la banque Leumi, « notoirement proche du Mossad », pour créer des structures communes, comme le souligne le rapport de la délégation aux affaires stratégiques sur les fonds d'investissement[2]. Apax crée Israel Growth Funds que préside Eitan Raff, président de la banque Leumi et de l'Association bancaire d'Israël. Signe de cette bonne entente entre le groupe et Israël, en 1998, Benyamin Netanyahu remet en mains propres à Ronald Mourad Cohen, un des fondateurs d'Apax avec Patricof, le Jubilee Award, la plus haute distinction qu'attribue l'État d'Israël. D'origine britannique, diplômé d'Oxford et de Harvard, Mourad Cohen intègre à Paris en 1971 l'Institut de développement industriel,

1. *Le Monde*, 13 août 2011.

2. Thomas Guenole, « La stratégie des fonds d'investissement américains dans les pays de la LOI », rapport cité, p. 106.

créé en 1970 et que l'on peut considérer comme le premier fonds d'investissement français dédié aux petites et moyennes entreprises. Mourad Cohen y rencontre un autre futur responsable d'Apax, le Lyonnais Maurice Tchénio, diplômé de HEC et de la Harvard Business School. Président depuis 2002 d'Apax Partners, Ronald Mourad Cohen a dirigé le Nasdaq Europe et appartient au comité de patronage de l'Institute for Jewish Policy Research. Anobli en 2000, sa fortune est estimée à plus de 53 millions de livres.

En dépit des innombrables affaires d'espionnage dans lesquelles le Mossad a été impliqué, son patron reste une personnalité que tout officiel américain en déplacement en Israël se doit de rencontrer. À l'instar du chef de la CIA, l'homme a quasiment rang de ministre. En mars 2010, le patron du Mossad Meir Dagan recevait à Tel-Aviv Jon Corzine, un sénateur américain, afin de discuter avec lui de l'Iran et de la question du nucléaire[1]. En août 2007, le chef du Mossad accueillait, cette fois, le sous-secrétaire d'État américain William Burns. D'après le compte rendu de leur rencontre, il suggérait d'« unir les pays du Golfe autour d'une politique [qui serait acceptable pour Israël, afin de] déstabiliser le régime iranien en utilisant des mouvements d'étudiants pour la démocratie et les groupes ethniques hostiles au gouvernement central » ou encore « en créant des radios en farsi ». Le Mossad ne manque pas non plus d'influence ni de soutien en France qui lui a longtemps servi aussi bien de « base arrière » que de champ de manœuvres.

La France, base arrière du Mossad

Le 8 juin 1992, devant l'hôtel Méridien de Paris, deux joggers abattent Atef Bseiso, responsable des services de renseignement

1. Note du 15 mars 2010, ambassade US Tel-Aviv (source WikiLeaks).

palestiniens. Du Liban, le terroriste Abou Nidal revendique l'assassinat. Les conclusions de l'enquête laissent penser cependant que les exécuteurs appartenaient plus probablement au Mossad, comme le suggèrent à l'époque deux rapports de la DST[1]. L'enquête menée par la police judiciaire antiterroriste en Belgique et en Italie met ainsi notamment en évidence l'existence d'un réseau de communication basé sur des boîtes vocales qu'utiliserait le Mossad et dont la trace se perd à Chypre. En dépit de cette piste sérieuse, l'instruction s'enlise, elle n'ira pas plus loin.

Même conciliante inertie après l'assassinat du responsable de la logistique en Europe des groupes du Front populaire de libération de la Palestine. Arrivé à Paris, il s'était installé dans un petit hôtel du VIIIe arrondissement, le Peipper, situé rue de l'Arcade, non loin de la Madeleine. Le Mossad l'élimine en pleine rue dans la nuit du 5 au 6 avril 1973. Tout comme le 13 juin 1980, afin de freiner le programme nucléaire irakien, il supprime dans une chambre de l'hôtel Méridien l'ingénieur atomiste Yahya el-Meshad qui terminait un stage au Commissariat à l'énergie atomique. À la même époque, aux chantiers des Constructions navales industrielles de la Méditerranée (CNIM) à La Seyne-sur-Mer, huit charges explosives détruisent le réacteur Osiris destiné à l'Irak. La DST rédige encore plusieurs rapports sur ce qu'elle a baptisé « l'organisation parisienne de Zwi Steinberg », du nom d'un des membres du commando qui a exécuté par erreur, à Lillehammer en Norvège, le 21 juillet 1973, Ahmed Bouchikhi confondu avec Ali Hassan Salamé, un dirigeant de Septembre Noir impliqué dans le massacre des athlètes israéliens aux Jeux olympiques de Munich en 1972. Pour la DST, comme l'indique un rapport de sa section antiterroriste daté du 10 janvier 1974, il ne fait aucun doute que « la base de l'opération » était Paris. Le chef du commando y a été en

1. Deux documents, l'un daté d'octobre 1993 et l'autre du 30 décembre 1993, que l'auteur a pu consulter.

poste comme chauffeur à l'ambassade d'Israël, de février 1969 à août 1971. Depuis juin 1973 il occupait un appartement rue de Passy dans le XVIe arrondissement qu'il a subitement abandonné et qu'il avait loué sous un faux nom.

Steinberg avait également ouvert en France deux comptes, l'un à l'agence des Champs-Élysées du CCF et un autre à l'agence de Passy, sur lesquels le commando recevait les sommes d'argent nécessaires à l'accomplissement de sa mission, sans aucune limitation. Un procès-verbal d'enquête de la DST du 23 novembre 1973 rapporte que la propriétaire de l'appartement de Steinberg a trouvé après la fuite de ce dernier, dans le tiroir d'un secrétaire, cinq cartes de la banlieue parisienne à grande échelle, une carte d'étudiante au nom de Balsamo et onze trousseaux de clés, dont la plupart possédaient une étiquette d'identification portant des noms de ville, de cinéma ou de quartiers de Paris : Madeleine, Biarritz ou encore Bobino. L'un d'eux ouvrait la porte de l'appartement que Sylvia Rafael, alias Roxburgh, détenue à Oslo depuis l'assassinat de Bouchikhi, louait de son côté et qu'elle partageait avec Abraham Gehmer, un autre membre du commando[1]. Ce dernier avait successivement occupé de 1965 à 1969 les fonctions de deuxième secrétaire puis de premier secrétaire de l'ambassade israélienne à Paris. L'instruction norvégienne a établi qu'il était « un agent actif du Mossad ».

Les services français ne s'étaient pas davantage indignés quand le Mossad avait tenté de piéger un Premier ministre français en exercice, une histoire jusqu'ici restée pudiquement enfouie dans les archives. L'histoire se déroule à la fin des années 1960. Maurice Couve de Murville, Premier ministre, a l'habitude de s'accorder de brefs moments de détente. Ainsi décide-t-il, le temps d'un week-end, d'aller jouer au golf en solitaire. Il a retenu une suite dans un hôtel de Crans-sur-Sierre, une station des Alpes plutôt huppée qui domine la vallée du Rhône. Face aux

1. Sylvia Rafael a été assassinée le 30 septembre 1985 à Larnaka à Chypre par la Force 17 du Fatah.

sommets du Cervin et du mont Blanc, des pionniers du golf ont aménagé le premier parcours en 1906. Dans une étude qu'elle lui a consacrée en 1966, la CIA a noté que Couve de Murville aimait s'offrir de temps à autre « des soirées libres », disant qu'il préférait aller seul au cinéma « pour mieux apprécier les films »[1]. Cela n'a peut-être pas non plus échappé au Mossad. Au cours de ce week-end, le service israélien a prévu de harponner sa victime ou plutôt de compromettre sa cible, en l'occurrence un des piliers historiques du lobby pro-arabe français.

Joueur de golf émérite, Couve de Murville ne rechigne pas, après une journée passée sur le green, à jouer quelques plaques au casino, où il rencontre, le soir de son arrivée, une jeune beauté rousse qui engage ainsi la conversation : « Je peux finir la partie avec vous ? » Le week-end se déroule agréablement et le couple rentre ensemble à Paris par le même train et partage la même cabine. Au petit matin, le Premier ministre retrouve son escorte officielle à la gare de Lyon tandis que la belle rousse saute dans un taxi.

Le mercredi suivant, le directeur du Sdece effectue sa visite hebdomadaire à l'hôtel Matignon. Il s'y faufile discrètement et s'enferme dans le bureau du Premier ministre. Sous le bras, il serre trois dossiers aux couvertures de couleurs distinctes : affaires sensibles, affaires stratégiques et affaires délicates. Il tend ce dernier dossier au Premier ministre qui, en parcourant la note circonstanciée qui s'y trouve, découvre que la belle rousse qui lui a tenu compagnie à Crans-sur-Sierre était placée sur écoute, le service la soupçonnant de travailler pour les services israéliens. Une amie de ses amies se prénommant Rachel l'a d'ailleurs appelée à son retour de Crans-sur-Sierre : « Alors, comment ça s'est passé avec ton "vieux" ? » Réponse de la Rousse : « Heureusement qu'il y avait les secousses du train. »

Les call-girls du Mossad piégeront bien d'autres hommes

1. Datée du 22 septembre, *in* Pascal Krop, *Les Secrets de l'espionnage français*, Payot, 1995.

politiques. Georges Frem, ministre de l'Industrie du gouvernement Hariri, au Liban, décédé en 2006, a ainsi succombé aux appas des pensionnaires de l'hôtel Phoenicia de Beyrouth, lieu de passage et de rencontre pour les trafiquants d'armes et des agents secrets. La plupart de ces filles avaient été recrutées à Paris par un chasseur de têtes du Mossad[1].

1. Sur les réseaux de call-girls du Mossad, voir aussi Nima Zamar, *Je devais aussi tuer*, Albin Michel, 2003.

L'hyper-puissance ou le casse-tête chinois

Depuis son entrée dans l'OMC en 2001, la Chine fait figure de concurrent retors, implacable, puissant et dominateur. N'est-elle pas depuis devenue le premier exportateur mondial, la plus grande usine de la planète, la deuxième puissance économique, le premier détenteur de réserves de change et même désormais la banquière du globe ?

Le monde paraît à la fois tétanisé et obnubilé par cette terre mal connue qui cultive habilement les paradoxes. D'un côté, on y célèbre avec un patriotisme exacerbé l'histoire du Parti communiste chinois, de l'autre, on y glorifie l'explosion d'une caste d'archimillionnaires sans cesse plus nombreux. Selon le *Hurun Report*, organe d'un groupe média spécialisé dans l'industrie du luxe et l'organisation d'événements, de juin 2011, la Chine compterait 60 000 super-riches – dont la fortune personnelle s'élève à 10 millions de yuans (1,5 million de dollars) ou plus – et 4 000 milliardaires.

Face à ce pays qui domine avec tant de virtuosité ses contradictions, peu d'États choisissent de s'engager dans la voie de la résistance. Qu'ils soient découragés ou paralysés par la stratégie d'intimidation mise en place par Pékin, la plupart abdiquent, cédant aux effets provisoires de ce qui n'est qu'un miroir aux alouettes. La France en particulier.

L'envers du miracle chinois

Le 12 janvier 2011, le constructeur automobile Renault dépose plainte contre trois cadres de l'entreprise soupçonnés d'espionnage. Les contre-espions de la DCRI ouvrent alors officiellement une enquête. De sa propre initiative, le service avait en réalité déjà rédigé une note, le 7 janvier, dans laquelle il évoquait une piste chinoise. Le 11 janvier, le quotidien *Le Figaro* avait embrayé : d'après ses sources, les cadres félons de Renault auraient touché d'importantes sommes d'argent qui leur auraient été versées sur des comptes ouverts à leur intention en Suisse et au Liechtenstein. Le 12 janvier, *Le Canard enchaîné* ajoute de son côté qu'un des cadres percevrait 5 000 euros mensuels pour salaire de sa trahison. Le premier, *Le Figaro* mentionne un grand distributeur d'électricité chinois, la China Power Grid Corp., qu'il présente comme le possible commanditaire de l'opération : il aurait soudoyé les trois cadres de Renault. Il n'existe en fait en Chine aucune société de ce nom mais une State Grid Corporation of China qui est le troisième employeur du pays, avec plus d'un million et demi de salariés. Le journal *Le Monde*, qui cite dans un papier du 13 janvier le nom de l'électricien, fournit ainsi incidemment le mobile. D'après le quotidien, le groupe chinois s'intéresserait tout particulièrement à la voiture électrique. Il appartiendrait d'ailleurs à l'alliance de l'industrie des véhicules électriques créée à Pékin le 18 août 2010. Les éléments du puzzle de la piste chinoise commencent à s'assembler. Tout paraît cohérent, à un détail près toutefois : il n'y a pas de cadres félons et appointés ni la moindre affaire d'espionnage. On découvre rapidement qu'il s'agit d'une escroquerie interne impliquant une poignée de responsables de la sécurité de Renault.

L'erreur d'appréciation initiale de la Direction centrale du renseignement intérieur relève sans doute à la fois d'un manque d'expérience en matière d'espionnage chinois ainsi que de l'indigence des effectifs qu'elle consacre à cette tâche. Ce domaine a pris en effet des formes tentaculaires et phénoménales, en proportion de l'hyper-puissance qu'est devenue la Chine. En 2011, la plus grande usine de la planète exploite la main-d'œuvre la moins chère du monde, attirant les multinationales et leurs investissements productifs, ce qui lui permet de devenir la deuxième puissance économique mondiale. Pour atteindre ce niveau, la Chine n'a pas lésiné sur les moyens ; elle ne s'est pas non plus encombrée de questions éthiques.

Pour ce qui est de l'espionnage, les services de renseignement occidentaux livrent ce chiffre ahurissant : le nombre des agents chinois, permanents ou occasionnels, toutes affectations confondues, opérant à travers le monde s'élèverait à deux millions ! La diaspora semble avoir été massivement mobilisée pour favoriser l'expansion économique et industrielle chinoise.

Une partie non négligeable de ces agents sévit sur le territoire français où, chaque année, l'ambassade de Chine organise une réunion à laquelle elle convie l'élite chinoise de France. Lors de cette réception au caractère un peu familial, l'on notifie verbalement aux participants les priorités de la Chine en matière de développement, une façon d'attirer leur attention sur des « objectifs de recherche » formant potentiellement une sorte de feuille de route.

Combien participent, par patriotisme, à cette collecte de masse impulsée par l'ambassade de Chine à Paris ? Un haut responsable de la DCRI confie que le nombre de ces petites mules du renseignement industriel chinois peut être estimé à deux mille, chiffre considérable si on le rapporte à l'effectif des agents du contre-espionnage français affectés au « service chinois », qui ne dépasserait pas la dizaine[1]. Leur nombre a été raboté du temps où la DST n'avait pas encore été agglomérée à une partie des Renseignements généraux au sein de la nouvelle

1. On recense par ailleurs trente mille Chinois dans les universités et les écoles françaises.

entité baptisée DCRI. La direction du contre-espionnage avait cru bon à l'époque de purger les effectifs du service chinois afin d'en écarter les éléments d'origine asiatique ou mariés à des Asiatiques, soupçonnés d'être « sous influence ». Depuis cette purge, l'effectif reste soumis à la diète. Il plafonne à une dizaine de personnes, ce qui paraît bien insuffisant. D'autant que la plupart des membres du service chinois de la DCRI ne lisent ni ne parlent le chinois. À ces difficultés bien réelles, il faut encore ajouter l'action intrépide ou nimbée d'ingénuité de certains agents d'influence comme cette artiste chinoise, proche de Jean-Luc Lagardère, qui, à l'heure du thé et au grand étonnement du PDG de Matra-Hachette, lui avait fait cette curieuse suggestion : « Vous devriez renoncer à vendre un satellite à Taïwan. » Elle fait sa petite déclaration devant les membres du staff rapproché de Jean-Luc Lagardère, qui l'écoutent estomaqués.

Comment avec si peu de moyens peut-on sérieusement repérer et contrecarrer les activités d'espionnage industriel imputables aux services chinois ? Selon quels modus operandi agissent ces derniers et quelle est la stratégie de leurs espions ? Aucune étude française ne permet de s'en faire une idée, aussi doit-on s'en remettre aux activités documentées du FBI et aux travaux des commissions d'enquête du Congrès américain. Les Chinois procèdent, en matière de renseignement industriel et technologique, par des recherches ciblées recourant à un système bien rôdé mis en place dans les années 1980, au début de la normalisation des relations sino-américaines. Dès 1982, on dénombrait dix mille étudiants chinois aux États-Unis où ils débarquaient au rythme de trois cent par mois[1]. Dans ce flot d'immigrants, beaucoup s'installaient aux États-Unis briefés préalablement sur des objectifs précis à atteindre. Un manuel

1. Cité dans le rapport du comité sur le renseignement du Sénat américain daté du 3 octobre 1986 ; on y lit aussi qu'en 1985 on dénombre aux États-Unis mille cinq cents diplomates et représentants commerciaux chinois répartis dans soixante-dix locaux de la République populaire de Chine.

de 250 pages, découvert et traduit par les services américains, atteste en effet d'actions préméditées et encadrées. Publié par les éditions de l'armée chinoise, il s'adresse aux collecteurs d'informations technologiques et scientifiques et détaille les « sources et techniques » nécessaires et exploitables « pour obtenir l'information liée à la défense nationale et à l'intelligence scientifique »[1]. Pour récolter l'information, Pékin se sert également des entreprises d'État chinoises ou encore de ses instituts de recherche, plates-formes pour des activités de renseignement économique et industriel.

La Chine se fixe donc des priorités qui s'inscrivent dans un programme à long terme dont l'objectif est d'acquérir la maîtrise des technologies de pointe dans tous les domaines. Ainsi s'intéresse-t-elle à tout ce qui relève notamment de l'industrie aéronautique, qu'elle a fédérée autour de l'Aviation Industry Corporation of China, l'AVIC. Forte de deux cents entreprises, cette holding comporte une dizaine de filiales spécialisées dans la défense, la construction de moteurs, les activités de cargos ou encore l'aviation civile, qui constituent le fleuron du complexe militaro-industriel chinois[2]. Diverses affaires d'espionnage ont mis en évidence cet intérêt pour l'aéronautique, comme celle de Dongfan « Greg » Chung, condamné le 9 novembre 2009.

Né en Chine et naturalisé américain, Chung a 72 ans quand la police l'arrête en février 2008, dans le comté d'Orange, en Californie. On l'accuse d'avoir dérobé, tout au long de la carrière qu'il a effectuée dans l'industrie aéronautique, des secrets concernant la navette spatiale américaine, l'avion de transport militaire C-17 et la fusée Delta IV. De 1973 à 2006, Chung a occupé des postes importants dans les entreprises Boeing et Rockwell International.

Sa vie d'espion commence en 1979, l'année où il rencontre un professeur de l'Institut de technologie de Harbin lié à l'industrie

1. *Idem.*
2. *Les Échos*, 31 mars 2009.

aéronautique chinoise. Il lui offre ses services afin, dit-il, d'aider à la modernisation de la Chine. Dès lors, Chung collabore avec la China National Aero-Technology Import & Export Corp., la Nanchang Aircraft Manufacturing Company et l'Aviation Industry Corporation of China. Ces importantes sociétés chinoises lui font part de leurs besoins précis, que Chung s'efforce ensuite de satisfaire. Il livre ses trouvailles tantôt en Chine lors de voyages, tantôt dans des courriels, mais le plus souvent il les apporte lui-même au consulat de Chine de San Francisco, où il dépose notamment de très nombreux manuels techniques des sociétés Boeing et Rockwell International, dont vingt-sept sont consacrés au programme du bombardier Rockwell B-1 Lancer.

Le FBI a découvert les activités de Chung alors qu'il enquêtait sur un certain Chi Mak. Né en Chine, ce dernier a immigré au début des années 1980 en Californie et obtenu la naturalisation américaine en 1985. Recruté comme ingénieur par la société Power Paragon, Chi Mak travaille sur un projet de propulsion électrique silencieux destiné à équiper les navires américains. L'espion copie sur un disque compact toutes les informations liées au projet, qu'il confie à son frère. Celui-ci l'encrypte avant de le remettre en Chine, en mains propres, à un officiel chinois qui n'a jamais été identifié. Chi Mak est arrêté en octobre 2005 et condamné en mars 2008 à vingt-quatre ans de prison. Lors de son procès, il a révélé que son acte était programmé dès son arrivée aux États-Unis, confirmant ainsi que la Chine investit bien dans la durée et planifie longtemps à l'avance des opérations d'espionnage.

Parmi les priorités de Pékin figurent également les technologies spatiales[1]. Dans ce domaine, les Chinois s'efforcent de rattraper le temps perdu à moindre frais comme l'illustre une autre affaire, celle de Shu Quan-Sheng, propriétaire de la firme AMAC International, basée en Virginie. Né à Shanghai en

1. Voir le rapport du Congressionnal Research Service, « China Space Program, an Overview », 21 octobre 2003.

1940, Shu devient américain en 1998. Ce physicien réputé est par ailleurs l'auteur de plusieurs livres sur la cryogénie et les supraconducteurs. Rien d'étonnant à ce que Shu et sa société signent divers contrats de recherche et développement avec l'agence gouvernementale de l'énergie et celle de l'espace et de l'aéronautique. En novembre 2008, le FBI démasque l'envers du personnage, alors âgé de 68 ans. Poursuivi pour violation de la loi sur les exportations d'armes, en particulier pour avoir livré des informations classifiées sur le moteur de fusée, Shu est condamné à cinquante et un mois de prison et à 386 740 dollars d'amende au cours de l'été 2009. Ayant perdu sa raison d'être, AMAC International ferme son bureau de Pékin et cesse toute existence.

Quelques jours plus tôt, le 28 octobre 2008, deux responsables de FirmSpace Limited, une société d'import-export basée à Singapour, et leur associé new-yorkais tombent à leur tour dans les filets du FBI. FirmSpace a tenté d'acheter de la fibre de carbone – utilisée aussi bien dans la fabrication des avions, des fusées et des navettes spatiales que dans l'enrichissement de l'uranium – pour le compte de l'Académie chinoise pour la technologie spatiale. La fibre de carbone achetée dans le Minnesota par FirmSpace devait être livrée à l'adresse de l'associé new-yorkais de la compagnie avant d'être exportée à Singapour, où la firme destinataire ne semblait avoir aucune activité et n'être en réalité qu'une société écran. Le FBI a court-circuité toute l'opération.

Dans le domaine spatial, les États Unis et en particulier l'agence fédérale de l'aérospatiale, la NASA, s'inquiètent également des possibilités de détournement d'un programme de coopération spatiale sino-russe placé sous l'égide de l'armée chinoise et qui comprend des applications militaires telles que de l'imagerie satellitaire. La Russie devrait apporter son aide à la Chine dans la construction d'un vaisseau spatial et, à plus long terme, d'une station spatiale et d'une base lunaire, en mettant à la disposition de Pékin sa société Energia qui fut à l'origine des projets Mir et Soyouz. Or la NASA redoute que les techniques qu'elle a vendues aux Russes ne soient, dans le cadre de ce programme, accessibles aux Chinois.

Tout en s'emparant de façon astucieuse ou frauduleuse des technologies de pointe des pays avancés, la Chine reste le principal lieu de production de contrefaçons dans le monde[1].

Cette concurrence à la fois déloyale et criminelle n'affecte pas que les pays occidentaux, elle frappe également les économies émergentes comme les jeunes économies africaines. La Chine déverse en effet un flot énorme de marchandises contrefaites sur le continent noir. Au Gabon, les contrefaçons venues de Chine concernent aussi bien le Coca-Cola, les cigarettes Dunhill et Marlboro ou les produits de luxe comme Vuitton, Dior ou Gucci que le champagne, les alcools, l'électroménager et les articles pharmaceutiques.

Selon la Mission économique française au Congo, les mêmes contrefacteurs opèrent dans ce pays dans le domaine des cosmétiques, des pièces détachées automobiles ou encore des articles d'habillement. En Centrafrique, les contrefaçons dominent dans le secteur des médicaments et des pièces détachées automobiles. En 2006, le patronat tchadien avait déjà tiré la sonnette d'alarme dans un livre blanc, s'inquiétant de la diffusion des médicaments contrefaits d'origine chinoise. Au Cameroun, les faussaires parasitent le marché du sucre, des piles, du textile, du stylo à bille, des étiquettes de boîtes d'allumettes, autant de marchandises fabriquées en Chine et importées frauduleusement via Dubaï et le Nigeria. Aucun type de produit n'est épargné. Dans le domaine de la contrefaçon, les Chinois ne négligent nul secteur. Ainsi le pagne traditionnel africain est-il désormais confectionné en Chine. Le 5 février 2010, les douanes togolaises saisissaient deux conteneurs remplis de pagnes contrefaits provenant de Chine, de la marque Uniwax. Vendu très bon marché, si ce n'est bradé,

1. *La Tribune*, 13 avril 2010.

le « pagne chinois » a provoqué à Lomé la faillite de cet artisanat traditionnel. Les Chinois ont également contrefait les téléphones portables iPhone et BlackBerry qui, avec la complaisance voire la corruption des douanes russes, ont envahi le marché de ce pays.

Les Chinois ne renoncent pas non plus devant la taille des objets à contrefaire. Ainsi exportent-ils, sous leur propre label, la locomotive de fret d'Alstom. Ce détournement a suscité l'ire de Philippe Mellier, dirigeant d'Alstom Transport, la branche ferroviaire du groupe : « Nous commençons à voir des entreprises chinoises répondre à des appels d'offres partout dans le monde avec des locomotives de fret chinoises dont certaines sont basées sur des transferts de technologie. »[1] Toujours au registre des copies de grande taille, la Changhe Aircraft Industry Corp. a dupliqué les hélicoptères SA-321Ja Super Frelon et Eurocopter AS-365N Dauphin II pour en faire respectivement des Z-8 et Z-9B.

La fulgurante prospérité chinoise s'explique aussi par la pratique commerciale du dumping. Soixante-dix-neuf plaintes ont été déposées auprès de l'OMC entre janvier et août 2009 pour vente à perte[2]. Les Chinois recourent en effet à cette pratique sur les marchés européens en violation des règles internationales. Il en résulte la dévastation d'industries européennes le plus souvent captées et monopolisées ensuite par les Chinois comme l'ont été celles du textile, de la chaussure, des jantes en aluminium ou encore des clés 3G. Beaucoup redoutent que la Chine n'utilise demain le dumping pour s'imposer dans des secteurs comme les panneaux photovoltaïques, mais aussi l'industrie aérospatiale et de défense, les biens d'équipement, l'électronique grand public, l'informatique, les télécommunications ou les technologies de l'environnement.

1. Dépêche AFP citée dans le rapport de Jean-Claude Mignon, « L'encouragement et la protection réciproques des investissements en Chine et en France », Assemblée nationale, 4 février 2009.

2. Chambre de commerce et d'industrie de Paris, Lettre de perspective n° 29, mai 2011.

Grâce à ses réserves de change, Pékin octroie de généreux crédits et des subventions aux entreprises chinoises. Un équipementier spécialisé dans les télécommunications a ainsi, grâce à l'aide de l'État chinois, cassé le prix du marché des modems cellulaires en Europe. La société belge Option, leader européen dans ce domaine, a vu sa position passer en quelques années de 50 % de parts de marché à 20 % en 2006 et à 5 % en 2010. Après avoir déposé plainte, elle a préféré négocier avec la société chinoise qui lui versera 27 millions pour acquérir ses licences. Les Chinois abusent d'autant plus de ce stratagème que l'Union européenne ne leur oppose quasiment aucune résistance. L'Union européenne ne réagit qu'au cas par cas face au géant chinois. S'il arrive que des États européens se rebiffent, la Chine brandit la menace de représailles dont la plus commune consiste à fermer son marché intérieur aux pays récalcitrants.

Foncièrement pragmatique, la Chine se montre peu regardante sur l'origine de certains fonds qui transitent par son système bancaire. Selon le département du trésor américain, la Corée du Nord utilisait en 2005 les casinos de Macao, où se côtoient des membres des triades chinoises, de la mafia russe, des yakusa japonais, des trafiquants de haut vol et des agents secrets de tout bord, comme lieu de blanchiment pour recycler de l'argent sale issu de divers trafics auxquels se livrent, depuis des décennies, les services nord-coréens. Ces fonds d'origine criminelle passaient ensuite par le Banco Delta Asia, une banque dont les liens avec la Corée du Nord, entre 2002 et 2005, ont été formellement établis. L'ensemble des dépôts, dont neuf comptes de particuliers nord-coréens, s'élevait à 24 millions de dollars. Banco Delta Asia était liée à l'empereur du jeu à Macao, Stanley Ho, le propriétaire de la Seng Heng Bank, qui a ouvert un casino à Pyongyang, ainsi qu'à la banque de Chine[1].

1. Informations extraites du rapport du Sénat et du Congrès américains, « North Korea : Illicit Activity Funding the Regime », 2005-2006.

Apparemment, les banques chinoises ont aussi fermé les yeux sur cette vaste opération de blanchiment éventée à Paris en août 1999[1]. Dans cette affaire, tout reposait sur l'importation en Europe, notamment par un gros commerçant de textiles chinois, de marchandises prohibées comme des médicaments mais aussi des vêtements, des gadgets, des jouets ou encore de l'alimentation chinoise : autant de produits contrefaits ou non homologués qui échappaient à toute taxation.

Arrivée par conteneurs et débarquée en Belgique, la marchandise était acheminée et entreposée en France, avant d'être « commercialisée » par un réseau de détaillants complices. Le bénéfice des reventes de l'ensemble de ces produits était ensuite blanchi par des bureaux de change dont la principale activité n'était pas le change (10 % seulement) mais le transfert financier. Les sommes, fractionnées afin de ne pas attirer l'attention, étaient transférées par la chambre de compensation, via des virements SWIFT effectués sous de fausses identités. L'essentiel était alors crédité sur des comptes de la Bank of China, de la China State Bank ou encore de la Bank of Communication où la filière de blanchiment disposait d'une correspondante privilégiée. Blanchis en Chine, ces fonds revenaient pour la plupart en France pour y être investis, cette fois dans des affaires légales. L'enquête de la justice a établi que 1,602 milliard de francs avaient ainsi été blanchis, et elle a révélé curieusement que la plupart des membres de ce réseau de blanchiment étaient originaires de Wenzhou, une ville importante, à 400 kilomètres au sud de Shanghaï. L'un d'eux, demeurant en Chine où il présidait à l'époque l'Association des Chinois d'outre-mer, réalisera grâce au système mis en place des placements juteux à la bourse de Hong Kong.

Peu de temps après le démantèlement de la filière de blanchiment, la justice française découvre une autre filière clandestine, celle-ci d'immigration spécialisée dans les jeunes mineurs chinois,

1. Les faits cités se réfèrent à l'ordonnance de renvoi du juge d'instruction du 22 juillet 2002, en possession de l'auteur.

dont les ficelles sont là encore tirées depuis la région de Wenzhou. Cent soixante-cinq mineurs ont emprunté cette filière, qui bénéficiait de complicités dans les milieux policiers et diplomatiques à Paris mais aussi en Chine, à Shanghaï ou à Wenzhou, comme l'instruction l'a établi. Le passeur qui accueillait les jeunes à leur descente d'avion à Roissy et les prenait en charge a confié lors d'un interrogatoire qu'il travaillait régulièrement pour la 2e Division de la police judiciaire de Paris, un service spécialisé dans le milieu chinois, mais aussi avec les policiers chinois qui enquêtaient chez eux sur la filière illégale d'immigration dans laquelle il était impliqué. Il a admis leur avoir distribué des Rolex, proposé des prostituées ou de l'argent en liquide[1].

Les clandestins de Wenzhou s'exportent aussi en Italie où ils prospèrent depuis quelques années dans la ville de Prato, en Toscane, qu'ils colonisent depuis 1989. La population chinoise de Prato s'élève aujourd'hui à 40 000, peut-être plus. La moitié d'entre eux sont des clandestins arrivant, pour la plupart, de la province de Wenzhou et travaillent dans l'un des dix mille ateliers de confection qui ont fait de Prato la capitale italienne du textile. Des quatre coins de l'Europe, on s'y presse aujourd'hui pour se fournir en vêtements à bas prix revendus dix à vingt fois plus cher. Une veste fabriquée à Prato et qui coûte 4,5 euros, bien que de qualité médiocre, portera l'étiquette flatteuse « made in Italy »[2]. Ce gigantesque *sweatshop* toscan, où l'on trime quinze à seize heures par jour, sept jours sur sept, réalise deux milliards d'euros par an de chiffre d'affaires, dont la moitié au black. Chaque jour, un million d'euros filent dans les banques de Wenzhou.

Profitant utilement des effets induits par les plans du FMI et de l'Union européenne destinés aux pays défaillants de la

1. Procès-verbal de l'Office central pour la répression de l'immigration irrégulière et de l'emploi d'étrangers, 11 décembre 2003, en possession de l'auteur.

2. *Le Monde*, 4 novembre 2010.

zone euro, la Chine a accru ses positions en Europe. Elle lorgne sur le secteur maritime grec mais aussi sur son secteur de la téléphonie ou encore sur sa Compagnie nationale des chemins de fer (OSE), tous deux privatisables. Après le port du Pirée où en 2008 la société Cosco a obtenu pour trente-cinq ans la concession du terminal 2[1], les investisseurs chinois convoitent des aéroports comme celui de la Crète. Ils parient ainsi sur le poids du tourisme qui représente 17 % du PIB du pays. Dans leur élan, les Chinois ont consolidé leur présence en Hongrie, en accordant au gouvernement un crédit d'un milliard d'euros doublé d'un plan d'investissement industriel de 1,1 milliard d'euros.

Enfin, cent mille Chinois sont installés en Serbie, où Pékin intervient de longue date dans les secteurs du BTP, des infrastructures routières ou de la rénovation des centrales électriques. La Serbie constitue le second accès en Europe pour les marchandises chinoises qui débarquent depuis la fin 2011 au Havre dans une vaste zone d'entrepôts ou sur l'ancienne base de l'OTAN située à proximité de Châtellerault. En 2011, l'ensemble des pays de l'Union européenne absorbe déjà 28 % des exportations chinoises.

Pékin n'exporte pas que ses marchandises, il en fait autant avec ses populations comme si ces vagues migratoires plus ou moins fortes constituaient une arme de la guerre économique. Confrontée en 2003 à une pénurie de terres cultivables, la Chine loue 7 000 hectares de terres (soja et blé) au Kazakhstan, dans la région d'Alakol, et y a expédié 3 000 paysans chinois sans que

1. Le contrat a été signé par une filiale de la China Ocean Shipping Company, la Cosco Pacific. Elle obtient cette concession pour 4,2 milliards de dollars et doit y réaliser 70,7 millions de dollars d'infrastructures. (*China Daily*, 15 juillet 2010. Sur la Cosco, voir la note de synthèse de l'Institut supérieur d'économie maritime, octobre 2004.) La Cosco est la plus importante société chinoise spécialisée dans le transport de containers. En septembre 2009, la seule flotte de porte-conteneurs s'élevait à 146 bâtiments. En 1996, 2 000 fusils AK-47 ont été saisis à bord d'un cargo de la Cosco dans le port d'Oakland.

l'on sache si cette expatriation est forcée ou volontaire. Lorsque la Russie lui propose en 2008 des terres pour la culture intensive du soja, 35 000 Chinois sont aussitôt acheminés vers ces zones où, selon des chiffres non officiels, le nombre d'exilés (toujours plus ou moins volontaires) se situerait plutôt entre 400 000 et 700 000[1].

Des populations chinoises se sont également installées dans la cité de Boushaki, le « Chinatown d'Alger », située à Bab Ezzouar dans la banlieue populaire d'Alger. À un demi-kilomètre du centre de la capitale algérienne, se concentre ainsi une forte population provenant du sud de la Chine qu'on estime à plus de trente mille alors qu'en l'an 2000 le nombre des Chinois d'Algérie ne dépassait pas le millier. Si un tiers d'entre eux travaillent sur les chantiers d'infrastructure comme le métro ou une autoroute et devront quitter le pays à la fin de leur contrat, la plupart resteront en Afrique où ils renforceront une diaspora déjà pléthorique, dont la principale activité consiste à écouler les produits made in China.

Lorsque la Namibie a été incapable de rembourser un prêt que lui avaient accordé les autorités chinoises, ces dernières se sont empressées de rassurer son gouvernement. Elles lui ont proposé le marché suivant : donnez-nous cinq mille passeports et des cartes de résidents, et la dette sera éteinte. Peu après, cinq mille Chinois débarquaient en Namibie afin d'y développer des petits et moyens commerces.

Pékin et l'art de communiquer

Le succès de l'économie chinoise rime donc pour l'essentiel avec délocalisation, contrefaçon, espionnage industriel, déportation de main-d'œuvre, concurrence déloyale… De quoi ternir l'image du gouvernement chinois qui, pour redorer ce blason peu

1. *Le Monde*, 20 avril 2009.

flatteur, recourt depuis de nombreuses années aux plus influents et efficaces experts en communication.

En France, il dispose d'un des meilleurs lobbyistes de la place de Paris. Familier des milieux officiels chinois, il parle couramment le mandarin et ses notes sont appréciées en haut lieu. Cet homme jovial et à la voix de stentor, aussi influent que discret, se nomme Michel Labie et a fait ses classes en Chine. Durant de nombreuses années, il y a représenté les intérêts d'Elf et du laboratoire Sanofi, dont il deviendra le vice-président chargé de la communication. En novembre 2007, Labie concocte à ce titre, pour un panel de journalistes français, un événement qu'il leur promet inoubliable. Il peaufine une opération de relations publiques de grand style. Le groupe Sanofi joue les tour-opérateurs de luxe et convie à Pékin un échantillon de journalistes de la presse économique triés sur le volet. Pour la plupart, ils émargent aux rédactions qui comptent, comme celle des *Échos*, du *Figaro*, du *Monde* ou encore de la radio BFM et du *Wall Street Journal Europe*.

Non content de les avoir logés dans un cinq-étoiles de Pékin, Michel Labie organise à leur intention un repas fastueux, accompagné de grands crus français, qui leur est servi sur la grande muraille de Chine. Souvenir inoubliable, en effet. Sur un plan plus professionnel, Michel Labie leur réserve une autre surprise. Les happy few vont bénéficier d'un traitement de faveur. Les autorités chinoises ne reçoivent en effet jamais les journalistes étrangers et s'expriment encore moins en leur présence dans une autre langue que le chinois. Labie a réussi à briser ce tabou, les invités du laboratoire Sanofi pourront interviewer un aréopage de dirigeants chinois. Et non des moindres puisque parmi eux se trouvent un ex-ambassadeur de Chine en France, devenu depuis président de la commission des Affaires étrangères de l'Assemblée, et le président de la commission des relations extérieures du Parti communiste chinois, qui a vécu dix-sept ans en France. L'un et l'autre parlent couramment le français. La rencontre a lieu à Pékin, précise Labie, « dans un musée d'un million de dollars construit grâce au mécénat de la société Elf peu avant que Pékin n'accueille les jeux asiatiques en 1990 », où lui-même a pris l'habitude de fixer ses rendez-vous importants[1].

Le voyage d'agrément qu'il organise pour son panel de journalistes se déroule au même moment que celui qu'effectue en Chine le président français récemment élu, Nicolas Sarkozy. Mieux informés que leurs confrères de la délégation officielle française, les invités de Michel Labie apprennent ainsi, grâce à leurs interlocuteurs chinois, que le contrat signé le matin même par Sarkozy a été modifié à la dernière minute. Les Airbus qui devaient être achetés à l'Allemagne le seront désormais à la France, la chancelière Angela Merkel ayant eu le tort, aux yeux de Pékin, de rencontrer le dalaï-lama. Découvrant la réaction chinoise, Nicolas Sarkozy fait mine de réfléchir. L'air de dire qu'il retiendra la leçon, il confie : « Ben, moi, je ne rencontrerai pas le dalaï-lama. » Quelques mois plus tard pourtant, oubliant sa promesse, c'est bien ce qu'il fera en Pologne. Exposant à son tour les intérêts français aux représailles chinoises.

Très présent en Chine, le groupe Sanofi subit de plein fouet les retombées de la campagne anti-Pékin qui se déroule le 7 avril 2008 à Paris sur le parcours de la flamme olympique. Les médias chinois organisent alors le boycott de ses produits car, explique Labie, le groupe Sanofi est le principal sponsor de l'ONG Reporters sans Frontières, qui orchestre la campagne pro-Tibet et à laquelle, en 2008, il a versé une dotation de 100 000 euros. Sanofi devra se désolidariser publiquement et s'excuser alors que les journaux chinois se déchaînent et dénoncent la « France insolente » de Sarkozy[2]. En vieux routier des relations franco-chinoises, Michel Labie laisse passer l'orage. Il contribuera aux retrouvailles entre Paris et Pékin, facilitant notamment l'accord conclu entre l'UMP et le Parti communiste chinois qui célébrait en particulier la concordance de vues entre les deux partis sur

1. Entretien avec l'auteur.

2. *Idem.*

la question de la « non-ingérence dans les affaires intérieures d'autrui ». Après la chute du mur de Berlin, il avait déjà servi d'intermédiaire entre des officiels chinois et les communistes français qu'il avait réunis dans son appartement de Pékin : soudain privés de l'appui du grand frère russe, ces derniers recherchaient de nouvelles alliances.

En France, Michel Labie est une des principales passerelles entre les milieux industriels et les officiels de Pékin. Il préside depuis 2009 la fondation France-Chine, installée à deux cents mètres à vol d'oiseau des Champs-Élysées, non loin du Fouquet's et de l'ambassade de Chine sise avenue Georges V. L'homme n'est pas devenu sans raison l'intermédiaire obligé des grandes entreprises françaises qui souhaitent commercer avec la Chine. Passionné de médecines traditionnelles, Michel Labie s'est établi à Pékin au début des années 1980. À l'époque, il habite un de ces hôtels réservés aux étrangers. Avant que n'apparaissent des centres d'affaires avec bureaux, les visiteurs se concentreront longtemps dans les chambres ou les suites du Huating, le Hilton de Shanghaï, ou encore du White Swan.

Lorsque Labie débarque en Chine, la grande ouverture chinoise n'a pas encore eu lieu. Les réseaux et les « portes d'entrée » restent limités et très officiels. Parmi les pionniers, demeurés discrets, figure notamment l'ancien président du Conseil et avocat d'affaires Edgar Faure qui appuie plusieurs tentatives d'ouverture commerciale en direction de la Chine populaire, pour laquelle les patrons français n'ont pas encore les yeux de Chimène. Persona grata, Edgar Faure a ainsi plaidé à Pékin auprès de la China National Import & Export Corp. pour que Jean-Baptiste Doumeng, qui dirige la firme française Interagra, puisse vendre ses céréales en Chine. Bien que patron d'une véritable puissance dans le domaine de l'agroalimentaire, Doumeng, trop bien introduit à Moscou, pâtit donc des rivalités sino-soviétiques et doit recourir à un joker pour pénétrer massivement le marché chinois. Une hirondelle ne fait pourtant pas le printemps, et le passage obligé entre Paris et Pékin reste, durant de longues années, l'Association des amitiés France-Chine, présidée par le député gaulliste de gauche René Capitant, que fréquentent l'épouse d'Edgar Faure, Lucie, romancière et directrice de la revue *La Nef*, et celle d'un autre gaulliste historique, Irène de Lipkowski.

Michel Labie appartient au petit nombre des pionniers ou précurseurs qui se sont installés durablement en Chine. Il a su aussi forcer la chance quand, en mars 1984, il s'est trouvé à bord de l'avion de ligne qui effectue la liaison régulière entre Canton et Pékin et qu'un Hongkongais détourne vers Taïwan. Spontanément, il offre alors ses services à un passager plutôt embarrassé par la situation : ce haut diplomate chinois transporte sur lui des documents confidentiels qui ne doivent, sous aucun prétexte, tomber entre les mains des autorités taïwanaises. Durant l'escale forcée à Taipei et jusqu'à ce que l'avion redécolle en direction de Pékin, Labie se charge des précieux documents. Son passeport français lui épargne la fouille en règle que subissent les Chinois continentaux, y compris le diplomate. Alors que l'appareil a repris son vol vers Pékin, Michel Labie restitue les documents qu'on lui a confiés. Son geste est apprécié et lui vaut d'être accueilli à sa descente d'avion à Pékin comme un héros chinois. Ce jour-là, sa présence d'esprit lui ouvre durablement les portes des milieux officiels chinois où on le considère désormais comme un homme de confiance.

Peu de temps après l'épisode du détournement, Michel Labie engrange plusieurs contrats importants pour Sanofi, comme la livraison à la Chine de grandes quantités de Sinocep, un médicament pour le cœur. Puis en 1986 Elf, auquel appartient alors le laboratoire Sanofi, le nomme responsable du groupe pour la Chine. Trois ans plus tard, le groupe Elf-Sanofi effectue un premier investissement de 20 millions de dollars et installe une unité de production pour la fabrication d'un vaccin aviaire, avant d'investir à nouveau un milliard de dollars dans la construction d'une raffinerie. Labie s'impose ainsi peu à peu comme l'intermédiaire incontournable. Il conseille ceux qui veulent investir et faire des affaires en Chine et aide les Chinois à choisir leurs partenaires français, ajoutant qu'ils « possèdent déjà 2 % de parts dans vingt sociétés du CAC40[1] », sans préciser depuis quand.

Plutôt bien rôdé, l'argumentaire de Labie sert de mode d'emploi pour pénétrer le circuit chinois des affaires. Il explique au béotien comment s'y prendre en rappelant tout d'abord qu'en Chine le gouvernement reste très centralisé. Tout se décide à Pékin. Or la plupart des hommes d'affaires français préfèrent s'installer à Shanghaï où la pollution est moins forte et l'adresse plus chic : « C'est comme si en France on préférait s'installer à Saint-Tropez parce que le climat y est plus agréable », dit Labie. Ensuite, explique-t-il, « on ne vend pas aux Chinois ce dont ils n'ont pas besoin ». C'est ce qu'il a fait comprendre au PDG d'EADS, Pierre Gallois, qui ne conçoit dès lors le marché chinois qu'eu égard aux énormes besoins que la Chine a exprimés pour les vingt prochaines années. En 2005, Airbus a commencé la construction en Chine d'une usine d'assemblage pour le futur long-courrier A350 XWB.

Autre conseil de Labie : ne jamais s'ingérer dans les affaires intérieures chinoises et s'en tenir scrupuleusement au commerce pour lequel, affirme-t-il, les Chinois sont doués. À l'époque de Staline, raconte-t-il, afin de lutter contre la prolifération des rats, on versait une prime par queue de rongeur tué. Quand les rats ont infesté le sud de la Chine, les habitants ont été encouragés à les tuer moyennant finances. Ils ne se sont pas contentés de les exterminer comme l'avaient fait les Russes. Comprenant quel parti ils pouvaient tirer de la situation, quelques-uns se sont mis à en faire l'élevage. « C'est inné, dit-il, les Chinois ont la bosse du commerce. »[2] En tout cas, depuis 1989, année de l'écrasement de la révolte étudiante, les officiels chinois s'efforcent de sculpter une image positive de leur pays. Face à la réprobation mondiale qui s'accompagne de mesures d'embargo ciblées et de représailles commerciales, Pékin se rebiffe. Il décide d'employer les moyens

1. *Idem.*
2. *Idem.*

appropriés afin de se défendre et de faire prévaloir son point de vue. Alors que George Bush père, prudent, répète qu'il ne faut pas « acculer un tigre dans un coin », les Chinois préparent la contre-offensive.

Au sein du comité central du parti, Pékin institue un groupe chargé de la propagande à l'étranger qui doit veiller à protéger l'image de la Chine dans des domaines aussi variés que le commerce extérieur, le tourisme, les médias ou encore les institutions sportives, culturelles et éducatives. Ce groupe, qui devient en 1991 le Département central de propagande, cible en priorité les pays occidentaux et ceux où la diaspora chinoise est très implantée. Avant de se lancer dans une vaste opération de communication planétaire, Pékin se dote tout d'abord des moyens de diffusion et de transmission adaptés à son ambition. En 1992, la Chine crée APT Satellite, une compagnie internationale basée à Hong Kong que son président He Kerang décrit comme exclusivement privée et commerciale – ce qu'un examen approfondi de son actionnariat permet de nuancer. APT est détenue à parts égales par sept sociétés dont quatre sont en fait directement contrôlées par l'État comme la China Telecommunications Broadcast Satellite Corp., que possède le ministère des Postes et des Télécommunications, et la China Travel Fok, qui appartient à Ng Fok, une compagnie de Macao appartenant elle-même à une filiale de China Travel Service… contrôlée par l'État chinois.

Sur ces fondations préalables et indispensables, la Chine va pouvoir développer et déployer ses moyens d'influence. En janvier 2006, Pékin injecte 6,6 milliards de dollars dans le lancement d'une chaîne d'information conçue sur le modèle de CNN et d'Al-Jazeera. CCTV-9, à laquelle s'ajoute une radio qui émettra en 53 langues dans 161 pays, diffusera notamment de l'information estampillée 100 % chinoise.

En matière de communication, Pékin recourt aussi à des cabinets spécialisés. En 1984, il a utilisé les services de Hill & Knowlton, une des plus grandes firmes de relations publiques disposant de 80 bureaux dans 43 pays différents. Il l'utilise à nouveau en juin 1991 et, cette fois, Hill & Knowlton s'est associé au cabinet Kissinger Associates dont un des principaux collaborateurs, Joshua Cooper Ramo, qualifié d'ardent lobbyiste prochinois, a commenté pour NBC l'ouverture des Jeux olympiques de Pékin[1].

En 2005, le ministère du Commerce chinois a recours au cabinet McDermott, Will et Emery au moment où l'on tente d'imposer des restrictions commerciales à la Chine. Six mois de travail rapportent au cabinet près de 515 000 dollars. L'ambassade de Chine à Washington n'est pas en reste. De son côté, elle s'est offert pour 264 000 dollars par an les services du cabinet Patton Boggs, pour peaufiner son image, et ceux de la firme Hogan & Hartson, pour appuyer son lobbying auprès de l'OMC. De surcroît, elle verse au cabinet Jones Day 16 800 dollars par an[2]. Pour cultiver d'elle une image positive, la Chine compte également sur les entreprises américaines qui travaillent avec elle. Elle table sur quelques hommes d'affaires influents comme le milliardaire de Las Vegas Sheldon Adelson. En 2001, ce dernier, très introduit à Pékin, a ouvert plusieurs casinos à Macao, l'ex- « enfer du jeu » portugais revenu dans le giron chinois. Les autorités locales le reçoivent avec les égards dus à un officiel de premier plan. Adelson s'est entremis avant les Jeux olympiques de Pékin pour que le Congrès américain n'adopte pas une résolution qui s'opposerait à ce que les Jeux puissent se dérouler dans la capitale chinoise. Toutefois, les hommes d'affaires américains restent partagés sur la nature des relations qu'ils doivent entretenir avec la Chine. Créé en octobre 2009, l'US-China Business Council est

1. Pour commercialiser aux États-Unis sa technologie du réacteur EPR de troisième génération, Areva recourt en 2005 aux bons offices du cabinet de lobbying d'Henry Kissinger, très introduit en Chine. Areva fait également appel au cabinet de lobbying Covington & Burling. (*Intelligence Online*, 10-23 février 2006.)

2. John Stauber et Sheldon Rampton, *L'Industrie du mensonge. Lobbying, communication, publicité et médias*, Agone, 2004.

le seul organisme patronal totalement acquis au développement des relations commerciales avec la Chine.

Pour sa communication, de 2003 à 2008, le gouvernement chinois a dépensé 2 millions de dollars par an dans l'impression et la distribution de journaux aux États-Unis. Enfin, toujours afin de faire prévaloir son point de vue, Pékin utilise aussi la menace. Lorsque la compagnie Disney réalise un film sur la vie du dalaï-lama jugé un peu trop favorable à ce dernier, Pékin lui fait savoir que cela risque de contrarier, voire de compromettre ses projets en Chine.

Le pétrole et les petits arrangements de Pékin

Peu de temps après son arrivée à l'Élysée, Nicolas Sarkozy déclarait devant la conférence des ambassadeurs, le 27 août 2007, que la Chine, « engagée dans la plus impressionnante renaissance de l'histoire de l'humanité », transformait « sa quête insatiable de matières premières en stratégie de contrôle, notamment en Afrique ». Il évoquait ainsi l'insatiable boulimie chinoise à l'œuvre sur le continent noir. L'implantation de la Chine en Afrique est en fait si ancienne que le concept récemment forgé de « Chinafrique[1] » semble plutôt remonter à l'époque maoïste comme le suggère l'édition de *Die Zeit* du 5 mars 1965. Le quotidien allemand citait ce jour-là cette phrase de Mao : « Lorsque nous contrôlerons le Congo, tout le continent africain sera conquis. »[2]

Année après année, Pékin a patiemment placé ses pions, posant les jalons d'une influence durable. Alors que son vieil adversaire soviétique se débat dans les contradictions de la *glasnost* qui

1. Formule consacrée par l'ouvrage de Serge Michel, Michel Beuret et Paolo Woods, *La Chinafrique. Pékin à la conquête du continent noir*, Grasset, 2008.

2. Sur la politique chinoise en Afrique, voir Jean Ziegler, *Main basse sur l'Afrique*, Seuil, 1978.

entraîneront finalement sa chute, la Chine décide en 1988 que désormais le ministre des Affaires étrangères effectuera chaque année un périple à travers le continent noir afin de renforcer et de cultiver les liens d'amitié et d'affaires. Cette fidélité consciencieuse a fini par porter ses fruits. En octobre 2000, alors que la Chine s'apprête à rejoindre l'OMC, 45 pays africains assistent à Pékin au premier forum pour la coopération économique sino-africaine, qui prévoit la distribution à 32 pays africains de 1,2 milliard de dollars d'aides directes.

L'opération se renouvelle en décembre 2003. Cette fois, le forum se déroule en Éthiopie, pays lié depuis des décennies à Pékin. Les Chinois y ont construit le monumental barrage hydroélectrique de Takazee, des routes ou encore l'immense hangar de l'aéroport d'Addis-Abeba. Lors du forum, la Chine fixe le cadre de la coopération en définissant des priorités, comme des travaux d'infrastructure dans lesquels elle excelle ou bien l'organisation de mesures de prévention et le traitement de maladies telles que le sida. En effet, depuis longtemps, Pékin apporte aux pays africains une aide technique dans les domaines de l'éducation et de la santé. La Chine forme des enseignants, des experts en agriculture, elle fournit des centaines de médecins à plusieurs dizaines de pays africains et accueille dans ses universités des milliers d'étudiants qui en sont originaires. De 2002 à 2004, le commerce global de la Chine avec les pays subsahariens d'Afrique est passé de 10,1 milliards de dollars à 24,4 milliards, soit un accroissement de 142 %.

Pékin importe principalement d'Afrique du pétrole et des produits pétroliers mais aussi du bois, du fer, de l'acier et des métaux non ferreux. Alors que depuis 1970 elle en était exportatrice, la Chine est devenue en 1993 importatrice de pétrole : 25 millions de barils en 1995 et plus de 300 millions en 2010. Cela en fait le deuxième consommateur mondial[1].

1. Thierry Sanjuan et Pierre Trolliet, *La Chine et le monde chinois. Une géopolitique des territoires*, Armand Colin, 2010.

Afin de garantir son approvisionnement, la Chine possède quelques géants comme PetroChina qui, en novembre 2007, à la bourse de Shanghaï, pesait quatre fois la valeur d'EDF, la plus grosse société du CAC40, soit 150 milliards d'euros, davantage que Microsoft et ExxonMobil réunis. Depuis 2008, Pékin mène, sous l'égide de son ministère de l'Énergie, une politique d'achats et d'association. En 2009, les deux pétroliers chinois, Chinese National Petroleum Company (CNPC) et China National Offshore Oil Company (CNOOC), ont acquis pour 17 milliards de dollars les 80 % que Respol détenait dans le premier pétrolier argentin, YPF. En juillet 2009, CNOOC et SINOPEC ont également racheté en Angola le bloc offshore de l'américain Marathon Oil.

Les compagnies pétrolières de Pékin ont noué des liens plus exclusifs avec des pays aux sous-sols riches en matière première, comme le Soudan d'Omar el-Béchir. Un pays auquel Pékin accordait déjà en 1971 une aide financière, sous la forme d'un crédit de 80 millions de dollars. Aujourd'hui, Pékin est le plus puissant protecteur et soutien face à l'isolement international imposé au président el-Béchir. Depuis mars 2009, le chef d'État soudanais est sous la menace d'un mandat d'arrêt de la Cour pénale internationale qui l'accuse de crimes de guerre et crimes contre l'humanité perpétrés au Darfour, une région située à l'ouest du Soudan. Depuis, la Cour a complété son acte d'accusation contre le raïs soudanais et lui impute désormais une tentative de génocide. La guerre civile qui frappe le Darfour en 2003 y a fait, selon l'ONU, 300 000 morts et provoqué 2,7 millions de déplacés[1]. S'inquiétant de la tournure que prennent les poursuites judiciaires engagées contre el-Béchir, Pékin dépêche auprès de lui, en septembre 2008, un émissaire spécial, le responsable pour l'Afrique et le Moyen-Orient Zhai Jun.

La Chine ne fixe aucune limite à sa complaisance. Elle ferme les yeux sur la corruption du régime, en particulier sur les 9 milliards

1. Khartoum cite le chiffre de 10 000 morts.

de dollars, pour être précis 8,67[1], qu'el-Béchir a prélevés sur les ressources pétrolières nationales et placés sur des comptes à l'étranger. Cette protection et cette complaisance ont bien sûr une justification « objective ». L'industrie pétrolière chinoise, via la CNPC, est très présente au Soudan. Elle y exploite un important champ pétrolier situé dans le sud du pays et a construit un pipeline qui achemine le pétrole des lieux de son extraction aux rivages de la mer Rouge, d'où il est embarqué pour être transporté en Chine. Le Soudan fournit 5 % du pétrole dont la Chine a besoin. En retour, Pékin le protège, le conseille, mais lui vend aussi des équipements et du matériel militaires, des hélicoptères, des tanks, des munitions ou encore des avions de chasse.

Pékin couve de la même affection le président du Zimbabwe, Robert Mugabe, dont il soutenait, dans les années 70, le mouvement de guérilla dans ce qui s'appelait encore la Rhodésie, un pays de colons blancs anglophone et ségrégationniste. Peu lui chaut que le Zimbabwe bafoue désormais les droits de l'homme ou qu'il héberge depuis des années des laboratoires de transformation de drogue[2]. La Chine lui a fourni pour son armée de l'air six avions d'entraînement. En juillet 2005, elle accueille le président Mugabe à Pékin avec tous les honneurs et lui décerne le titre de professeur honoraire de l'université des Affaires étrangères. Juste récompense si l'on songe à l'importance de la présence de Pékin au Zimbabwe. Les firmes chinoises y sont engagées dans l'industrie des téléphones cellulaires et ont construit des centrales hydroélectriques et un terminal pétrolier sur la côte du Mozambique pour acheminer par pipeline du pétrole au Zimbabwe. La Chine y a repris l'exploitation des mines de cuivre mais aussi ouvert de nouvelles mines de charbon, tout en restaurant le réseau ferroviaire du pays.

En Angola, qui lui fournit 14 % de son pétrole, la Chine s'est

1. Source WikiLeaks.

2. Entretien avec Guy Penne, réalisé lors de notre enquête pour *La CIA en France*, *op. cit.* Guy Penne est décédé le 25 juillet 2010.

lancée dans de nombreux travaux d'infrastructure. Les firmes chinoises ont construit des routes, réhabilité des hôpitaux et des écoles, bâti des immeubles et des maisons d'habitation. En 2004, Pékin a également consenti à l'Angola une ligne de crédit de 2 milliards de dollars.

Au Nigeria, où la concurrence est rude, les compagnies pétrolières chinoises ont réussi à se faire une place. Elles convoitent désormais les licences occidentales accordées à Shell, Exxon, Total et Chevron. En juillet 2005, PetroChina International a négocié un contrat d'importation, pour une durée de cinq ans, de 30000 barils de pétrole nigérian par jour, tandis que la Chine s'ancrait davantage dans la vie économique du pays. Elle a ainsi remis en état le réseau ferroviaire du Nigeria, et la compagnie China Aerospace a lancé en 2007 un satellite nigérian de communication. Jamais à court de projets, les Chinois ont prévu de développer en zone rurale un réseau de téléphonie sans fil.

Obtenir des concessions pétrolières a toujours un prix. Les Chinois le savent et ne se dérobent pas devant la difficulté. Au Kazakhstan, qui constitue une des plus grandes réserves pétrolières du monde, Pékin a ainsi dû composer avec la famille Nazarbayev qui, depuis la dislocation de l'Union soviétique, veille jalousement sur les richesses du pays.

En 1995, le chef de clan Noursoultan Nazarbayev s'est associé avec un homme d'affaires américain, James Giffen, qui dirige une petite banque d'investissement, la Mercator Corp.[1] Il le charge de négocier en son nom et pour l'État kazakh avec les compagnies pétrolières américaines. Giffen s'exécute. Accusé de corruption, il prétendra, en 2003, qu'il agissait avec le soutien de la CIA qui, à travers lui, escomptait exercer une influence au

1. En 2005, James Giffen a servi de modèle à « Danny Dalton », un des personnages du film *Syriana* de Stephen Gaghan. Dans son livre *La Chute de la CIA* (Lattès, 2002), l'ex-agent Robert Bauer l'avait baptisé « monsieur Kazakhstan ».

Kazakhstan. Cette collaboration va s'avérer profitable aux deux parties ainsi qu'aux grandes compagnies pétrolières américaines, certes au prix d'un scandale baptisé, dans la lignée du plus célèbre de tous les temps, le Kazakhgate.

En 1996, Giffen a transféré des millions de dollars sur le compte de la société d'Oral Capital Ltd de Nazarbayev (84 millions, selon le procureur de New York). Il a aussi versé au chef d'État kazakh 45 000 dollars destinés à faire inscrire sa fille dans une école suisse réputée et offert d'autres cadeaux à divers membres de la famille. La prospérité de la famille Nazarbayev s'étend au gendre du chef de clan, Timur Kulibayev, qui copréside un fonds d'État qui contrôle 90 % de l'économie du pays. Avec sa femme, la seconde fille du potentat, il possède également des intérêts dans la Kazakh Bank. On le soupçonne d'avoir blanchi 600 millions de dollars dans des banques suisses via un réseau de sociétés offshore et de posséder une dizaine de propriétés de luxe en Suisse et à Londres, dont l'ancienne résidence du prince Andrew qu'il lui a achetée 3 millions de livres. Des documents mis en ligne sur eurasia.org.ru par Mukhtar Abliasov, un milliardaire kazakh exilé à Londres, prétendent également qu'il aurait empoché un faramineux pot-de-vin lors de l'achat, le 29 mai 2003, par la China National Petroleum Corp., de 25,12 % de la société Aktobe MunayGaz, dont elle était déjà actionnaire à 60,30 %[1].

Le 30 mai 2003, la CNPC créait une société offshore aux îles Caïman, la CNPC International Ltd, tandis que, simultanément, le Darley Investment Services, société offshore dirigée par un homme de main de Timur Kulibayev, rachetait 49 % de la CNPC International Caspian Ltd pour 49 dollars ! Deux ans plus tard, 20 % de cette part était revendue à la CNPC par Charley Investment pour 140 millions de dollars, somme versée les 14 et 15 octobre 2005, à Genève, sur un compte de l'UBS. Là encore, la convention anti-corruption de l'OCDE montre les limites de son efficacité.

1. Voir *Le Monde*, 18 décembre 2010.

Toujours soucieuses de l'approvisionnement en pétrole de leur économie, les compagnies chinoises exploitent par ailleurs plusieurs concessions pétrolières au Niger. Depuis son élection en 1999, le président nigérien Mamadou Tandja a resserré les liens entre son pays et la Chine. Son fils Ousmane, nommé chargé d'affaires à Pékin, sera même soupçonné d'y avoir négocié pour le compte de son père l'attribution de concessions et le montant des commissions afférentes.

La coopération entre la Chine et le Niger est elle aussi ancienne : elle a débuté en 1974. Depuis, Pékin a signé avec Niamey une cinquantaine de projets d'assistance et a annulé ces dernières années l'ensemble des dettes bilatérales qui s'élevaient à 21,6 millions d'euros (180 millions de yuans). À cela, il faut encore ajouter les dons financiers à Niamey qui, entre 2006 et 2009, se sont élevés à 42 millions d'euros (350 millions de yuans) ainsi que des lignes de crédit de 2,4 millions (20 millions) accordées sans intérêt.

Décidément généreux, Pékin a ramené à zéro le montant des droits douaniers pour une quarantaine de produits nigériens exportés en Chine. Il accorde des bourses et forme des spécialistes, six cents Nigériens résident en Chine et y font des études. D'autre part, Pékin a érigé à Niamey une cité chinoise pourvue de logements sociaux et le grand complexe sportif Seyni-Kountché, du nom de celui qui a régné sur le Niger de 1974 à 1987.

La Chine, qui a beaucoup appris de l'Occident, ne prête rien sans contrepartie et sait monnayer sa générosité. En échange de ses largesses, elle exploite le pétrole nigérien découvert à la fin des années 50 par la Compagnie générale française de géophysique sur le plateau du Djado.

Des années plus tard, les Chinois ont pris la relève. Ils exploitent des blocs dans le Ténéré, la région de Bilma, ainsi qu'à Agadem où le contrat passé avec Niamey porte sur 342 millions de barils et 10 milliards de mètres cubes de gaz naturel. Ce contrat négocié sans appel d'offres, de gré à gré, ratifié par Mamadou

Tandja en conseil des ministres le 2 juin 2008, a évidemment fait jaser. L'État accordait l'exclusivité de l'exploitation aux Chinois qui s'engageaient en contrepartie à construire à Zinder, pour 600 millions de dollars, un pipeline et une raffinerie d'où l'on devrait extraire 20 000 barils de pétrole par jour. La société Petroleb, liée au ministère nigérien des Mines et de l'Énergie, a reçu un virement de 400 millions de francs CFA du cabinet Drak & Barth, qui a négocié le contrat d'exploitation pour le pétrolier chinois CNPC. Une somme que plus d'un considèrent comme un royal pot-de-vin. Au Niger, la Chine exploite aussi et même surtout, via la compagnie SinoU, de l'uranium. Elle y a accru sa part du gâteau depuis 2007 en obtenant un permis d'exploitation sur le site d'Azelik, dans la région d'Agadès. À cette occasion, elle a cofondé avec le Niger la Somina, la Société des mines d'Azelik, et prêté à son partenaire les 95 millions de dollars qu'il devait apporter en propre afin de participer aux activités de la nouvelle société. La concession d'uranium accordée à SinoU a marqué la fin du monopole d'Areva, le géant minier français qui, depuis toujours, considère l'uranium nigérien comme une chasse gardée.

Influence et *cyber-command*

La guerre économique dispose dans sa panoplie d'armes aussi pacifiques que non conventionnelles, comme des cabinets de conseil en stratégie et autres experts en lobbying ou, devrait-on dire plutôt, en « influence ». Les États y ont tout autant recours que les grands groupes industriels. Ces derniers peuvent être en proie à des compétitions internes d'une grande brutalité qui, sous l'apparence de conflits d'ego, dissimulent en réalité des divergences profondes sur des enjeux stratégiques.

Jusqu'à ces dernières années, le concept d'influence, qui a désormais acquis une position centrale dans la compétition, se traduisait dans les services de renseignement par « action psychologique » car il renvoyait à des méthodes anciennes, rodées pour certaines lors des conflits du XXe siècle. Développé dans les années 1930 puis mis en pratique par l'OSS, les services spéciaux américains, qui en ont été les pionniers durant la Seconde Guerre mondiale, et enfin généralisé dans son emploi tout au long de la guerre froide, le concept d'« influence » recouvre un ensemble de techniques et de moyens de persuasion élaborés, voire sophistiqués. Dans sa forme soft, l'influence emploie comme leviers aussi bien la presse, les programmes d'éducation que les échanges universitaires ou artistiques, les ONG ou les fondations. Elle ne néglige aucun moyen et exploite l'ensemble des objets de la propagande classique, tels les tracts, les affiches, les pamphlets, les chansons, les émissions de radio ou bien encore les films de cinéma. Elle s'est emparée des outils modernes comme les nouveaux réseaux de communication eux-mêmes transformés en champ de bataille plus réel encore, puisque désormais les militaires disposent même de *cyber-command*, déjà mis à contribution sur plusieurs champs de bataille et lors de la préparation des guerres d'Irak et d'Afghanistan.

Areva : bras de fer à Niamey et à Paris

Le Niger, indépendant depuis 1960 et dont le Sahara constitue 80 % du territoire, est le troisième producteur mondial de *yellow cake*, ce minerai aussi précieux que stratégique dont l'Agence pour l'énergie nucléaire et l'Agence internationale de l'énergie atomique estimaient en 2007 les ressources planétaires exploitables à 5,5 millions de tonnes. Le groupe Areva y réalise le tiers de sa production, ce qui l'a hissé, en 2010, avec une part de marché d'environ 17 %, au rang de premier producteur mondial d'uranium. Areva supplante désormais le Canadien Cameco et l'Anglo-Australien Rio Tinto, les autres géants du secteur. Le groupe s'est fixé en effet comme objectif ambitieux de fournir l'équivalent du tiers de la consommation des 430 réacteurs nucléaires en service dans le monde, ce qui l'oblige à hisser sa production annuelle à 20 000 tonnes.

Le groupe minier voit donc d'un mauvais œil l'incursion de la SinoU, la compagnie chinoise spécialisée dans l'extraction de l'uranium, dans ce pays africain. La France, qui s'y sent un peu comme chez elle, croit y disposer d'une sorte de droit moral depuis les découvertes faites en 1957 par le Bureau minier de la France d'outre-mer. Depuis cette année-là, nul n'ignore que le Niger recèle dans sa partie la plus désertique de l'uranium mais aussi du pétrole, du fer, du charbon, de l'étain ou encore du manganèse. En 1961, afin de lier les destinées des deux pays, la France paraphe avec Niamey un accord de défense – soit trois ans seulement avant que des prospecteurs français ne découvrent dans la région d'Arlit, au nord du pays, une réserve de 20 000 tonnes d'uranium. La cité d'Arlit jaillit alors de terre à la vitesse d'un champignon. Elle devient la capitale de l'uranium, laissant les indigènes s'agréger à la cité dans d'insalubres bidonvilles. Cette « favela » africaine s'étend de façon concentrique autour du centre-ville, resté coquet mais réservé aux exploitants et aux huiles du CEA, le Centre pour l'énergie atomique. D'autres villes jaillissent du désert comme Azelit, Djado ou bien Akouta.

Depuis l'indépendance, la France continue de gérer les réserves d'uranium nigériennes en concluant plusieurs accords léonins. En 1968, elle crée avec le nouvel État la Société des mines de l'Aïr (Somaïr), dont elle détient 90 % du capital. En 1969, elle s'arroge le droit de fixer elle-même le prix de l'uranium. En compensation de cette atteinte flagrante à sa souveraineté nationale, le Niger recevra chaque année une indemnité d'un milliard de francs CFA. En 1974, sur le modèle de la Somaïr, elle crée la Compagnie minière d'Akouta (Cominak). Peu à peu, elle accapare les ressources nigériennes, ce qui finit par susciter l'agacement, si ce n'est plus, du chef d'État nigérien Diori Hamani, jusqu'ici traité avec bienveillance par la France. Celle-ci change de ton quand Diori commence en 1974 à réclamer avec obstination un prix plus juste pour l'uranium. Le Niger figure déjà sur la liste des pays les plus pauvres du monde. Depuis 1968, il subit même une famine meurtrière. Pour autant, l'insistance de Diori Hamani finit par exaspérer au plus haut sommet de l'État français, où l'on ne se laisse ni émouvoir ni fléchir par les bons sentiments.

Entre la mort début avril de Georges Pompidou et le premier tour de l'élection présidentielle de 1974, le lobby nucléaire et les services secrets français entrent en action. Ils déposent Diori et le remplacent par le colonel Seyni Kountché, un enfant de troupe de l'Afrique-Occidentale française, diplômé de l'école de formation des officiers de Paris et ancien chef d'état-major de Diori. Kountché mourra le 10 novembre 1987 à Paris d'une tumeur au cerveau, après avoir échappé à plusieurs tentatives de coup d'État et à une rébellion touarègue qu'encourage son voisin le colonel Kadhafi. Lui succède le général Ali Saïbou, qualifié de « libéral ». En 1983, il décrète l'amnistie, vide les prisons nigériennes, relâchant parmi les prisonniers politiques l'ancien chef d'État Diori. Par référendum, Saïbou donne au Niger une constitution plus démocratique puis se fait élire en 1989 président avec près de 100 % des voix – il est, certes, le seul candidat en lice. Depuis lors, la démocratie nigérienne n'en finit plus de se chercher. En mars 1993, Mahamane Ousmane, un économiste de formation, devient président ; il est renversé le 27 janvier 1996 par un coup d'État qui place à la tête du pays un conseil de salut national composé de douze hommes, dirigé par le colonel Ibrahim Baré Maïnassara, dit « IBM ». Une fraude massive permet à ce dernier de se faire élire président en juillet 1996 alors qu'il n'est que troisième au début du dépouillement. Lors de cette élection présidentielle, la France a misé sur les deux tableaux, soutenant à la fois le putschiste Ibrahim Baré Maïnassara et l'ex-président Mahamane Ousmane. Pour superviser ces élections truquées, elle a dépêché une mission d'observation dirigée par un ancien colonel des services spéciaux français qui arrive de Nouvelle-Calédonie, où il servait de conseiller au milliardaire et sénateur RPR Jacques Lafleur.

Ibrahim Baré Maïnassara n'échappera pas à ce qui semble être devenu au Niger une coutume ou plutôt une fâcheuse habitude. En avril 1999, des membres de sa garde présidentielle l'exécutent et Mamadou Tandja est élu, en novembre, président au second tour de l'élection qu'il remporte avec 60 % des voix.

Dix ans plus tard, Mamadou Tandja, âgé de 71 ans, est à son tour renversé par une junte militaire qui, le 18 février 2010, prend le pouvoir sans coup férir ou presque. Tandja est discrètement transféré dans une garnison. En 2009, le président nigérien a, semble-t-il, commis l'erreur de se reconduire lui-même au pouvoir de sa seule autorité, en dissolvant le parlement et la cour constitutionnelle avant de faire plébisciter ces décisions par le peuple. Cela explique sans doute en partie ce coup d'État exécuté avec célérité par un « Conseil suprême pour la restauration de la démocratie ». Le 22 février 2010, celui-ci installe un des siens, le chef d'escadron Salou Djibo, sur le trône présidentiel. Officier discret, sorti du rang, Djibo a effectué plusieurs séjours sous le drapeau des casques bleus de l'ONU, notamment en Côte d'Ivoire et en République démocratique du Congo. Jusqu'au putsch, cet homme aux liens plutôt ténus avec l'établissement militaire français est quasiment inconnu de la population de Niamey.

Pour qui roule la junte qui vient de prendre le pouvoir à Niamey ? Le 17 mars 2010, une partie du mystère est levée. Le putsch se donne des airs d'opération mains propres destinée à mettre un terme aux pratiques des équipes précédentes. Il entend revoir les conditions d'attribution de permis d'exploitation de ce qui constitue les richesses nationales nigériennes. Au nombre des mystères que la junte tient à élucider figurent les modalités de fonctionnement de la SML, la Société des mines du Liptako. Cette société, dirigée par l'ancien directeur de campagne de Mamadou Tandja, exploite l'or nigérien en association avec une importante firme canadienne. Or elle ne fait entrer aucune devise dans les caisses du Trésor nigérien, curiosité établie en décembre 2008 par une commission d'enquête. Où passe donc l'argent de l'or ? Que sont devenus les 100 millions de francs CFA d'aide à la presse qui se sont également volatilisés ? Une disparition qu'on attribue à l'ancien Premier ministre Hama Amadou. Le 17 mars 2010, la junte annonce qu'elle va réétudier l'ensemble des contrats miniers qu'a signés l'État nigérien depuis 2007. Tous sans exception, y compris ceux d'Areva. Aussitôt, c'est le branle-bas de combat à Paris. Le ministre de la Coopération, Alain Joyandet, se montre rassurant : un tiers des réacteurs d'EDF fonctionnent en effet avec de l'uranium nigérien. Aussi, il l'affirme et le répète, ni les intérêts français ni ceux d'Areva ne sont menacés. Le directeur d'Areva au Niger le confirme. Il certifie même qu'il travaille en collaboration étroite avec le chef de la junte, Salou Djibo. On s'efforce d'apaiser les esprits, d'autant que le groupe a engagé au Niger de lourds investissements. Le gisement d'Imouraren, le plus grand site uranifère d'Afrique, dont Areva a obtenu l'exploitation et qui n'entrera en service qu'en 2013, lui coûtera, pour une production annuelle de cinq tonnes d'uranium, 1,2 milliard d'euros d'investissements. Le groupe entend prouver à la junte que le Niger tire profit de sa présence. Il sort ses calculettes et chiffre l'étendue de ses bienfaits afin de démontrer que les Nigériens n'ont pas eu affaire à des ingrats. Si les comptes sont justes, Niamey a reçu d'Areva ces cinq dernières années de 20 à 30 millions d'euros par an au titre des taxes, impôts et autres royalties. Via une ONG, le groupe minier a également fait don de matériel informatique : deux cents ordinateurs et cinquante portables (soit environ 80 millions de francs CFA)[1].

Dans les semaines qui suivent, les motivations de la junte apparaissent de plus en plus clairement. Le nouveau pouvoir s'est apparemment fixé une « mission d'assainissement », confirmation qu'il s'agit bien d'une opération « mains propres ». Début juin 2010, l'ex-ministre des Mines Mohamed Abdoulahi est arrêté. Sous la présidence de Tandja, il aurait abusé de son influence lors de la signature de certains contrats miniers. Puis, le 22 juin, l'ex-secrétaire général du gouvernement, Mahamadou Laouel Kader, est interpellé à l'aéroport de Niamey et conduit au siège de la police secrète nigérienne afin d'y être interrogé. Après avoir occupé ce poste de 1999 à 2007, Kader était devenu le conseiller d'Areva pour les affaires africaines du groupe. Il aurait négocié à ce titre pour le groupe minier le contrat d'Imouraren. Y a-t-il eu conflit d'intérêt ? Ou bien ne s'agit-il que d'une mise en scène de la junte, destinée à obtenir une rallonge d'Areva ? On le saura bientôt. En juillet, Anne Lauvergeon et Salou Djibo se rencontrent discrètement dans une banlieue chic de Paris. Le chef de la junte ne tourne pas autour du pot. Eu égard à l'état de misère du peuple nigérien, il exige qu'Areva se montre plus généreux. Quelques jours plus tard, le numéro deux du

1. *Sahel Dimanche*, 9 octobre 2009.

groupe minier fait quelques confidences lors d'un déjeuner de presse : le groupe Areva devrait incessamment débloquer une aide d'urgence de 500000 euros pour le Niger[1]. Lors de leur entretien, Djibo avait également invité la patronne d'Areva à ne pas interférer dans le déroulement de la prochaine élection présidentielle, prévue en 2011. Il souhaite que le groupe minier n'ait à cette occasion aucun favori, sous-entendant ainsi qu'il avait pu en avoir auparavant. Afin d'éviter tout quiproquo, le conseiller d'Areva Laouel Kader, qui a été arrêté fin juin par la police spéciale de Niamey, est provisoirement écarté du dossier nigérien en raison de sa proximité avec le chef de l'opposition.

La tension retombe et aucune révision contractuelle ne viendra entamer le leadership d'Areva au Niger. Mieux encore, Mahamadou Issoufou, le chef de l'opposition, proche de la direction d'Areva, remporte en mars 2011 l'élection présidentielle avec près de 58 % des voix. L'Élysée profite de cette proximité avec le nouvel élu, notamment pour faciliter l'acheminement d'armes à la guérilla que la France soutient en Libye afin de renverser Mouammar Kadhafi[2].

Alors que depuis février 2010 les intérêts miniers d'Areva au Niger dépendent de la bonne volonté des nouvelles autorités militaires, le groupe fait l'objet à Paris d'une attaque d'EDF, son concurrent et partenaire français, qu'Henri Proglio, un ami de Nicolas Sarkozy, dirige depuis le 25 novembre 2009. L'ancien PDG de Veolia Environnement projette de faire d'EDF le vaisseau amiral d'un géant planétaire du secteur du nucléaire. Le 23 décembre, il a clairement affiché ses ambitions : « Il faut que la filière française [du nucléaire] se range derrière EDF. » Il suggère que le groupe électricien entre dans le capital d'Areva pour, à terme, l'absorber tout ou partie. Proglio n'est ni le seul ni le premier à nourrir cet espoir. Depuis 2007, deux

1. *Lettre du Continent*, 20 juillet 2010.
2. *Le Canard enchaîné*, 25 mai 2011.

autres industriels également amis de Nicolas Sarkozy, Patrick Kron et Martin Bouygues, ont eux aussi envisagé d'avaler le mastodonte Areva. Nicolas Sarkozy imaginait lui-même le groupe tronçonné en trois entités séparées et, au passage, sa patronne mise à l'écart – surtout depuis qu'elle avait eu l'outrecuidance de refuser (avant de s'y résoudre) de céder une de ses filiales, la société d'électricité Areva Transmission et Distribution, à Patrick Kron, le patron d'Alstom, société dont Bouygues est l'actionnaire de référence.

Démarre alors une intense campagne de déstabilisation qui, après une courte accalmie, redémarre au printemps 2011. Elle ne laisse aucune chance à la patronne d'Areva, dont le mandat expire en juin 2011. En mars, un flot de critiques et d'insinuations, qui visent le groupe Areva et en particulier Anne Lauvergeon, s'empare de la toile. La plupart n'ont rien d'inédit et végétaient jusque-là sur des sites obscurs. Ainsi monte-t-on soudainement en épingle une perquisition effectuée par la police à Erlangen en Bavière au siège d'Areva NP, une filiale du groupe dont l'allemand Siemens est actionnaire. Cinq salariés ou anciens salariés seraient impliqués dans une affaire de corruption. On n'en saura pas plus. À cet écho s'ajoute bientôt une vieille histoire qui refait brusquement surface. Elle remonte à novembre 2007. Nicolas Sarkozy effectue alors une visite officielle en Chine où il doit avaliser la signature d'un contrat d'un montant de 8 milliards de dollars pour la vente par Areva de deux réacteurs EPR. Alors qu'officiellement on se réjouit de cet accord, la police chinoise interpelle un responsable marketing d'Areva et lui confisque son passeport. Cet ancien employé du CEA n'obtiendra l'autorisation de quitter le pays qu'en janvier 2008. Les autorités chinoises le soupçonnent d'avoir corrompu Rang Rixin, directeur de CGNPC (China Guangdong Nuclear Power Corp.), accusé d'avoir empoché 700 000 euros de pots-de-vin entre 2004 et 2009 « d'une compagnie étrangère qui voulait construire des centrales nucléaires en Chine », et qui sera condamné en 2010 à la prison à perpétuité. Sur la toile, un journal centrafricain se montre plus explicite : le dénommé Rang Rixin aurait accepté des dessous-de-table d'Areva, d'un montant de 1,8 milliard de yuans (260 millions d'euros), pour avoir facilité la conclusion d'un contrat dans la province du Guangdong[1]. Or rien n'indique, du moins officiellement et jusqu'à présent, qu'Areva soit mêlée à cette affaire de corruption. Quant aux deux hommes mis en cause, le Chinois et le Français, ils avaient curieusement en commun d'être l'un et l'autre proches des services de sécurité de leur pays respectif et des experts en armement nucléaire.

La pression s'accentue quand, en juin 2011, une autre affaire est réactivée. Tout comme la précédente, elle n'a rien d'inédit mais elle vise cette fois directement Anne Lauvergeon, à laquelle on impute un malencontreux investissement. Areva a racheté en 2007, pour 2,5 milliards de dollars, la société canadienne UraMin qui possède et exploite des gisements d'uranium en Namibie, en Afrique du Sud et en République centrafricaine. Le rachat d'UraMin, effectué alors que le cours du minerai flambe, aurait plombé les comptes du groupe – ce dont attesterait un audit dont on parle mais qui hélas n'est pas rendu public. Ce qui en transpire laisse entendre que le groupe afficherait un manque à gagner d'un milliard d'euros. À défaut de pouvoir prendre connaissance de l'audit, l'on peut simplement noter que le groupe a réalisé en 2010 une perte opérationnelle de 423 millions d'euros tandis qu'il avait engrangé l'année précédente 97 millions d'euros de bénéfices. Mais certains vont plus loin dans l'insinuation et agrémentent le rachat d'UraMin de soupçons d'enrichissement personnel. Ils évoquent même l'existence d'hypothétiques rétro-commissions, cela bien sûr sans en apporter la moindre preuve. Si ce n'est ce bruit propagé sur Internet citant « un officiel namibien » qui « accuse Areva et sa présidente, via le Canada, d'avoir bénéficié de rétro-commissions lors du rachat d'UraMin ». Rien de tangible, rien d'avéré, surtout rien de prouvé.

1. *L'Indépendant de Ouanguru*, 2 septembre 2009, article repris par le groupe Internet Africatime.

Pourtant, la rumeur s'emballe sur ce trou de plus d'un milliard d'euros qui aurait en 2010 échappé à la sagacité de l'ancien président de la Compagnie nationale des commissaires aux comptes, René Ricol, que l'Élysée avait alors désigné pour présider le comité d'audit censé faire « la lumière » sur les comptes d'Areva. Au terme de son expertise comptable, René Ricol avait d'ailleurs déclaré : « J'ai perdu mon temps avec bonheur », ce qui devait sans doute laisser supposer que les comptes d'Areva ne présentaient aucune anomalie particulière.

L'affaire UraMin tout comme les bruits distillés sur la toile atteignent leur objectif. Le travail de sape porte ses fruits : plus personne n'imagine désormais que Lauvergeon puisse se succéder à elle-même à la tête d'Areva. Deux parlementaires montent même au créneau, menaçant d'enquêter sur les conditions d'achat d'UraMin. Le 19 juin 2011, *Le Journal du Dimanche* s'interroge à son tour. Il titre « Vers une affaire Areva ? » le jour même où Anne Lauvergeon devait être reçue à l'Élysée par le chef de l'État, un rendez-vous qu'elle a décliné. Elle ne rencontre Nicolas Sarkozy que le lendemain, le 20 juin 2011. Le 26, *Le Parisien* embraye à son tour : « UraMin, la filiale embarrassante ». Puis le 29 *Les Échos*, qui jusque-là ont équitablement donné la parole à Lauvergeon, reviennent sur le souhait des parlementaires d'enquêter et parlent d'une éventuelle saisie de la Cour des comptes.

Puis, soudain, plus rien. L'affaire rebondira quelques mois plus tard quand la justice sera saisie d'une enquête parallèle menée par une officine sur Anne Lauvergeon et son mari[1]. En attendant, les rumeurs se dissipent. Elles s'évanouissent comme par enchantement sitôt qu'est nommé le successeur d'Anne Lauvergeon, Luc Oursel. Lequel, quelques semaines auparavant, avait refusé en pleine tempête d'approuver les comptes de 2011. Diplômé et ingénieur en chef de l'École nationale supérieure des Mines de Paris, Luc Oursel a effectué une longue carrière au ministère de l'Industrie avant de rejoindre en 1993 le monde de

1. *Le Canard enchaîné*, 21 décembre 2011.

l'entreprise, notamment le groupe Schneider Electric, et d'être coopté, en mars 2007, au directoire d'Areva.

Quelques semaines après sa nomination, Areva et EDF concluent une paix des braves. Le 25 juillet 2011, Luc Oursel et Henri Proglio se retrouvent à Chalon-sur-Saône sur le site Saint-Marcel d'Areva, qui fabrique les générateurs de vapeur des centrales nucléaires que le groupe vend à EDF. Les deux pontes de la filière nucléaire y annoncent la signature de trois accords techniques et commerciaux, lors d'une rencontre hyper-médiatisée[1]. En vérité, il s'agit apparemment d'une opération de relations publiques destinée à célébrer l'entente cordiale qui règne désormais à la tête des deux grands groupes. Présent à la cérémonie, le ministre de l'Industrie, Éric Besson, donne le ton en qualifiant Henri Proglio de « capitaine de l'équipe de France du nucléaire »[2]. En clair, dans ce secteur, il n'y a plus qu'un seul ponte, le patron d'EDF.

Le vainqueur de cette longue bataille d'influence, c'est lui. Henri Proglio l'a remportée haut la main avec l'appui de l'Élysée et d'une partie importante du clan des nucléocrates, autrement baptisé le « réseau républicain », constitué autour de François Roussely, l'ancien PDG d'EDF. Ce haut fonctionnaire a fait une partie de sa carrière aux ministères de l'Intérieur et de la Défense aux côtés de Pierre Joxe – dont Luc Oursel a lui-même été un conseiller technique au ministère de la Défense en 1991. La candidature d'Oursel a bénéficié de l'appui discret et puissant du Centre de l'énergie atomique et de celui du président de Technicatome, la filiale militaire d'Areva, spécialisée dans les moteurs à propulsion nucléaire de la flotte sous-marine française.

1. Un pour poursuivre l'optimisation de l'EPR, un autre destiné à allonger la durée d'exploitation du parc existant au-delà de quarante ans et enfin le troisième portant sur la gestion du cycle du combustible. Un quatrième accord en vue prévoirait la construction d'un réacteur de moyenne puissance, ATMEA. Autant de projets contenus dans le rapport dit Roussely de juin 2010.

2. *Le Monde*, 27 juillet 2011.

Crime impardonnable, certains accusent Anne Lauvergeon d'avoir tenté de vider la filiale militaire de sa substance, s'aliénant ainsi un groupe de pression aussi invisible que déterminé. Celui-ci sera à l'œuvre en encourageant la chute de Lauvergeon et en appuyant le choix de Luc Oursel par l'intermédiaire du cabinet de « conseil en stratégie » Salamandre. Tout au long de la bataille, au nom de la « défense des intérêts stratégiques français », Salamandre n'a pas ménagé en effet ses efforts, n'hésitant pas à présenter Anne Lauvergeon comme un danger pour la filière nucléaire française.

Le cabinet Salamandre, entre influence et services secrets

Salamandre appartient au petit groupe des cabinets français spécialisés dans l'influence[1]. Nombreux dans les pays anglo-saxons, ceux-ci le sont peu dans l'Hexagone où l'on en compte moins d'une dizaine : Image 7, d'Anne Méaux, dont la patronne d'Areva a utilisé les services lors de son bras de fer avec le patron d'EDF ; l'agence DGM, de Michel Calzaroni, un ancien du service communication du CNPF, auquel le groupe Carlyle a recouru en 2003 pour restaurer son image ; l'agence Euro RSCG, de Stéphane Fouks, le monsieur Communication de Dominique Strauss-Kahn et conseil de quelques chefs d'État africains ; Publicis, la quatrième agence mondiale, qui, comme le dit son patron Maurice Lévy, « défend les Américains en France et les Français aux États-Unis » ; ou encore l'agence d'Alain Bauer, le médiatique expert en criminologie qui a conseillé dans le passé le groupe EADS.

Dans cette communauté du conseil en stratégie, Salamandre se

1. En 2011, Salamandre salarie cinq collaborateurs à plein temps et emploie une vingtaine d'associés. Le cabinet réalise un chiffre d'affaires variant entre 1,5 et 2 millions d'euros. Le capital de Salamandre est détenu intégralement par Peter Taubert, directeur du bureau stratégique, et Pierre Sellier, responsable du bureau opération.

distingue par les rapports privilégiés qui l'unissent au complexe militaro-industriel, et par ses nombreuses attaches avec les services secrets français. Son créneau réside principalement dans la défense des intérêts français en matière de sécurité nationale comme les domaines de l'armement et des technologies de pointe[1].

Le cabinet Salamandre conseille à ce titre quelques grands groupes industriels opérant dans des secteurs stratégiques ou sensibles comme l'armement, l'électronique haut de gamme, l'informatique, la biométrie ou encore la cryptographie. Il est ainsi associé à Keynectis et à Safran, où il épaule particulièrement un groupe d'anciens salariés de la société Sagem qui détient 20 % des droits de vote de Safran – ce qui en fait le deuxième actionnaire après l'État qui en possède 25 %. Salamandre entretient des relations serrées avec Sagem Sécurité, le leader du secteur de la biométrie, par exemple lorsque celui-ci a procédé au recensement biométrique de la population ivoirienne, dans le cadre de l'organisation de l'élection présidentielle qui aboutira à la défaite de Laurent Gbagbo[2]. De la même façon, Salamandre s'est joint à la Sagem à Madagascar pour la même opération de « déploiement d'un système d'identification biométrique » afin, là encore, de « sécuriser les élections à venir ».

Salamandre a joué un rôle déterminant dans la bataille interne qui a secoué le groupe Safran et abouti à la victoire, en juillet 2007, de son poulain Jean-Paul Herteman, ancien

1. Salamandre entretient des liens étroits avec l'association Les Arvernes de Lutèce, engagée dans la « défense des intérêts français et européens dans les secteurs de la sécurité nationale ». Elle comprend une cinquantaine de membres qui se réclament de la tradition des « gaullistes sociaux ».

2. Contrat négocié avec le ministre des Nouvelles Technologies et de la Communication, Hamed Bakayoko, qui gère les licences de téléphonie mobile. Ce dernier est l'ancien PDG de Radio Nostalgie Afrique, créée par Dominique Ouattara, l'épouse du principal opposant à Laurent Gbagbo et futur vainqueur de l'élection.

dirigeant de la SNECMA appuyé par les anciens de la Sagem[1]. Le cabinet Salamandre a été tout aussi décisif et entreprenant dans la coulisse de l'affaire Gemplus, s'efforçant de contenir l'offensive de TPG Capital et de son PDG David Bonderman[2]. En fait, dès que les intérêts industriels français stratégiques lui paraissent menacés, Salamandre intervient, parfois avec une rudesse qui frise aux yeux de certains l'agressivité.

En décembre 2008, deux fonds d'investissement anglo-saxons, soupçonnés de vouloir vendre au plus offrant la société informatique Atos Origin, en font les frais. Majoritairement détenue par des capitaux français, Atos Origin dispose d'un serveur qui réalise 60 % des transactions bancaires qui s'effectuent en France. Le groupe est également présent dans des secteurs sensibles tels que l'industrie de la défense ou le passeport biométrique. Il n'en faut pas moins pour que le réseau Salamandre s'électrise et se mobilise pour défendre cet actif qualifié de « stratégique ». Il actionne ses appuis dans certains milieux industriels et jusqu'au Sénat où le sénateur UMP Philippe Marini demande à l'Autorité des marchés financiers (AMF, l'ex-Commision des opérations de bourse, la COB) d'intervenir. Après une campagne de presse alarmiste que Salamandre inspire en grande partie, le dépôt d'une plainte dont le cabinet est à l'origine, puis enfin la nomination à la tête de l'entreprise de l'ancien ministre des Finances Thierry Breton, la crise se dénoue. Atos Origin restera français. Début 2008, le même réseau intervient dans l'affaire Mittal Arcelor, s'efforçant en vain d'empêcher le rachat du groupe sidérurgique français par le milliardaire indien.

Le réseau s'associe également à diverses initiatives destinées à contrer l'influence américaine dans des secteurs sensibles : il participe ainsi à un projet d'infrastructure nationale de cryptographie

1. Nommé à la tête de Safran, Jean-Paul Herteman prendra ultérieurement la direction d'Eramet, un groupe minier considéré par l'État comme un actif stratégique.

2. Voir p. 53, « La CIA et les microprocesseurs français ».

afin de concurrencer celui de l'américain Verisign (société, rappelons-le, très soutenue par la NSA, l'agence d'espionnage électronique américaine), ou encore à la création d'une fondation française pour le logiciel libre dans le but, cette fois, de concurrencer Microsoft.

Salamandre, qui agit en appui du complexe militaro-industriel sous le drapeau du « patriotisme économique », a été créée dans la foulée du rapport Martre qui, en 1995, désirait donner à l'économie française les moyens de résister aux pressions de ses grands concurrents. Deux anciens de M2I, le département stratégie du groupe Creusot-Loire, en sont les fondateurs, en 1996 : Martin Roulleaux-Dugage[1] et Pierre Sellier.

Pierre Sellier est un peu la figure de proue du cabinet, sa façade médiatique et connue, celui qui apparaît en première ligne et auquel on identifie Salamandre. Diplômé d'HEC, il se présente volontiers comme un pratiquant chevronné du jeu de go, jeu de stratégie qu'il a découvert alors qu'il effectuait son service militaire au Japon et dont les manuels en langue nipponne encombrent son bureau. Détaché au pays du soleil levant au titre de la coopération dans la société Air Liquide, il rentre en France en 1991 où il assiste le président du Centre international des sciences criminelles et pénales avant de prendre la direction du cabinet Salamandre. Personnage iconoclaste aussi déroutant qu'imprévisible, Pierre Sellier n'a pas toujours bonne presse. Son cabinet non plus. L'ancien patron du renseignement de la DGSE et ex- « monsieur intelligence économique » Alain Juillet esquisse ce jugement sur Salamandre : « C'est un cabinet d'influence qui n'hésite pas à aller jusqu'aux menaces pour faire passer ses idées », ajoutant, à propos de Sellier lui-même : « Par moments, [il] est en surchauffe et dépasse les limites acceptables. C'est dommage, il est intelligent quand il est calme. » Il lui

1. Martin Roulleaux-Dugage dirige depuis 2009 le secteur de la recherche et de l'innovation d'Areva.

arrive en effet d'effrayer certains de ses interlocuteurs par des formules à l'emporte-pièce et un langage direct et poivré perçu parfois comme menaçant. L'intermédiaire Robert Bourgi en fait l'expérience alors qu'il tente de prendre pied à Madagascar. Pierre Sellier est agacé par cette intrusion et s'empresse de le faire savoir. D'un coup de fil, il se plaint à l'épouse de Robert Bourgi, ce dernier étant déjà dans l'avion qui le conduit à Madagascar. La suite, Bourgi la racontera curieusement dans une longue interview à la télévision gabonaise : « Il lui a dit [à l'épouse de Robert Bourgi], écoutez, faites-lui passer le message : qu'il ne touche pas à Madagascar, qu'il s'occupe de la Côte d'Ivoire, Madagascar, c'est mon domaine, le président "Rajouel" [Andry Nirina Rajoelina], je suis son conseiller personnel, d'ailleurs le président "Rajouel" ne veut pas le voir et les bracelets [c'est-à-dire les menottes] l'attendent à l'arrivée. En guise de bracelets, j'ai eu un accueil digne de celui d'un ministre d'État : chef du protocole, secrétaire général de la présidence de la République malgache, directeur de cabinet du ministre des Affaires étrangères et, le lendemain, je voyais monsieur "Rajouel". » L'épouse de Robert Bourgi confirmera en substance le contenu de l'appel de Sellier. Elle le fait officiellement devant la justice, qui se préoccupe désormais du litige qui oppose les deux hommes : « Durant l'absence de mon époux, j'ai reçu [...] un appel d'un certain Pierre Sellier [...]. Au ton hargneux qu'utilisait ce monsieur, j'ai senti que mon interlocuteur semblait vouloir s'entretenir d'urgence avec mon mari [...]. Sellier m'a signifié que mon mari ne devait pas faire ce voyage car sinon, à son arrivée, il allait être aussitôt arrêté. Il a choisi d'utiliser des termes peu choisis, du genre que mon mari allait "se voir mettre des bracelets" dès sa descente d'avion [...]. »[1] Quant à Pierre Sellier, qui ne se

1. Procès-verbal d'audition de Catherine Bourgi par la 1ère Division de police judiciaire de Paris, 30 avril 2009, en possession de l'auteur. Robert Bourgi sera lui aussi entendu par la 1ère Division de police judiciaire de Paris. Son PV d'audition indique qu'il s'est renseigné sur Sellier : « Il faut

rappelle plus avoir employé le mot « bracelets », il ajoute son commentaire personnel : « Qualifier de hargneux un ton est un jugement parfaitement subjectif d'autant que j'appartiens à une génération de Français très loin par l'âge de celle de monsieur Bourgi et sans doute de son épouse. Comme les gens de ma génération, j'emploie un langage direct visant avant tout à l'efficacité. Visionnez les vieux films de Gabin et vous verrez qu'il y parle un français différent de celui de 2009. »[1]

Avec son allure dégingandée, Pierre Sellier ne ressemble pas non plus au prototype de l'expert en stratégie plutôt guindé, ce qui ne l'empêche pas d'entretenir des relations étroites avec de grands et puissants chefs d'entreprises. Pierre Sellier porte rarement la cravate. Ses vestes un peu froissées lui donnent des airs d'étudiant bohème. Pour le reste, il peut en effet être cassant. Il lui arrive d'employer un langage fleuri inhabituel et parfois inapproprié. Il diffère en cela des personnalités plus strictes que l'on trouve au conseil de supervision de Salamandre. Celui-ci se compose pêle-mêle du philosophe Jean-François Mattéi, ancien conseiller spécial de Luc Ferry au ministère de l'Éducation nationale, d'Antoine Sfeir, journaliste franco-libanais fondateur des *Cahiers d'Orient*, de Jacques Lanxade, ancien chef d'état-major de François Mitterrand, ou encore de Louis Pouzin, polytechnicien et pionnier des réseaux de communication informatiques. Pouzin est aussi un des fondateurs de la Société française de l'Internet[2].

---

que je vous avoue quelque chose [*sic*] […] : lors de ma première rencontre avec M. Sellier, je me suis confié à M. Claude Guéant. Mon ami m'avait dirigé vers des conseillers de la présidence qui m'avaient dressé un tableau peu flatteur de l'individu. Mes contacts m'avaient assuré que ce M. Sellier allait rapidement cesser de m'importuner. » (PV daté du 30 avril 2009, en possession de l'auteur – les coupes sont de l'auteur.)

1. Procès-verbal d'audition de Pierre Sellier par la 1ère Division de police judiciaire de Paris, 6 mai 2009, en possession de l'auteur.

2. Louis Pouzin est à l'origine du protocole TCP/IP (une suite de protocoles servant à la transmission de données et créée initialement dans un but militaire) et appartient à Eurolinc, une association qui prône la diversité

Voilà pour la façade, car Salamandre tient de la poupée russe. Son directoire comprend une variété d'hommes chevronnés et influents du complexe militaro-industriel tels l'ancien directeur de la division nucléaire du groupe Thomson CSF Jean-François Briand ou encore Maurice Argouse, un ancien pilote d'essai de la marine française et ancien directeur des programmes de la division défense du groupe Sagem[1]. Salamandre entretient également des liens étroits avec la société Sécurité Audit Solutions (SAS) créée en 1997 par l'ancien directeur des Renseignements généraux de la préfecture de police de Paris, Claude Bardon, qui appartient tout comme son coassocié et ancien directeur central de la police judiciaire Jacques Genthial à l'European Institute for Law Enforcement Cooperation qui conseille pour les questions de sécurité les États européens et leurs agences gouvernementales. À l'occasion, SAS « traite certains dossiers » pour le compte de Salamandre, dont Claude Bardon et Jacques Genthial ont été les conseillers tandis que Pierre Sellier était celui de SAS. Quant aux principaux responsables de Salamandre, qui s'efforcent de rester dans l'ombre, la plupart sont d'anciens hauts responsables des services secrets français. Figurent ainsi parmi ces éléments haut de gamme Michel Lacarrière, ancien responsable de la DST, de la DGSE et ancien directeur des Renseignements généraux de Paris, ou Roger Baleras, ancien directeur de la Direction des applications militaires, le « SR du CEA ». À ce duo s'ajoute un troisième homme, sans doute le personnage clé de Salamandre,

---

linguistique sur Internet. Partant du constat que la moitié des 1,6 milliard d'utilisateurs d'Internet n'emploie pas l'alphabet latin, Pouzin milite pour que les adresses Internet puissent s'écrire avec des caractères chinois, arabes, cyrilliques ou encore hébreux.

1. Lors de l'affaire Gemplus, en 2003, Maurice Argouse suggérera à David Bonderman d'acquérir des vignobles du Minervois, près de Carcassonne pour TPG Capital. Il invite Bonderman à venir le 2 novembre 2003 à la grande fête des vendanges qui aura lieu à Carcassonne, à laquelle devraient assister plusieurs personnalités de haut rang de la communauté de la défense française.

François Mermet. Patron de la DGSE de 1986 à 1989, il a été à l'origine en 1987, avec le colonel Jean Heinrich, alors directeur des opérations spéciales, de l'opération qui projetait de recueillir le plus grand nombre de renseignements, et au niveau le plus élevé, sur des sociétés américaines ciblées. La DGSE avait alors recruté des « taupes » plutôt prolixes notamment au sein d'IBM et de Texas Instruments[1].

Après son départ de la DGSE en janvier 1990, François Mermet prodigue ses conseils au gouvernement en matière de défense. Il propose différents projets de modernisation du renseignement militaire, suggère au ministre de la Défense Pierre Joxe de créer un Pentagone à la française sur le site de la caserne Balard situé dans le XVe arrondissement de Paris, un projet repris en 2008 par Nicolas Sarkozy et dont la construction a été confiée au groupe Bouygues. En 1991, François Mermet crée ce que l'on peut considérer comme le précurseur de Salamandre, la société Stratco : conseil, audit et études en matière de défense et de stratégie, créée à la demande de Pierre Joxe. Après avoir modernisé la police, ce dernier s'emploie à renforcer les capacités du renseignement français. Il a constaté en effet, lors de la première guerre du Golfe, à quel point les services de renseignement français étaient dépendants de leurs homologues américains. Stratco sert de boîte à idées. Elle doit élaborer des stratégies pour les organismes de défense et les industriels français[2]. Deux ans plus tard, en 1993, avec le général Jean Pichot-Duclos et Christian Harbulot, futur fondateur de l'École de guerre économique[3], François Mermet fonde l'Intelco, l'Institut d'étude et de stratégie de l'intelligence économique[4]. En toute cohérence, en 1996, il parraine le tout

1. Voir p. 30, « Espions français à l'assaut des firmes américaines ».

2. Stratco est une des six filiales du groupe Défense Conseil International qui comprend notamment la COFRAS (Compagnie française d'assistance spécialisée) créée en 1972.

3. Jean Pichot-Duclos est un ancien responsable de l'école interarmées du renseignement et des études linguistiques EIREL.

4. Voir la thèse de doctorat d'Hélène Masson, *Les Fondements politiques*

nouveau cabinet en stratégie Salamandre qu'il fera profiter de son carnet d'adresses et de ses nombreuses relations dans le monde du renseignement et au sein du complexe militaro-industriel. Général d'aviation et lui-même pilote, l'ex-patron de la DGSE est ainsi au mieux avec Serge Dassault. Il possède également de solides amitiés haut placées au sein du Mossad israélien. En octobre 1998, flanqué du jeune Pierre Sellier, il rencontre à Tel-Aviv son ami Avi Dagan, un ancien haut responsable du Mossad. Mermet plaide alors pour un rapprochement entre Sagem Morpho, déjà dans l'orbite de Salamandre, et la société israélienne Elbit Systems, un des fleurons mondiaux de l'industrie des drones. Un rapprochement suivi d'effet puisque, en septembre 2010, Sagem et Elbit créeront une filiale commune pour produire des drones tactiques.

En mai 2005, alors que la Libye de Kadhafi a rouvert ses portes au grand commerce, François Mermet facilite les démarches de certaines entreprises et les déplacements de l'intermédiaire dans les ventes d'armes Ziad Takieddine. Ce proche de Nicolas Sarkozy et de Claude Guéant se prévaut du général Mermet dans un courrier qu'il adresse à l'époque au patron de la DGSE, Pierre Brochand, afin d'obtenir son appui et celui du service pour travailler en Libye. Il écrit qu'il est en relation avec lui « depuis plusieurs années » sur des sujets relatifs au domaine de sécurité des systèmes d'information, notamment dans le dossier Gemplus « dont je suis actionnaire[1] », précise-t-il.

Un des principaux clients de Salamandre bénéficiera de l'accord conclu à Tripoli le 9 novembre 2006 qui prévoit la signature de trois contrats séparés avec trois importantes sociétés du complexe militaro-industriel français : Thales, Safran et Dassault. La remise en état des Mirage a en effet été confiée à la Sagem qui devra

de l'intelligence économique, Sceaux, Université Paris Sud-11, Faculté Jean-Monnet, décembre 2001, encore non publiée.

1. Voir fax de Ziad Takieddine, décembre 2005, en ligne sur le site Mediapart.fr.

également installer à Tripoli un système biométrique de contrôle de l'immigration. Salamandre envisage même à l'époque de créer un *think tank* franco-libyen comme l'indique une note intitulée « Strategic Think-Tank, Tripoli-Paris » qui en définit ainsi à grands traits les intentions : « L'objet du cercle de réflexion est de formuler puis proposer aux gouvernements libyens et français des axes forts de coopération à long terme entre la Libye et la France en matière de sécurité et de prospérité communes.[1] » Pourraient y être associés des responsables d'EADS, de Sagem ou encore Henri Proglio de Veolia.

Salamandre n'en est d'ailleurs pas à son premier projet de *think tank*. À la suite du 11 septembre 2001, Pierre Sellier avait été chargé de réunir des équipes de spécialistes afin d'élaborer une doctrine de sécurité nationale que réclamait Dominique Villepin, alors ministre des Affaires étrangères. Ce dernier souhaitait disposer d'une doctrine conçue sur le modèle de ce dont disposait déjà son alter ego américain, Colin Powell. Après avoir sondé le Centre d'analyse et de prospective (CAP), le *think tank* du Quai d'Orsay créé en 1974, apparemment peu emballé par sa demande, Villepin se tourne alors vers son ami Jean-Louis Gergorin, lui-même ancien patron du CAP et dirigeant du groupe EADS. Celui-ci confie la tâche à Pierre Sellier dont le cabinet travaille régulièrement avec EADS[2]. Il incombe désormais à Salamandre de recruter les membres de ce cercle de réflexion baptisé Serendip. Parmi les collaborateurs les plus notables de ce *think tank*, dont les groupes Safran et EADS subventionnent les travaux, figure le sociologue Michel Maffesoli. Vice-président de l'Institut international de sociologie et ami de Dominique de Villepin, ce dernier est connu pour avoir été, en avril 2001, le directeur de thèse de l'astrologue Élisabeth Tessier. Collaborent également Bernard Gravet, ancien directeur central de la police judiciaire, Irène Stoller, ancien chef du parquet antiterroriste de Paris,

1. Document mis en ligne sur le site Mediapart.fr.
2. Entretien avec Pierre Sellier.

Jean-François Clair, ancien numéro deux de la DST, ou encore le démographe Jean-Louis Chesnais. Sollicité, le criminologue Alain Bauer promet, au cas où des idées lui viendraient, de les transmettre directement à son ami et employeur de l'époque, Jean-Louis Gergorin.

Hormis cette « doctrine de sécurité nationale », Serendip fournira diverses réflexions, dont une étude approfondie et documentée sur l'emprise américaine dans le domaine des nouvelles technologies de l'information. Celle-ci s'attarde notamment sur le rôle tout-puissant de l'ICANN, Internet Corporation Assigned Names and Numbers, l'instance de contrôle et de gestion d'Internet. L'origine de cet organisme très sensible remonte à l'apparition en 1994 d'une toute nouvelle application bien connue aujourd'hui des internautes, le World Wide Web, le célèbre « www ».

Véritable révolution, ce triple W fait exploser l'e-commerce. En 1992, 300 nouveaux noms de domaine (en anglais, DNS) étaient enregistrés chaque mois ; en 1994, leur nombre atteint 45 000 ; de 1995 à 1996, il passe de 150 000 à 637 000 dont 60 % sont des « .com ». Afin d'encadrer cette croissance vertigineuse, la National Science Foundation, qui supervise alors pour l'administration américaine les questions d'Internet, confie pour une durée de cinq ans la gestion des noms de domaine à Network Solutions Inc. Pour accomplir sa tâche, cette société privée percevra par an un million de dollars auquel, à partir de juillet 1995, il faudra ajouter cinquante dollars par an de redevance par utilisateur de .com, .net et .org. Un joli petit pactole en perspective.

Puis la National Science Foundation s'efface. Désormais en liaison avec le département du Commerce, le Patent and Trademark Office supervise pour le compte de la Maison-Blanche tout ce qui touche aux « noms de domaine ». Alors que la mondialisation adopte sa vitesse de croisière, l'administration Clinton prend la mesure de l'intérêt pour les États-Unis de contrôler l'ensemble des moyens qui dans l'avenir favoriseront l'expansion du commerce en ligne. Bill Clinton est si conscient de cet enjeu qu'il s'adjoint un conseiller spécialement chargé de suivre le dossier à la Maison-Blanche. Il nomme à ce poste un ancien collaborateur du Boston Consulting Group, Ira Magaziner, qui appuie la création de l'ICANN et plaide pour que la gestion des noms de domaine soit confiée au secteur privé. Magaziner travaille alors en étroite collaboration avec le GIP, un groupe de réflexion lié à IBM et qui va jouer un rôle déterminant dans la mise en place du système ainsi que dans la rédaction de la directive de la Maison-Blanche du 3 juin 1998, qui instaure l'ICANN. Cette instance accréditera désormais les bureaux d'enregistrement auxquels, moyennant finances, on délègue le soin de gérer les noms de domaines. Parmi les heureux élus, Verisign se voit confier les .com et les .net tandis qu'en France l'Association française pour le nommage Internet en coopération (AFNIC) s'occupera uniquement des .fr. Une répartition des tâches bien inégale. Qu'on en juge : en février 2009, Verisign représentait 52 % des 175 millions de noms de domaines, soit 80 millions d'extensions en .com et 12 millions en .net, et réalisait un chiffre d'affaires de l'ordre de 500 millions de dollars ; de son côté, l'AFNIC affichait un chiffre d'affaires d'à peu près 4 millions d'euros.

À cette distorsion de revenus s'ajoute une hyperconcentration des pouvoirs qui régissent Internet entre les mains de sociétés américaines. Un pouvoir auquel Washington n'est pas près de renoncer. Après avoir refusé que l'agence onusienne ITU (International Telecommunication Union) assure ne serait-ce qu'une partie des prérogatives de l'ICANN, les États-Unis ont rappelé avec fermeté, en juin 2005, qu'il n'était pas question de remettre en cause leur influence sur le système : « Le gouvernement américain entend préserver la sécurité et la stabilité du système DNS [domaines de noms et d'adresses sur Internet]. Vu l'importance d'Internet pour l'économie mondiale, il est essentiel que la stabilité et la sécurité du DNS soient maintenues. Les États-Unis ne soutiendront aucune action risquant de mettre en cause son efficacité et y préserveront leur rôle historique [...].

Les États-Unis continueront de soutenir une approche fondée sur le secteur privé dans le développement d'Internet. »[1]

Apparemment, les critiques du cercle Serendip n'ont pas entamé la détermination américaine ni réellement ébranlé l'hégémonie des géants Google, Amazon, IBM, AT & T ou encore Microsoft, qui n'ont jamais été aussi puissants. Le 24 juin 2011, la Consumer Product Commission, l'agence publique américaine de défense des consommateurs créée en 1972, déclenchait une procédure pour position dominante et entrave à la concurrence à l'encontre de Google, soupçonné de manipuler son moteur de recherche en faveur de ses partenaires. Cette plainte faisait suite à celle déjà déposée en 2010 par l'Union européenne. En novembre 2011, des responsables de Dassault Systèmes, France Telecom et Thales lançaient à leur tour un appel : « Pour un espace numérique européen », une initiative qui reçoit évidemment le soutien de Salamandre, de Serendip et des Arvernes de Lutèce[2].

Les ONG américaines sur le front afghan

Si les cabinets d'influence ont accru leur présence dans les coulisses de la guerre économique, d'autres acteurs y remplissent aussi désormais un rôle méconnu et souvent ambigu. Les ONG et les fondations constituent sur cette nouvelle « scène de guerre » des outils d'influence et de puissants relais étatiques ou industriels. Au début des années 1990, alors que la compétition économique

1. *Le Monde*, 17 novembre 2005.

2. En mars 2010, dans un rapport, Serendip s'intéresse à un tout autre domaine stratégique. Cette fois, il suggère, face aux cinq plus gros groupes miniers – BHP Billiton, Rio Tinto, Vale, Anglo American et Xstrata – qui ont émergé lors des années 2000 et réalisent un chiffre d'affaires supérieur à 20 milliards de dollars, le regroupement du français Eramet (2,7 milliards de dollars de CA) et de la division Mines d'Areva (0,8 milliard de dollars de CA). Cette étude est réalisée alors qu'EDF et Areva sont à couteaux tirés pour le leadership de la filière nucléaire française.

prend la relève de la guerre froide, certains prévoient déjà leur montée en puissance. Au sein du secrétariat général de la Défense nationale, quelques-uns s'interrogent sur le rôle et l'utilité des ONG et des fondations. Ils étudient en particulier la façon dont les principales nations concurrentes les utilisent et s'en servent pour la défense de leurs intérêts. Plusieurs études confidentielles leur sont alors consacrées. L'une d'elles passe au crible le système des ONG et des fondations allemandes[1]. Réalisée en 1993, cette étude du SGDN décrit le fonctionnement de ces organismes non gouvernementaux dont le nombre s'élèverait alors à sept mille et qui remplissent deux fonctions principales : garder jalousement certaines industries protectrices et obtenir les matières premières qui leur sont nécessaires. Leur rôle paraît à ce point intégré à la vie économique que l'activité des ONG et des fondations allemandes dépend du ministère de la Coopération économique et du Développement. Celui-ci finance et contrôle leurs fonds. Il oriente notamment les activités des Églises protestantes et de leurs associations caritatives mais encore des fondations politiques et des organismes professionnels tels que les chambres de commerce et d'industrie.

Le gouvernement allemand adopte une « stratégie d'intelligence politique et économique » qualifiée d'offensive dans l'étude du SGDN, où s'entremêlent l'action des organismes publics et celle des ONG, notamment en ce qui concerne la pénétration à l'étranger des élites locales. En Côte d'Ivoire, la fondation Friedrich-Ebert (plutôt ancrée à gauche) soutient politiquement et financièrement le Front populaire ivoirien créé en 1988 par Laurent Gbagbo de retour de son exil français. En 1992, le ministère de la Coopération a accordé 6,6 millions de marks à la fondation Konrad-Adenauer (plutôt de droite, établie en 1964 pour défendre le principe de l'unification européenne) afin qu'elle finance l'Inkatha Freedom Party, le mouvement lancé en 1975 par Mangosuthu Buthelezi, le concurrent en

1. Étude en possession de l'auteur.

Afrique du Sud de Mandela, le leader de l'African National Congress (ANC). Dans les deux cas, il s'agissait sans doute d'un pari sur l'avenir. Plus globalement, à l'instar de leurs homologues américaines, les fondations servent avant tout à diffuser le modèle démocratique allemand. D'après l'étude française, elles constitueraient de surcroît en Amérique latine un « puissant instrument diplomatique » qui contribuerait à créer « un climat propice au développement économique ».

Dans les années 2000, le nombre des fondations et des ONG a explosé. Elles se comptent maintenant dans le monde par dizaines de milliers. En 2003, sur un nombre de vingt-quatre mille, une sur huit opérait dans le domaine économique tandis que 80 % des entreprises américaines disposaient de leur propre fondation dans un but éloigné et distinct du traditionnel mécénat. Cette année-là, le directeur général adjoint du groupe Thales, Paul Calandra, considérait les fondations américaines comme des outils potentiels de « captation de marchés ». En clair, il insinuait qu'elles pouvaient influer sur des choix gouvernementaux. Il existe également de fausses ONG qu'on appelle, afin de les distinguer des vraies, des « Gongo » : Government Operated Non-Governmental Organizations, à l'image de l'European-Sudanese Public Affairs, créée à Londres en 1998. Rémunérée par le gouvernement soudanais d'el-Béchir, elle a pour mission d'attaquer la Cour pénale internationale qui accuse le président soudanais de crimes contre l'humanité[1].

Outre les fondations et les ONG, l'influence s'exerce également par le biais d'organismes étatiques ou privés spécialisés dans l'aide humanitaire ou le développement. Dans ce domaine, les Américains possèdent une longue expérience. Depuis des

1. Le lobbyiste créateur de l'European-Sudanese Public Affairs est un certain David Hoile, né en Zambie. Ex-leader de la fédération des étudiants conservateurs, il soutenait, dans les années 1980, les « contras » et les rebelles de l'Unita en Angola. (*Le Monde*, 29 septembre 2010.)

décennies, une de leurs agences gouvernementales est entièrement dévolue à ce genre d'action. Il s'agit de l'Agence internationale pour le développement, l'USAID, qui a accru ces dernières années sa présence en Afrique, notamment dans le cadre du plan Sahel, mais aussi en Irak et en Afghanistan. De 2002 à 2008, l'USAID a dépensé dans ce dernier pays 4 milliards de dollars destinés à différents programmes d'aide civile, ce qui représente, de 2001 à 2010, 31 % de l'aide américaine fournie à l'Afghanistan.

À Washington, l'efficacité de cette aide est jugée plutôt discutable. Dans un rapport daté du 8 juin 2011, le Congrès américain s'interroge sur les effets positifs des 19 milliards de dollars (13 milliards d'euros) dépensés entre 2002 et 2010 pour « stabiliser l'Afghanistan ». Rien de très convaincant dans les résultats selon les rapporteurs, qui écrivent, non sans une réelle irritation, que « les programmes de stabilisation n'ont pas fait la preuve qu'ils entraîn[ai]ent la stabilité en Afghanistan ».

Hormis les 9 % alloués à la lutte contre le trafic de drogue, un fléau équivalent à 70 % du PIB de l'Afghanistan[1], l'ensemble de ces aides était destiné à favoriser le développement économique de ce pays, qui n'est pas dépourvu de ressources, méconnues et jusqu'à présent inexploitées. Depuis quelque temps, elles suscitent la convoitise d'importants investisseurs comme les Chinois qui manifestent leur intérêt pour les gisements de cuivre prometteurs dont faisait d'ailleurs déjà mention en 1995 un rapport de l'ONU. L'USAID s'est donc employée tout d'abord à remettre en état les voies de communication, rendant praticables plusieurs centaines de kilomètres de routes qui n'étaient plus carrossées. Elle a pourvu également au financement d'un plan de construction d'infrastructures, bâti ou réhabilité une quarantaine de cours de justice, car l'aide américaine entend aussi contribuer à l'instauration d'un État de droit démocratique. Autrefois, dans

1. Le PIB afghan s'élevait pour l'année fiscale 2009-2010 à 14 milliards de dollars. La Banque mondiale dit que 97 % du PIB afghan dépend des dépenses de la communauté internationale.

le cadre du Pan African Institute for Development, l'USAID formait aux techniques de gestion et d'administration des milliers de fonctionnaires africains. En Afghanistan, depuis 2002, elle aura formé 70 % des magistrats du siège. Cela aussi relève de l'influence, tout comme de contribuer techniquement ou éthiquement à l'organisation d'élections démocratiques.

Début 2010, après avoir effectué directement le plus gros du travail, l'USAID a transféré 40 % de la gestion de l'aide américaine au gouvernement de Kaboul. Depuis toujours, l'agence délègue et recourt, pour mener à terme ses propres projets, à des contractants privés ou des ONG. Depuis 2001, elle apporte ainsi son soutien à un projet conçu dans la foulée du renversement de l'État taliban projetant d'installer à Kaboul un groupe de médias afin de promouvoir la future « démocratie » afghane. L'USAID excelle dans ce genre de communication d'influence aussi discrète que sophistiquée et possède même en la matière une longue et solide expérience. De 1965 à 1972, durant la guerre d'Indochine, l'agence a été le pivot d'un programme d'action psychologique initié à Saïgon dans le cadre du Joint Public Affairs Office. Elle a dépensé sans compter. Grâce à ses fonds, le Joint Public Affairs Office avait créé au Vietnam, en 1970, quatre chaînes de télévision et quatre stations de radio ainsi qu'une imprimerie et même des studios de cinéma ! Cela dans le seul but de formater l'opinion publique sud-vietnamienne, d'occidentaliser ses mentalités, d'accroître ses liens de dépendance économique – bref dans le but de la convertir à *l'American way of life*.

Plus ambitieux encore sera le programme d'information développé à partir de 1978 par l'US International Communication Agency, l'USICA. Jamais les États-Unis n'avaient déployé autant de moyens afin d'accroître leur influence culturelle, politique et idéologique. Cette agence d'information dépend alors du gouvernement qui l'associe officiellement aux réflexions du Conseil national de sécurité. L'USICA joue ainsi un rôle majeur dans la direction des affaires de politique internationale.

Chargée d'informer directement le président, elle contrôle les deux Foreign Press Centers qui encadrent la presse étrangère basés aux États-Unis. Elle coiffe l'Inter Press Service, l'IPS, une agence de presse considérée comme l'outil principal de la diplomatie publique américaine et qui offre ses services gratuitement. L'IPS produit et fabrique vingt-deux magazines. Elle possède quatre imprimeries, à Mexico, Manille, Beyrouth et à Tunis, qui éditent des journaux mais aussi des romans-photos et des bandes dessinées destinés avant tout à être diffusés en Amérique du Sud. En Afrique, l'USICA contrôle l'Information Center Service, lequel, se plaignant que la langue anglaise ne soit pas assez enseignée, crée et autofinance des formations d'anglais dans les universités et les écoles normales. À la même époque, l'USICA diffuse à travers le monde autant de livres publiés aux États-Unis qu'elle le peut et, par le canal de l'Information Center Service, organise sur le continent africain des tournées d'artistes américains. Enfin, l'USICA fabrique ses propres programmes éducatifs dont elle délègue la réalisation à l'Institute of International Education. Cette formidable entreprise à vocation planétaire de modélisation des esprits sera l'œuvre de l'administration Carter à laquelle mettra fin l'élection de Ronald Reagan. L'USICA redevient alors l'USIA, US Information Agency, qui retrouve les prérogatives que cette agence avait depuis sa création en 1953[1].

L'USAID peut être considérée aujourd'hui en matière d'influence comme la principale agence gouvernementale. Ses compétences se sont étendues depuis la fin de la guerre froide à la promotion des droits de l'homme et de la démocratie. En octobre 2002, après l'attentat meurtrier de Bali, l'USAID a débloqué 10 millions de dollars pour financer de petites ONG spécialisées dans la défense des droits de l'homme et de

1. Voir Yves Eudes, *La Conquête des esprits*, Maspero, 1982 ; et Nicholas J. Cull, *The Cold War and the United States Information Agency*, New York, Cambridge University Press, 2008.

l'environnement. Elle soutient également la ligue des étudiants indonésiens pour la démocratie, afin de promouvoir les idéaux vertueux de l'Occident démocratique face à un islam radical. Il s'agit là manifestement d'une interférence à caractère politique et idéologique que l'USAID s'efforce toutefois de dissimuler, selon le principe qu'il vaut mieux faire faire par d'autres ce que l'on ne souhaite pas faire soi-même. L'influence exige souvent de la discrétion et relève même à l'occasion de l'art du camouflage.

À Kaboul, dans le domaine de l'information, l'USAID reste ainsi dans l'ombre de l'ONG Awaz qui, depuis son engagement en Afghanistan, déborde d'activités. Au début, cette ONG se compose principalement d'experts en relations publiques dépêchés par l'ONU. Ils ont pour mission de corriger l'image d'un certain nombre de personnages issus de l'ancien régime et censés incarner désormais la relève démocratique. Ces experts s'emploient donc à métamorphoser en notables respectables et d'avenir des hommes tels que le général Abdul Rashid Dostum, un chef de clan qui, durant la guerre civile, a massacré des milliers d'Afghans, ou bien encore l'ancien chef de la télévision d'État, Abdul Hafiz Mansoor, honni par les femmes afghanes pour ses déclarations sexistes[1].

Au fil des années, Awaz a diversifié ses activités. Elle crée aujourd'hui des programmes de radio et de télévision, organise des campagnes d'affichage et s'emploie globalement à donner une image positive du nouvel Afghanistan. Depuis l'automne 2010, elle produit et diffuse une série à la gloire de la police afghane que son image très dégradée identifie à la corruption et aux trafiquants de drogue[2]. Chaque samedi soir, en épisodes

1. *Daily Telegraph*, 3 octobre 2004.

2. La police afghane est en fait à l'image du reste de la société. Le 27 juin 2011, le gouverneur de la banque centrale s'est enfui aux États-Unis après la découverte d'un gigantesque détournement de fonds à la Kaboul Bank : à l'automne 2010, on apprenait que quelques dirigeants s'étaient accordé près de 580 millions de dollars de prêts sans songer à les rembourser, soit près d'un milliard de dollars si l'on y ajoute les intérêts. Parmi les bénéficiaires

de trente minutes sur la chaîne afghane RTA, elle s'efforce de réhabiliter une police afghane dont l'état de délitement était apparu dès 2002 dans une enquête qui montrait que les cinquante mille policiers afghans étaient mal entraînés, sous-équipés et pour la plupart illettrés. L'USAID avait alors été chargée d'organiser un programme d'assistance technique au bénéfice de la future police afghane[1]. Dans ce domaine également, l'USAID dispose d'une vieille expérience. Ce type de programme a même longtemps constitué une des spécialités de l'agence, certes peu ou très mal connue. Elle ne s'en vantait pas, en tout cas. Sans doute s'agit-il d'une des formes les plus habiles et subtiles de l'action d'influence que l'administration Kennedy a décidé, en 1962, d'étendre et de systématiser.

L'assistance technique en matière de police relevait jusque-là d'un système encore balbutiant. Après guerre, on se contentait d'inviter quelques officiers de police japonais ou allemands à venir se former aux États-Unis. L'assistance technique et la formation des services de police ne constituaient pas encore une véritable priorité. Tout change à partir de 1954, bien que le programme s'intègre alors au sein d'une assistance élargie aux aides militaire et économique, elle ne revêt pas encore un caractère spécifique. Début 1955, l'Indonésie du chef nationaliste Sukarno est le premier pays à recevoir une aide entièrement cantonnée au domaine de la sécurité avant que n'en bénéficient à leur tour l'Iran, la Corée du Sud et le Cambodge pour une dépense globale de 1,8 million de dollars. Trois ans plus tard,

---

de ces détournements de fonds provenant de l'aide internationale figurait un des frères du président Karzaï.

1. Sur les programmes d'aide à la création de la police afghane, voir principalement le rapport conjoint des services d'inspection du département de la Défense et du département d'État américain : « Interagency Assessment of Afghanistan Police Training and Readiness », novembre 2006 ; et le rapport spécial de l'United States Institute of Peace, « Afghanistan's Police. The Weak Link in Security Sector Reform », août 2009.

le nombre de pays bénéficiaires s'élevait à vingt et un et l'aide globale à 14 millions de dollars. En 1961, trente-huit pays en profitaient. Les États-Unis équipent ces polices avec du matériel américain et forment quelques-uns de leurs éléments à l'Académie de police de Washington. De 1954 à 1962, l'ICA, l'International Cooperation Administration, gère officiellement les programmes d'assistance de police. En apparence seulement, car en réalité une branche de la CIA s'occupe spécialement de ventiler les fonds.

L'administration Kennedy modifie le dispositif et confie à l'USAID la gestion du programme d'assistance. Les *Kennedy boys* s'inquiètent du pullulement dans le tiers-monde des missions militaires et de l'envoi croissant de conseillers soviétiques. L'administration estime alors qu'elle a tout intérêt à généraliser et développer les programmes d'assistance à caractère sécuritaire. Elle l'écrit sans détour dans un mémorandum du 7 août 1962 intitulé « Programmes d'assistance policière ». Ces programmes d'aide, est-il précisé, ne sont appropriés que pour des pays moins développés que les États-Unis et confrontés à une réelle menace d'insurrection et de subversion interne. Le mémo définit clairement les objectifs assignés à l'USAID : créer un « bureau spécialement chargé des questions de police » et mener un travail de pénétration au cœur du pouvoir des pays indépendants concernés, le tout en coordination avec les objectifs de défense des États-Unis. Ces précisions ainsi rédigées ont au moins le mérite de la franchise.

Dès lors, à partir de 1962, l'USAID héberge l'Office of Public Safety, l'OPS, puis l'agence crée l'année suivante, à Washington, une académie de police internationale[1]. Au cours des années

1. En ce qui concerne l'historique de l'OPS, nous avons emprunté à divers documents dont les principaux sont : Office of Public Safety, USAID, « Public Safety Program Vietnam », Saïgon, 1966 ; Public Safety Division, Civil Operations and Revolutionary Development Support, « National Identity Registration Project », USAID Reference Center Room 1656,

1960, les budgets des programmes de police explosent tandis que les conseillers de l'OPS ne forment plus quasi exclusivement que les polices les plus répressives d'Amérique latine ou d'Afrique. La question de l'ordre public prend désormais une coloration purement idéologique : les experts en police, armes et communications de l'OPS s'engagent dans des projets de coopération à long terme avec le Sud-Vietnam, la Thaïlande, les Philippines, l'Indonésie, le Zaïre ou encore la Bolivie, le Guatemala et l'Uruguay. Dans certains pays, ces programmes d'assistance civile fusionnent avec les programmes strictement militaires comme au Sud-Vietnam où, de 1968 à 1971, plus de 100 millions de dollars ont été affectés à la sécurité. L'essentiel des fonds provient de l'USAID qui finance en 1967 les opérations du CORDS, le Civil Operations and Revolutionnary Development Support, dont l'objectif consiste à coordonner avec un maximum d'efficacité les opérations de renseignement contre le Viêt-cong. L'ambassadeur Robert Komer, commandant de l'assistance militaire au Vietnam, et le CORDS établissent, en symbiose avec la CIA, un programme de coordination et d'exploitation du renseignement baptisé ICEX, qu'on connaîtra plus tard sous le nom de code « Phoenix » et auquel sera attribuée l'exécution de plusieurs milliers de cadres communistes vietnamiens. Dans les années 1970, le Congrès américain découvre le dévoiement de l'assistance technique en matière de police par l'USAID et le sanctionne. Ce type d'assistance sera dorénavant strictement encadré… du moins jusqu'au début des années 1980. L'administration Reagan renoue alors avec les vieux démons de la guerre froide. L'USAID se verra à nouveau associer à ce type

Saïgon, 1967 ; Arthur Thurston « Survey of Training Activities of the USAID Police Assistance Program », novembre 1962, déclassifié en février 1975 ; International Cooperation Administration, « Police Technical Assistance. An Evaluation of the Training of Foreign Police Officers in the United States », septembre 1957 ; « CORDS / Phoenix : Counterinsurgency Lessons from Vietnam for the Future », *Military Review*, mars-avril 2006.

d'assistance, dorénavant placé sous le contrôle du département de la Justice.

À Kaboul, tout comme l'USAID l'avait fait à Saïgon, Awaz a constitué un groupe de médias plutôt entreprenant autour du magazine *Killid*, diffusé à 25 000 exemplaires dans trente-deux provinces du pays. Killid Group va progressivement se scinder en deux divisions, l'une chargée de la presse écrite, l'autre des programmes de télévision. Début 2011, il employait cent soixante spécialistes de la radio, de la télévision ou encore de la presse, et bénéficiait d'une partie de la contribution de l'Union européenne affectée à l'Afghanistan et qui, de 2002 à 2010, a représenté 8 milliards d'euros. Killid Group bénéficie également du soutien de l'USAID mais surtout de ceux de la fondation Asie[1] et de l'Open Society Institute, la super-ONG du milliardaire « philanthrope » George Soros.

L'Open Society Institute coiffe une véritable galaxie d'ONG dont quelques-unes semblent directement reliées à l'administration américaine, à l'instar de l'United States Institute of Peace, associée en Afghanistan à Killid Group et dirigée par Barnett Rubin, membre d'Human Right Watch, autre ONG également liée à George Soros ainsi qu'au département d'État[2]. Au début des années 2000, on relevait parmi ses membres dirigeants un nombre surprenant d'anciens ambassadeurs américains comme Jack Matlock, Herbert Okun, Warren Zimmermann ou encore Morton Abramowitz. Ce dernier était par ailleurs directeur de la division Balkans du Council of Foreign Relations, le CFR, un groupe d'influence néoconservateur auquel appartiennent à

1. Une note de la CIA du 16 août 2001, déclassifiée en mars 2004, fait remonter l'historique de la fondation Asie au Comité pour l'Asie libre créé en 1951 afin de soutenir la politique étrangère américaine. Ses liens avec la CIA seront révélés en 1967. À partir de 1981, elle reçoit la majeure partie de ses revenus de l'USAID.

2. *Intelligence et Sécurité*, juin 2001.

l'époque soixante-neuf des chefs de département d'Human Right Watch, soit le quart de l'ensemble des chefs de département de l'ONG. Tout comme la lutte anti-corruption, les droits de l'homme semblent instrumentalisés par les responsables de la politique étrangère américaine. De 1998 à 2003, l'Open Society Institute a reçu plus de 30 millions de dollars des agences gouvernementales, destinés à développer des programmes de démocratisation en Ouzbékistan, en Birmanie ou encore en Asie centrale.

La galaxie Soros joue indiscutablement en Afghanistan un rôle d'influence aux côtés d'autres ONG comme Halo Trust – autrefois expulsée de Tchétchénie par les services russes qui lui reprochaient d'apporter un soutien technique aux combattants de la république rebelle sous couvert de ses activités de déminage, leur apprenant même à fabriquer des bombes. Pendant la guerre du Kosovo, les membres de Halo Trust avaient été soupçonnés de servir d'informateurs à l'OTAN en lui indiquant dans les villages où ils parvenaient en premier l'emplacement des champs de mines. Présente à Kaboul, Halo Trust y a bénéficié d'une subvention de 3,2 millions de dollars.

Halo Trust relève-t-elle de cette catégorie d'ONG que l'ancien directeur du renseignement de la DGSE, Alain Juillet, a qualifié de « douteuses » ?[1] D'après lui, 70 % des ONG mériteraient ce qualificatif. À quel titre ? L'expert en renseignement ne le précise pas. Constitueraient-elles de véritables impostures, seraient-elles dévoyées ou simplement manipulées comme déjà l'avait été durant la guerre du Biafra la Croix-Rouge qui servait de couverture à un trafic d'armes à destination de la province sécessionniste, organisé par les services français ? À la même époque, certains s'interrogeaient également sur le rôle du Catholic Relief Services créé en 1947 et très actif, lui, au Nigeria. En 1954, cette association avait participé aux côtés de la CIA et de la 7e Flotte américaine à une vaste opération humanitaire destinée à secourir 700 000 réfugiés catholiques du Nord-Vietnam. Elle a

1. Entretien avec l'auteur.

contribué ensuite à la construction de l'armée sud-vietnamienne avant d'apporter au Biafra une aide humanitaire de 5 millions de dollars. Le Church World Service, protestant, également présent au Biafra, n'a pas été non plus exempt de tout soupçon : son directeur, James McCracken, a été durant trois ans, de 1954 à 1957, le chef des opérations de la fondation Tolstoï étroitement liée à la CIA. En 1967, le Church World Service découvrira, lors de la déclassification de documents confidentiels, que plusieurs mémos de la CIA conseillaient d'utiliser les membres de cette association pour ses opérations.

Pour les services spéciaux, ce genre d'organisation présente d'incontestables avantages, de la couverture qu'elles peuvent fournir à des agents aux renseignements qu'elles sont susceptibles de recueillir dans leurs missions, ou encore grâce au rôle qu'on peut leur faire jouer sous l'apparence de la neutralité afin d'influencer l'opinion – voire modifier tout bonnement le cours de l'Histoire. Le patron du FSB, le service du contre-espionnage russe, a ainsi accusé les services secrets occidentaux d'avoir manipulé certaines organisations non gouvernementales afin de renverser les régimes des ex-républiques soviétiques. Nommément, il cite le Peace Corps, l'ONG britannique Merlin, le Croissant-Rouge saoudien ainsi que la Société des réformes sociales du Koweït[1].

Les services utilisent de la même façon les fondations, dont certaines accueillent un nombre étonnant d'anciens agents de renseignements. C'est le cas de la filiale taïwanaise de la fondation Héritage, dont la plupart des responsables ont fait carrière dans les services de renseignement américains[2]. Naguère, une

1. Sur ce thème, voir Sarah E. Mendelson, « Democracy Assistance and Political Transition in Russia », *International Security*, n° 4, 2001.

2. La fondation Héritage a été créée en 1973 par Paul Weyrich. De sensibilité conservatrice, elle emploie des centaines d'experts dans d'innombrables domaines. Ses principaux donateurs ont longtemps été Lockheed Martin, Mortgage Insurance, Merrill Lynch, Ford, Honda, la compagnie pétrolière Chevron Texaco, UPS ou encore Microsoft.

agence française a consacré à cette curiosité une longue étude confidentielle dont voici quelques éléments : « L'Asian Studies Center a été créé en 1982, sous l'égide d'un département de la fondation Héritage, le Kathryn and Shelby Cullom Davis Institute for International Studies. Son personnage clé est Larry M. Wortzel, qui a occupé ses premières responsabilités à la fondation Héritage en 1999 après avoir passé trente-deux ans dans l'armée où, avant son départ, il dirigeait le Strategic Studies Institute of the US Army War College. Wortzel a servi au Vietnam et au Laos comme expert des communications militaires chinoises avant de travailler de 1978 à 1982 dans le renseignement comme analyste de la zone pacifique puis au sous-secrétariat à la Défense en charge de l'antiterrorisme. De 1988 à 1990, Larry M. Wortzel a été attaché adjoint à l'ambassade américaine à Pékin puis membre d'une commission du Congrès chargée de suivre les implications pour la sécurité nationale du commerce entre la Chine et les États-Unis. »

Wortzel exerce une sorte de tutelle sur l'Asian Studies Center dont le directeur, Peter Brookes, est un ancien collaborateur de Donald Rumsfeld au département de la Défense. À son sujet, l'étude confidentielle indique que Brookes est aussi un ex-officier de renseignement de la CIA avant d'ajouter : « L'Asian Studies Center compte également parmi ses spécialistes de la Chine un certain John J. Tkacik qui commence sa carrière au département d'État en 1971. Il deviendra un expert des questions asiatiques et chinoises avant d'occuper, en 1992, le poste d'analyste en chef de la Chine au département d'État. Par la suite, Tkacik préside la China Business Intelligence, société basée à Alexandrie, en Virginie, qui travaille avec les firmes américaines commerçant avec la Chine et Taïwan dans les secteurs minier, pétrolier ou aéronautique [...]. Via Tkacik, qui édite le *Taiwan Weekly Business Bulletin*, la fondation Héritage est très liée à l'US Roc [pour Rocher = île = Taïwan] Business Council qui veille au développement des relations économiques entre Taïwan et les États-Unis, et dont le président était [en 2003] l'ancien sous-secrétaire d'État à la Défense, William S. Cohen. Autre poids lourd du réseau, Harvey Feldman, l'ancien ambassadeur américain à Hong Kong, à Taïwan ou au Japon. On lui doit en 1979 le Taiwan Relations Act, une loi qui [...] lie le sort de Taïwan, à celui des États-Unis. Feldman est le fondateur de l'American Institute in Taiwan, qui fait office à Taïwan d'ambassade américaine. »

L'étude confidentielle indique également que la fondation Héritage possède un bureau depuis 1996 à Hong Kong, qui servirait de poste restante aux informateurs de l'Asian Studies Center. Selon l'étude, ce bureau aurait surtout servi à recueillir des fonds provenant de riches personnalités de Hong Kong.

Cette forte proportion d'anciens agents de renseignement n'est sans doute pas sans rapport avec la menace potentielle que représente la Chine dans cette partie du monde, ou avec les intentions de Pékin envers Taïwan qu'il considère comme une partie intégrante de son territoire. La menace n'a rien d'imaginaire. En 2009, le budget militaire de la Chine a franchi le seuil des 150 milliards de dollars et le pays s'équipe désormais d'une nouvelle classe de sous-marins à propulsion nucléaire munis de missiles intercontinentaux. Par ailleurs, elle possède depuis 2007 des missiles tueurs de satellites et aurait même ajouté à sa panoplie un missile balistique dit « tueur de porte-avions » susceptible de frapper une cible maritime en mouvement à près de 1 450 km de distance. Taïwan n'est pas le seul à s'inquiéter du renforcement militaire de la puissance chinoise. Dans un livre blanc publié en août 2011, le Japon faisait lui aussi état de la « menace expansionniste » chinoise dans la région où Pékin durcirait ses revendications territoriales[1]. Selon les experts américains, la menace chinoise s'étendrait aux réseaux de communications d'Internet qui offrent désormais aux militaires et aux services secrets de nouvelles capacités d'attaque et de nouvelles armes, déterminantes dans les guerres du futur. Pour ces experts, la menace serait encore plus prégnante depuis la

1. *Le Monde*, 4 août 2011.

création en 2006 d'un système de sécurité destiné à surveiller le 1,3 milliard d'usagers chinois d'Internet et qui comprend notamment une police spécialisée forte de quarante mille agents[1].

Afin de mieux maîtriser ce cyberespace devenu champ de bataille virtuel, le ministère chinois de l'Industrie et de l'Information a placé sous son contrôle les neuf fournisseurs d'accès (dont ChinaNet qui sert 80 % des internautes). Pékin se protège ainsi des pollutions idéologiques de l'Occident. Le gouvernement chinois a bloqué à plusieurs reprises des sites web de Google. Le 18 juin 2009, un groupe d'internautes chinois usagers de Google protestaient contre l'inefficacité du filtre censé interdire l'accès à des images pornographiques. Les instances ministérielles qualifiées exigent donc de Google qu'il utilise un filtre plus puissant et plus efficace. S'abat alors sur le fournisseur d'accès une avalanche de critiques tandis que se déchaînent contre lui les médias chinois qui publient des dizaines d'articles incendiaires. L'attaque contre Google monte d'un cran le 24 juin 2009 quand ses serveurs en Chine sont infectés et certaines de ses pages réexpédiées vers un site inconnu. Durant vingt-quatre heures, les usagers chinois ne peuvent plus se connecter à Google qui, ce jour-là, perd 20 % de son trafic.

Le 21 février 2010, le *New York Times* accuse l'université Jiao-tong de Shanghaï et la Lanxian Vocational School d'être impliquées dans les attaques contre Google, victime de « fichiers PDF infectés par un troyen » envoyés en pièce jointe par e-mail. Un mode opératoire déjà utilisé en juillet 2009 lors d'attaques ciblées dirigées contre une centaine de sociétés de sécurité Internet. Les Chinois semblent avoir déjà engagé avec le reste du monde une guerre virtuelle et préventive.

1. « Comment la Chine contrôle Internet », *Le Figaro*, 21 janvier 2010.

Guerre chinoise dans la cinquième dimension

Le conseil figure noir sur blanc dans les colonnes du *China Military Science*[1] : « La Chine doit prendre l'initiative d'une guerre psychologique défensive car la sécurité psychologique fait désormais partie de la sécurité nationale. » Cette affirmation ponctue une série de textes consacrés à la « guerre psychologique » et adressés aux chefs de l'Armée de libération du peuple, visiblement en quête d'un plan et d'une stratégie dans le domaine de l'action psychologique[2]. Ses auteurs appartiennent à un cercle d'experts de l'académie militaire des forces terrestres de Shijiazhuang et ont phosphoré sous la houlette de son président, le général Xu Hezhen. Après avoir rappelé que les Chinois étaient des précurseurs, dès l'Antiquité, en matière de traités de stratégie donnant une grande place à la guerre psychologique, le général Xu et son collège d'experts en viennent aux choses sérieuses et tirent la sonnette d'alarme. Selon eux, la culture « décadente » (traduire par « occidentale ») a fini par pénétrer en Chine, désormais menacée, tout comme jadis l'Union soviétique, d'être minée de l'extérieur par les stratèges américains de la guerre psychologique. Ceux-là même qui avaient utilisé l'idéologie de la démocratie et des droits de l'homme pour détruire l'URSS, piégée par les accords d'Helsinki qui plaidaient pour une libre circulation des hommes et des idées entre les deux blocs. Selon le général Xu, l'Occident tenterait de réitérer cette opération en recourant aux mêmes stratagèmes pour s'ingérer cette fois dans les affaires intérieures chinoises.

Selon Xu et ses experts en guerre psychologique, les États-Unis

1. On utilisera la traduction des titres chinois en américain, pour faciliter la lecture.

2. Timothy L. Thomas, « New Developments in Chinese Strategic Psychological Warfare », Foreign Military Studies Office, Fort Leavenworth, Kansas, avril 2003.

utiliseraient l'économie et le commerce afin d'infiltrer les nations socialistes. Dans le cadre des échanges universitaires ou culturels, ils exploiteraient les relations personnelles pour accomplir une pénétration idéologique. Pour Xu, des menaces sérieuses de guerre psychologique de type « high tech » ou « software » pèsent désormais sur la Chine. Afin d'éviter sa désintégration que l'on suppose culturelle, idéologique et morale, il préconise de prendre l'initiative en préparant une guerre fondée sur ce qu'il appelle « l'intimidation non violente ». Celle-ci recourt à des jeux d'alliances particuliers, des manipulations médiatiques, des sanctions économiques, des attaques financières, ou encore à la mise en place de réseaux d'attaque numériques. Afin de donner corps à son projet, Xu propose la création d'une force militaire dotée d'unités d'élite spécialisées dans l'intimidation et qui se différencieraient des unités militaires classiques. Depuis la fin des années 1990 existent en effet des unités chargées de la guerre cybernétique dont la première, qui comprenait initialement quarante personnes, fut créée début 1998 à Datong City, dans la province du Shanxi. Elle avait vu le jour peu après la publication, en janvier 1996, par les autorités du Parti et du conseil d'État, d'un décret mettant en garde contre l'existence d'informations dangereuses propagées par Internet[1]. Depuis, les spécialistes chinois de l'action clandestine ont eu le loisir d'expérimenter eux-mêmes les potentialités du réseau Internet. Partant du principe énoncé par Xu que les technologies de l'information constituent une ressource stratégique et une méthode pour la guerre psychologique, ils suggèrent aujourd'hui d'utiliser Internet pour y mener une guerre de l'ombre. Ils proposent ainsi de créer un réseau d'intrus afin de pénétrer les terminaux informatiques appelés à devenir un nouveau champ de bataille de la guerre psychologique. Pour cela, ils préconisent le développement d'un arsenal spécifique comme des « UAV [drones] numériques »

1. Laura K. Murray, « China's Psychological Warfare », *Military Review*, septembre-octobre 1999.

qui pourront reconnaître des cibles en allant explorer et tester les défenses numériques de l'ennemi ou l'envoi de pamphlets de propagande combinant des éléments visuels et audio, ou bien encore de se doter de moyens pour transmettre de fausses informations au commandement adverse.

Ces suggestions semblent avoir eu un réel impact, du moins si l'on s'en tient à la longue série d'attaques informatiques que les experts des services de sécurité occidentaux attribuent aux Chinois. L'un d'eux raconte qu'en décembre 2007, au cours d'un voyage en Chine, des responsables du renseignement américain ont découvert des programmes espions destinés à recueillir clandestinement des informations provenant de leurs ordinateurs personnels ainsi que des divers équipements électroniques utilisés par le ministre du Commerce, Carlos Guttierez, et d'autres membres de la délégation gouvernementale. À la même époque, le chef du MI5 britannique avertissait plusieurs centaines de patrons et de responsables de sécurité informatique qu'ils s'exposaient via Internet aux attaques d'« organisations étatiques chinoises ». Toujours en 2007, de hauts fonctionnaires et des chefs d'entreprises français recevaient des courriers électroniques accompagnés d'un cheval de Troie doté d'un programme lui permettant de prendre le contrôle de leur ordinateur. Ces attaques avaient ciblé le ministère des Affaires étrangères ou des diplomates en poste à l'étranger. Une fois installé, ce cheval de Troie pouvait récupérer des informations et les transférer vers un serveur étranger. La Direction centrale de la sécurité des systèmes d'information, rattachée au SGDN et au Premier ministre, a été alors placée en état d'alerte dans son centre opérationnel des Invalides. Avec l'aide du contre-espionnage et de la DGSE, ses experts sont parvenus à la conclusion que les attaques provenaient sans doute de Chine. « Sans doute », car le fait qu'elles avaient « transité par la Chine » n'a pu être établi avec certitude. De toute façon, indique un expert du SGDN, il est « difficile, après une attaque, de remonter un réseau » à la fois pour des raisons techniques et pour une question « d'ordre juridique qui empêche quasiment de pouvoir remonter jusqu'à la machine mère[1]. »

Dans son rapport annuel, en novembre 2008, l'US-China Economic and Security Review Commission se dispense d'une telle prudence. Elle insiste même sur la sophistication du cyber-espionnage chinois qui ciblerait « le gouvernement américain et les ordinateurs commerciaux des entreprises états-uniennes[2] ». Selon elle, en 2007, le nombre des actes de malveillance aurait atteint 43 380 avant de croître l'année suivante de 20 %. Dans les six derniers mois de 2008, le Pentagone aurait dépensé 100 millions de dollars pour réparer les dégâts causés par les cyber-attaques.

En effet, ces actes malveillants ne sont pas sans conséquences. Ils peuvent détruire l'ensemble d'une infrastructure, perturber le commerce ou les systèmes bancaires, désorganiser des réseaux militaires sensibles de défense. Des codes malveillants ont infecté des systèmes informatiques de distributeurs d'essence et de gaz, de compagnies de télécommunications ou d'industries de services financiers. Le *Wall Street Journal* attribue aux Chinois l'infection du réseau électrique américain et autres infrastructures vitales qui a provoqué les black-out de 2003 à New York et de 2007 en Floride. En 2006, huit congressistes et sept commissions du Congrès ont été les proies d'attaques lancées à partir de serveurs chinois. En novembre 2008, la commission s'enhardit. Elle laisse entendre que « bien que l'on ne dispose d'aucune source officielle à ce sujet, la Chine aurait concentré au sein de l'Armée populaire de libération la totalité de ses capacités étatiques ».

Officiellement, toutefois, la plupart des cyber-attaques anti-américaines sont attribuées à des groupes de hackers chinois comme la Red Hacker's Alliance ou la China Eagle Union, présentées comme liées à la mafia et aux triades et que les services officiels utiliseraient en sous-main. En 1999, elles avaient déjà

1. Source confidentielle de l'auteur.
2. Dépêche AFP, 22 novembre 2008.

été soupçonnées d'être les auteurs des attaques consécutives au bombardement d'une annexe de l'ambassade de Chine en Serbie, sur laquelle une bombe américaine avait été larguée par erreur. Certains de ces hackers ne cachent pas leur existence et l'on peut même accéder à leurs sites dont les plus connus sont EvilOctal.com et Xfocus.net. Le nombre de ces « hackers patriotiques », opérant via des universités et des centres de recherche civils et militaires rattachés au ministère chinois de la Sécurité, est estimé à vingt mille. Quant à leurs activités, elles seraient de même source en constante progression.

En mars 2009 apparaît un logiciel malveillant (*malware*) du nom de Ghostnet, ayant infecté 1 295 ordinateurs dans 103 pays différents ! Le logiciel espion a pénétré les ordinateurs d'ambassades, de ministres des Affaires étrangères et d'autres cibles gouvernementales de premier plan. Avec la prudence habituelle, les experts ont alors évoqué un « puissant engagement » de l'État chinois. Le virus circulait en fait depuis l'été et l'automne 2008 et avait commencé par infecter l'ordinateur du dalaï-lama. Puis le *malware*, transitant par e-mail, s'est installé via une pièce jointe avant de se connecter à un serveur d'où il téléchargeait d'autres *malwares*, dont le troyen Ghost Rat, lui permettant de prendre le contrôle de l'ordinateur.

En avril 2009, les pirates infiltrent cette fois le système informatique d'un contractant du département de la Défense américain. Ils lui dérobent des documents concernant l'avion de chasse F-35 Lightning II, un des appareils à technologie la plus avancée de l'industrie aéronautique américaine. Les soupçons se portent aussitôt sur l'État chinois. Joel Brenner, l'ancien directeur du contre-espionnage, affirme que la Chine a été identifiée comme étant le point de départ des activités malveillantes dirigées contre les États-Unis.

Durant le week-end du 4 juillet 2009, jour anniversaire de l'indépendance américaine, les sites web de la Maison-Blanche et de la plupart des agences gouvernementales, tels la NSA ou la bourse de New York et le Nasdaq, subissent des frappes informatiques assénées par un botnet (un réseau de robots) comportant cinquante mille ordinateurs « zombies » (ordinateurs utilisés à l'insu de leurs propriétaires)[1]. Pékin dément alors être impliqué dans ces attaques que certains attribuent à la Corée du Nord. Malgré ses dénégations, la plupart des experts occidentaux imputent ses intrusions répétées aux services chinois.

L'une des plus importantes entités du complexe militaro-industriel américain, le groupe Northrop Grumman, étaie cette accusation dans une volumineuse étude consacrée à la cyber-menace chinoise en 2009. Le rapport affirme que les Chinois posséderaient un puissant réseau informatique attribué à leurs services de renseignement afin d'espionner les agences gouvernementales et les industries de défense américaines. Comme le proposait le général Xu, il existerait même un réseau entièrement affecté à la « guerre spéciale », placé sous l'autorité de l'Armée populaire chinoise, que le rapport de Northrop Grumman nomme l'Integrated Network Electronic Warfare. L'une de ses missions consisterait, au début d'un éventuel conflit, à déclencher une attaque générale contre le commandement ennemi, ses systèmes de communication, ses réseaux informatiques ainsi que son système de renseignement et de surveillance.

L'Integrated Network Electronic Warfare se compose d'éléments recrutés par l'Armée populaire dans des instituts de recherche et des universités ainsi qu'au sein de son troisième département chargé de la guerre électronique ou, si l'on préfère, de la pénétration des systèmes informatiques des gouvernements étrangers. Il peut aussi piocher dans les effectifs du China Institute for Contemporary International Relations, l'un des plus importants *think tank* chinois, qui lui sert de vivier et fonctionne à Pékin comme une agence de renseignement extérieur. Dépendant du

1. Un ordinateur sur cinq serait un « zombie ». La France se situe au 6e rang avec 3,6 % d'ordinateurs contrôlés. Le réseau connu sous le nom de botnet Srizbi, utilisant 450 000 machines, représentait 50 % du pourriel (courriel pourri) distribué dans le monde.

ministère de la Sécurité d'État, cet institut emploie cent cinquante chercheurs et analystes et deux cent vingt assistants.

Le rapport de Northrop Grumman chiffre à trente-trois le nombre d'unités semblables à celles qu'avait imaginées le général Xu, dont disposerait en 2008 l'Armée populaire chinoise. Des unités composées d'hommes et de femmes de moins de 45 ans, issus pour la plupart de la ligue des jeunes communistes du Parti communiste chinois. Polyglottes, les recrues auraient travaillé et fait leurs classes dans des firmes spécialisées dans les systèmes d'information.

En janvier 2010, une nouvelle frappe atteint cette fois une trentaine de sociétés américaines parfaitement ciblées comme iDefense, la filiale sécurité de Verisign, dont les comptes Gmail sont piratés, Google, dont le code source est dérobé, Adobe, Rackspace, Dow Chemical ou encore Northrop Grumman[1].

Opérations clandestines dans le cyberespace

La répétition de cyber-attaques de plus en plus agressives attribuées aux services chinois oblige Barack Obama à réagir. En avril 2009, le président américain crée un Cybersecurity Coordinator et nomme à ce poste l'ancien directeur de la sécurité de Microsoft et ex-conseiller spécial de George Bush fils (de 2001 à 2003) pour les questions de cyber-sécurité, Howard Schmidt. Barack Obama considère les cyber-attaques comme le défi le plus sérieux auquel sont confrontées l'économie américaine et la sécurité nationale. Fin 2008, le Pentagone a subi une pénétration des réseaux classifiés de son commandement central qui supervise les guerres en Irak et en Afghanistan. Il lui faudra plus d'une semaine avec l'aide de la NSA pour éliminer l'intrus et recréer un environnement sain.

De plus en plus élaborées, les intrusions des hackers coûtent

1. *The Economist*, 3 juillet 2010.

aussi de plus en plus cher. Leur coût est évalué à 230 milliards de dollars par an. Les cyber-attaques peuvent également être dangereuses. Ainsi ont-elles déjà fait des victimes indirectes comme lors du black-out de 2007. Cyber-analyste en chef de la CIA, Tom Donahue a révélé en janvier 2008 qu'une série d'intrusions dans les systèmes informatiques de centrales électriques en avait été la cause principale, affirmant que la motivation des hackers s'était avérée strictement crapuleuse. Toutes ces affaires soulignent en tout cas la fragilité du système mise en évidence dans plusieurs scénarios de crise. Ces *wargames* ont démontré qu'il suffirait de quinze minutes pour détruire et mettre en panne les systèmes informatiques du gouvernement, de l'armée, des télécommunications ou encore du système d'énergie américains. Tout aussi théoriques et néanmoins envisageables, des attaques ciblées pourraient neutraliser les systèmes de déclenchement des missiles balistiques ou détruire une grande institution financière, engendrant un chaos économique planétaire. Cette hypothèse catastrophe a d'ailleurs été longtemps le cauchemar de l'ancien patron de Goldman Sachs et secrétaire au Trésor, Henry Paulson. Une attaque ciblée pourrait enfin paralyser la structure de communication d'Internet, elle aussi très fragile puisque plus des neuf dixièmes du trafic s'effectuent par des câbles à fibres optiques sous-marins[1]. Regroupés au large de New York, dans la mer Rouge ou dans le détroit de Luçon aux Philippines, ces réseaux sont de ce fait particulièrement exposés et vulnérables.

Afin de parer à l'ensemble de ces risques, Barack Obama a ajouté à son cyber-conseiller un *cyber-command* unifié afin d'éviter l'éparpillement, la plupart des états-majors de l'armée américaine possédant déjà leurs propres cyber-forces En

1. René Salvador, Gérard Foucard, Yves Rolland et Alain-Paul Leclerc, *Du morse à l'Internet. 150 ans de télécommunications par câbles sous-marins*, Association des amis des câbles sous-marins, 2006. Le câblage sous-marin est un secteur où la France est présente via Alcatel et France Telecom.

effet, les États-Unis ne découvrent pas en 2009 les enjeux du cyberespace. Depuis des années déjà, leurs experts militaires en débattent. À partir du milieu des années 1990 existe un Information Warfare Center créé par la NSA qui, tout comme le général Xu, considère la cyber-guerre comme un élément de la guerre psychologique. Une des premières opérations de ce type s'est déroulée en 1999 durant la guerre de Yougoslavie. À l'époque, les Américains avaient pénétré le système de défense de l'armée de l'air serbe afin d'introduire sur ses écrans de faux signaux de reconnaissance, des techniques longtemps employées secrètement avant qu'elles ne soient officiellement autorisées par le gouvernement américain. Depuis 2003, les États-Unis disposent du projet Total Information Awareness, le TIA, qui permet aux services secrets de surveiller l'ensemble des flux électroniques. En prévision de la guerre d'Irak, le président George Bush fils a également institué la Comprehensive National Cybersecurity Initiative, dotée d'un budget de plusieurs milliards de dollars. En mars 2003, les planificateurs du Pentagone ont hésité à recourir à des frappes informatiques afin de désorganiser les réseaux du système bancaire irakien. Ils y renonceront en découvrant l'imbrication extrême de ces réseaux avec ceux des réseaux bancaires européens, en particulier français, et en imaginant les éventuelles conséquences que pourraient avoir des attaques sur le système bancaire américain lui-même.

Depuis quelque temps, de nouvelles armes équipent les cyber-armées dotées d'un langage approprié et spécifique. Dans leurs scénarios de guerre, les stratèges militaires évoquent désormais des « techniques silencieuses » ou de « saturation », des « fichiers piégés » et des « codes malveillants ». Les experts de la Defense Intelligence Agency, la DIA, mènent des « opérations de reconnaissance sur les lignes cybernétiques de l'ennemi, sans combattre », leur mission consistant lors d'astucieux fric-frac à s'emparer « des armes de l'adversaire », en l'occurrence des virus ou autres logiciels malveillants. Le développement de ces nouvelles armes a atteint un tel degré d'efficacité et de sophistication que le secrétaire général de l'ONU, Ban Ki-moon, a suggéré de les classifier au même titre que les armes de destruction massive traditionnelles.

Ayant pris la mesure de la menace, la France positionne elle aussi désormais ses cyber-forces sur ce « cinquième élément de la guerre » que constitue, après l'air, la mer, la terre et l'espace, le cyberespace[1]. Dotée d'une doctrine qui définit son cadre d'emploi, elle dispose d'une direction spéciale, une agence de la sécurité des systèmes d'information, et de cellules formées à la lutte informatique défensive et offensive comme le recommandait le livre blanc qui préconisait la « planification et [l'] exécution d'opérations combinées avec des actions cybernétiques[2] ». Ces nouvelles forces dépendent directement de l'état-major des armées qui, via un laboratoire technico-opérationnel, supervise le développement des nouvelles armes numériques. Une cohorte de spécialistes suit en permanence les trames obscures de la toile. Ils s'emploient à détecter des « machines en réseau » susceptibles d'attaquer un site ou de le détruire. Un cyber-limier du SGDN avoue : « Ces réseaux nous intéressent car ils ont une réelle capacité à dérégler le monde réel. »

Toutefois, ce cinquième élément du champ de bataille n'a pas encore fécondé de véritables armées ni d'unités spéciales invincibles, et il ne possède pas de réels stratèges. Le secrétaire américain à la Défense, Robert Gates, l'a lui-même admis. L'armée manque de *cyber-warriors*. Afin de pallier cette carence, Raytheon, la société qui a assisté le Pentagone dans les opérations spéciales recourant à la cyber-technologie de pointe, a affiché cette petite annonce sur son site web : « *Cyberwarriors wanted* ».

Difficile aujourd'hui encore d'évoquer le nom d'une bataille remportée sur le cyberespace. À moins que les services

1. Côté français, cette prise de conscience s'est accélérée au début des années 2000. (Voir l'important rapport, daté du 26 novembre 2005, qu'a consacré le député Pierre Lasbordes à la sécurité des systèmes d'information.)

2. T. II, p. 83.

américains y aient bien conduit en 2010, comme certains le soupçonnent, une de leurs premières grandes opérations clandestines. Ils l'auraient d'ailleurs menée conjointement avec leurs alliés israéliens, utilisant comme arme d'attaque le virus Stuxnet, conçu dans le but de saboter le programme nucléaire iranien[1]. Ce haut « fait d'arme » aurait été revendiqué, lors de son départ à la retraite, par le général Gabi Ashkenazi. Une vidéo, dont le quotidien israélien *Haaretz* affirme détenir une copie, le montrerait s'attribuant publiquement la paternité de Stuxnet.

D'ores et déjà, un certain nombre de faits sont établis. Le virus aurait été mis au point en plein désert du Néguev dans le complexe de Dimona, celui qui autrefois a hébergé le programme nucléaire israélien. Dimona sert aujourd'hui de laboratoire pour les cyber-armes et héberge l'Unité 8200 des services de renseignement militaires israéliens initialement chargée de la guerre électronique et aujourd'hui investie dans la guerre informatique. Dirigée par le général Amos Yadlin, elle regroupe des linguistes, des programmateurs et des ingénieurs, et enrôlerait, dit-on, de force les hackers auxquels elle ne laisserait comme choix que d'aller en prison ou de travailler pour elle. L'Unité 8200 aurait déjà mené des opérations tactiques comme lors du raid israélien de septembre 2007 contre le centre nucléaire syrien. Selon le magazine américain *Jane's*, spécialisé dans les questions de défense, peu avant l'attaque, les installations syriennes auraient subi une panne informatique soudaine et inexpliquée ayant opportunément paralysé les systèmes de radar et les batteries anti-aériennes.

1. Nicolas Falliere, Liam O. Murchu et Eric Chien, « W32.Stuxnet Dossier », Cupertino, Symantec, novembre 2010 ; *Washington Post*, 16 février 2011 ; Institute for Science and International Security, « Stuxnet Malware and Natanz », 21 avril 2011 (mise à jour du précédent rapport de l'ISIS du 22 décembre 2010) ; « Israeli Test on Worm Called Crucial in Iran Nuclear Delay », *New York Times*, 15 janvier 2011.

L'Unité 8200 aurait également testé le virus Stuxnet sur des répliques des centrifugeuses de Natanz, celles qu'utilisent les savants atomistes iraniens pour l'enrichissement de l'uranium. Selon les experts qui qualifient ce *malware* d'arme complexe et ingénieuse, le programme viral Stuxnet a été conçu pour détruire ou endommager des systèmes industriels. En l'occurrence pour suspendre la recherche nucléaire iranienne en mettant hors d'usage les centrifugeuses tout en laissant croire qu'elles continuaient de fonctionner encore correctement. Introduit via une clé USB infectée, le virus a exploité les failles du logiciel Windows repérées et identifiées début 2008 par les experts de l'Idaho National Laboratory du département de l'Énergie américain. Consignées dans un document de soixante pages, elles ont été ensuite évoquées en juillet 2008 lors d'une réunion publique au Navy Pier de Chicago. Profitant de ces vulnérabilités connues des experts, Stuxnet s'installe et recherche sa cible que constitue en l'occurrence l'automate programmable industriel (API) qu'il reprogramme sitôt qu'il l'a trouvé afin d'envoyer de nouvelles instructions aux machines. L'intrus se met alors discrètement à l'abri des systèmes de surveillance. Résultat, dix mille ordinateurs ont été infectés, dont 60 % en Iran, notamment ceux du centre nucléaire de Bouchehr. L'effet recherché aura été partiellement atteint. L'opération Stuxnet a sans doute fait prendre du retard au programme de recherche nucléaire iranien.

L'origine de cette opération hors norme programmée dans le cyberespace daterait des derniers mois de la présidence de George Bush fils, ce qui n'a été jusqu'ici ni établi ni confirmé officiellement. Peu avant son départ et s'appuyant sur l'Information Warfare, George Bush fils avait en revanche autorisé la NSA à lancer des attaques contre les téléphones cellulaires et les ordinateurs utilisés par les rebelles irakiens et contre leurs activités sur Internet.

Seul le général Gabi Ashkenazi aurait admis la paternité de l'attaque lors de son pot de départ. Américains et Israéliens se sont toutefois félicités que les machines centrifugeuses iraniennes soient tombées en panne, sans en dire davantage sur cette opération Stuxnet – à laquelle auraient également collaboré l'Allemagne et la Grande-Bretagne.

Conclusion

Toute conclusion sur ces questions ne peut être que provisoire. L'avenir de la France tout comme celui des autres grandes nations qui aspirent dans le futur à jouer les premiers rôles ne dépend que de la volonté et des choix avisés de ses dirigeants ainsi que d'une perception lucide des véritables enjeux. Cet avenir ne peut évidemment se concevoir à courte vue sans réflexion à long terme ni affichage d'une réelle ambition comme cela semble avoir été le cas ces dernières années. Rien n'est donc tranché sur ce point et nul ne sait si le destin de la France est inéluctablement écrit quelque part.

En revanche, l'on peut, au terme de cette enquête, tirer de celle-ci quelques précieux enseignements.

Tout d'abord, il semble établi que la compétition économique s'apparente bien et sans excès de langage à une véritable guerre. Cette guerre économique (ou guerre des économies) alterne même les guerres chaudes comme en Irak ou en Libye et d'innombrables formes d'action plus ou moins clandestines et parfois même invisibles. Sur ce champ de bataille où le combat paraît souvent indécelable se déploient des forces insoupçonnées qui utilisent des « armes » aussi bien conventionnelles qu'inédites et sophistiquées. La ligne de front qui oscille entre un cabinet d'affaires de Wall Street et une opération de maintien de la paix en Afghanistan décide ainsi du choix des armes.

Ensuite, les États qui disposent d'un véritable arsenal semblent recourir avec prédilection aux reseaux d'influence le plus souvent invisibles ou du moins habilement camouflés. Ces réseaux, qui sont autant de petites armées de guérilleros en col blanc (avocats, hommes d'affaires, hauts fonctionnaires, agents secrets), œuvrent dans les coulisses de l'OMC ou celles de l'Union européenne, ou encore en Afghanistan, sous le paravent d'ONG ou de services humanitaires de pacification.

Enfin, les États peuvent à l'occasion instrumentaliser des institutions financières de haut niveau ou manipuler des agences de notation qui, non sans arrière-pensée, ont par exemple manifestement attisé, au début de l'année 2012, la crise de la dette européenne.

Toutefois, un des enseignements majeurs de cette enquête réside dans l'importance si ce n'est la primauté de la « guerre de l'information » à laquelle se livrent avec une virulence sans cesse accrue les grands États. Cette guerre de l'information constitue à l'évidence un des enjeux cruciaux de la guerre commerciale et industrielle. Les États ne lésinent en effet sur aucun moyen, usant de tous ceux qu'ils jugent nécessaires à la lutte impitoyable qu'ils mènent sous les auspices de la guerre du renseignement dont l'action s'étend de la censure au contrôle des populations en passant par l'espionnage militaire, économique ou diplomatique.

Dans le cadre de cette guerre de l'information, les agences de renseignement exploitent avec intérêt le développement des « réseaux sociaux » tels que Facebook, Twitter, YouTube, ainsi que quelques autres plateformes dites de « réseautage ». Ils savent en effet combien ces réseaux sociaux peuvent se révéler utiles, qu'il s'agisse de collecter des informations, d'organiser des opérations de propagande (destinées à la guerre psychologique) ou de créer de fausses identités qui servent dans le cadre d'opérations clandestines. Ces réseaux sociaux sont indubitablement d'extraordinaires et redoutables pourvoyeurs de chimères dont les agences de renseignement utilisent discrètement et de plus en plus abondamment les ressources.

Les agences d'espionnage renforcent également leurs moyens

dans le domaine de l'intrusion informatique dans lequel la Chine continue de faire figure d'épouvantail, sa mauvaise réputation étant constamment étoffée et mise à jour. Divers rapports, qui émanent pour l'essentiel de sociétés américaines, lui attribuent ainsi les arrière-pensées les plus sournoises et des intentions belliqueuses.

En mars 2012, par exemple, Northrop Grumman, un des piliers du complexe militaro-industriel américain, a remis un document qui se voulait alarmant à la commission du Congrès chargée des relations commerciales sino-américaines. Parmi d'autres mises en garde figurait celle-ci : l'État chinois apporterait un appui illimité à une cinquantaine d'universités qui travailleraient sur la « sécurité de l'information ».

Rédigé début 2011 par le fabricant de logiciels antivirus McAfee, un autre rapport décrivait de son côté les activités de piratage auxquelles se livrerait l'État chinois. Lequel aurait hébergé et couvert des attaques informatiques dirigées contre les bases de données de cinq grandes multinationales des hydrocarbures, pour l'essentiel américaines, mais que curieusement McAfee ne cite pas. Le motif de ces incursions criminelles au cœur des secrets les plus sensibles des grandes compagnies pétrolières aurait été de se renseigner sur les appels d'offres et de dérober les informations précisant la localisation ou l'importance de certains gisements pétroliers ou gaziers[1].

En matière d'interception et d'intrusion, les États-Unis restent toutefois l'incontestable leader mondial. Cette suprématie découle en particulier de l'Histoire et des faramineux moyens financiers dont disposent, dans le cadre de la lutte antiterroriste depuis les attaques du 11 septembre 2001, les services de renseignement américains. Nul n'ignore désormais l'importance des sommes englouties dans la guerre d'Afghanistan ou celle d'Irak qui n'a officiellement pris fin que le 15 décembre 2011. Toutes

1. Voir Tribune.fr, 10 février 2011.

factures confondues, ces dépenses s'élèvent à 1 200 milliards de dollars. Parmi les principaux bénéficiaires de ces mannes budgétaires figure en première place la National Security Agency. Plus que jamais, celle-ci s'impose du côté américain comme le fer de lance de la guerre économique. Elle s'est littéralement régénérée après avoir vacillé au lendemain de la guerre froide. Depuis, cette agence a consciencieusement consommé jusqu'au dernier centime des fabuleuses lignes de crédit qui lui ont été accordées. La NSA a surfé sur les impacts budgétaires de la lutte antiterroriste, haussant d'un cran son niveau de puissance. Ainsi a-t-elle décidé d'édifier un centre d'écoute et de stockage d'informations aux dimensions titanesques qui a pour vocation d'intercepter toutes les communications de la planète, éclipsant de loin, eu égard aux moyens mis en jeu, l'ancien projet Echelon[1]. Ce projet d'espionnage global, aux formes aussi dantesques que démesurées, a pour nom Utah Data Center et devrait devenir opérationnel en septembre 2013. Ainsi achevé, il aura coûté 2 milliards de dollars au gouvernement américain. Ce centre d'espionnage sans précédent possédera alors quatre salles de stockage de deux mille mètres carrés, chacune alimentées par une centrale électrique autonome et protégées par un système hypersophistiqué de surveillance vidéo. Ce site ultra-sécurisé, enchâssé dans les montagnes de l'Utah, disposera de capacités qui lui permettront d'intercepter mais aussi de déchiffrer, d'analyser et de stocker des milliards d'appels téléphoniques, de SMS, d'e-mails personnels échangés aux quatre coins de la planète ou encore de recherches effectuées en particulier sur le serveur Google.

L'Utah Data Center de la NSA, qui fait déjà figure de méga-« Big Brother », aura de surcroît à son service les moyens les plus élaborés qui permettront à l'agence gouvernementale de casser les codes les plus récalcitrants et par là même d'accéder à un flot

1. Voir James Bamford, *The Shadow Factory : The Ultra-Secret NSA from 9/11 to the Eavesdropping on America*, New York, Doubleday, 2008.

gigantesque de données sensibles comprenant des informations financières confidentielles, des transactions boursières, des accords d'entreprises ou des tombereaux de secrets diplomatiques, ainsi qu'une foultitude de communications à caractère personnel.

Afin de gérer ces masses de données, le centre bénéficiera de capacités de stockage et d'exploitation jusqu'ici inégalées. La NSA disposera alors de moyens d'espionnage uniques et sans précédent qui lui permettront de contrôler l'ensemble du commerce mondial et, ainsi, de donner un réel avantage aux entreprises industrielles et autres institutions financières des États-Unis. Connaissant la mainmise que les États-Unis cultivent déjà dans la gestion et le contrôle des réseaux Internet et le quasi-monopole qu'y exercent les firmes informatiques et les fabricants de logiciels américains, l'on peut raisonnablement s'inquiéter de la création de ce centre d'espionnage qui augure mal, dans le futur, du caractère équitable du commerce international.

Si l'avenir d'une nation est certes une affaire de volonté, il ne peut se concevoir toutefois sans les moyens appropriés.

Table

RÉALISATION : PAO ÉDITIONS DU SEUIL
CPI FIRMIN-DIDOT AU MESNIL-SUR-L'ESTRÉE
DÉPÔT LÉGAL : AOÛT 2012. N° 102224 (113671)
Imprimé en France